“物华图书奖”获奖图书

最新现代高等物流教育系列

物流方案设计

LOGISTICS PROJECT DESIGN

Logistics

王清斌 吴迪 郑建风 编著

（第五版）

东北财经大学出版社 大连
Dongbei University of Finance & Economics Press

图书在版编目（CIP）数据

物流方案设计 / 王清斌，吴迪，郑建风编著．—5版．—大连：东北财经大学出版社，2025.8．—（最新现代高等物流教育系列）．—ISBN 978-7-5654-5806-4

Ⅰ. F252.1

中国国家版本馆CIP数据核字第2025P1C081号

物流方案设计

WULIU FANGAN SHEJI

东北财经大学出版社出版

（大连市黑石礁尖山街217号　邮政编码　116025）

网　　址：http://www.dufep.cn

读者信箱：dufep@dufe.edu.cn

大连市东晟印刷有限公司印刷　　东北财经大学出版社发行

幅面尺寸：185mm×260mm　　字数：311千字　　印张：15.25

2025年8月第5版　　2025年8月第1次印刷

责任编辑：孙　平　　责任校对：刘贤恩

封面设计：张智波　　版式设计：原　皓

书号：ISBN 978-7-5654-5806-4　　定价：48.00元

教学支持　售后服务　联系电话：（0411）84710309

第五版前言

刚开始写这本教材的时候，只是想着能把在物流实践中的项目经验在课堂上传授给学生，让学生体会如何把所学的专业理论知识在实际中应用，没想到风风雨雨这么多年过去了，这本教材都做到第五版了，非常感谢选用这本教材的老师、同学及相关企业。每一次改版，总是希望能把这本教材做得质量更高些，更能适应方方面面的需要，只是限于个人能力和认知，心里一直惴惴。

为了进一步提升这本教材的质量，除了之前参与教材编写的吴迪教授，还特邀郑建风教授参与到这一版教材的更新工作中，在此一并对两位教授对本教材的辛苦付出和中肯的修订意见表示感谢。

本次教材修订，在保留第四版主体内容基础上，增加了运输与配送以及仓储的优化理论内容，这部分是郑建风教授多年科研成果的凝练。另外，为更便于学习和体会相关内容，增加了物流系统规划的基本理论以及常用的系统分析方法的介绍。同时，将不再适用课堂教学及近年来发生了较大变化的商业物流方案设计内容删除，期待后续将这方面的最新成果加入到下一版教材中。

由于时间仓促，本次修订未对主体内容作大的调整，这也是本次教材修订留下的些许遗憾。再次感谢同行高校教师、学生及企业对本教材的呵护与认同，希望广大读者在使用本书的同时，多提宝贵意见。

特别感谢东北财经大学出版社和编辑郭洁老师、孙平老师为本教材多年来的一贯辛苦付出。

王清斌

2025年7月

目 录

第1章 物流方案设计概述

学习目标

掌握物流方案的概念和含义、物流系统规划的基本分析方法，了解物流方案的种类和特点，熟悉物流方案的主要内容，理解物流方案设计与物流系统规划的关系。

1.1 物流方案概述

1.1.1 物流方案的含义

物流是包括运输、仓储、配送等功能环节的复杂系统，在具体物流活动的运作管理中，需要按照系统化的要求和目标，遵循系统内各个功能要素相互联系、相互作用、相互影响的特点和规律来具体实施，需要按照一定的方式方法来进行。

物流管理就是本着系统化的思想和原则，有效配置物流实体资源和业务资源，高效率、低成本地实现对物流活动的计划、组织、执行与控制。

为达成这一目标，需要认真研究物流需求和供给现状，发现物流管理过程中影响效率和效益的本质性问题，对现实的物流系统进行理论分析，运用理论方法对物流系统进行优化和规划，并对结果进行分析和调整，提出解决问题的措施与方法，形成可操作的物流运作流程。

物流方案是从事物流活动的物流项目和物流运作的总称，是为解决现实中物流系统和物流管理活动中存在的问题，实现物流管理系统化和合理化的一系列技术、方法、手段、措施等的集成，是一系列可操作的标准化业务流程（SOP）。

1.1.2 物流方案的种类

1. 企业物流方案

生产制造企业和商业企业是物流服务最终的需求者，是物流需求的主体。

对于生产制造企业来说，物流系统运作成本和效率的高低，会极大地影响企业产品战略和营销战略的实施。

生产制造企业的物流方案，就是根据企业的原材料采购、进货运输与厂内配送、物料等制造资源在生产节点之间的流动，对产成品的存储与分销等业务活动和所涉及的仓库、车辆等物流基础设施和设备资源进行整合，对供应物流、生产物流、销售物流及逆向物流进行系统规划和合理化改造，对一体化物流系统进行计划、执行和控制等管理活动的有效方法、措施和技术等的集成，是生产制造企业物流运作的操作流程，是对制造企业的生产与销售活动的有效而有力的支撑，从而帮助企业实现其产品的市场价值。

2. 工程物流方案

工程物流是为满足工程及建设项目、大件运输等的物流组织与运作过程的需要，通过计划及合理的资源配置，达到特定目的的综合性、复杂且具有工程特性的物流活动。

工程物流最大的特点就是只做一次，一般不重复，因此其风险较高、时效性较强，需要在限定的时间内完成。

工程物流操作对象较为复杂，包含的物流环节较多，操作的难度更大，很多情况下需要采取特殊的物流运作技术和操作方法，甚至还涉及设备采购、拆卸安装、移动调试等内容。

工程物流各环节、各部分之间互相影响、互相作用，具有较强的次序性，不确定性很强，不可预见的情况始终存在，故风险性较大。工程物流作业往往非标准化，需要动用各种专用的特殊设备，对物流运作的技术有很高的要求。

3. 区域物流方案

物流是一个资本高度密集型行业，物流系统是一个广泛涉及社会资源的大系统，物流系统的基础性资源，都不是为某一家单个企业服务的，而是属于公共物流设施。

每一个经济区域根据自身发展历程和资源分布状况会形成不同的产业聚集，区域内企业的生产与再生产、产品的分销，以及区域内人们的日常生活，都需要物流业务来实现其所需资源的运入运出。

区域物流方案就是为促进区域经济的发展，提高区域物流运作水平，满足区域内非特定企业共性化的物流需求，按照区域产业结构特点和物流需求规律，选择合理的物流模式，构筑物流通道，为非特定企业提供定制化的运输、仓储、配送等物流服务的技术、方法、手段和措施的集成，并形成可操作的标准化业务流程。

区域物流方案的核心是根据需求规律确定物流模式以及物流服务内容，其目的主要是在区域内以及与区域外进行资源和货品交流，一般需要利用社会物流资源和企业自身物流资源构筑物流服务网络和物流通道，经营物流线路上的货物运输服务业务，由区域物流中心进行运输方式和货运批量的转换，为客户提供集运输、仓储与配送一体化的物流服务。一般来说，这种服务是为非特定客户提供的，在末端形成小范围的共同配送体系；但在特定情况下，也有物流企业在多式联运的基础上，为特定的、生产经营规模较大的集团客户企业提供门到门的运输服务和针对企业业务需求的精细化仓储与配送服务。

4. 物流园区规划与运营方案

物流园区是为满足区域物流需求、促进区域经济发展而规划建设的大型综合性的物流节点设施，是物流网络中相对集中的物流功能集结区，同时又是其所服务的区域内促进产业聚集、资源整合以及原材料采购和供应配送等的经济功能协调区。物流园区对于整合产业及物流资源、促进区域产业发展、完善物流网络、优化产业结构和提升物流服务功能具有举足轻重的作用。

在物流网络的结构体系中，物流园区是集产业服务功能和物流服务功能于一体的大型综合物流节点设施，其功能结构、设施组成、资源配置及运营管理等更为复杂。

物流园区规划与运营方案就是在详细分析区域经济特点和发展水平的基础上，分析区域物流网络的结构特点及物流需求与供给状况，选择合理的物流园区建设地点，科学地确定物流园区的产业功能与物流功能，设计相应的业务操作流程，构筑满足物流园区及物流网络需求的信息平台，合理地进行物流园区空间布局和内外交通衔接，提出物流园区运营管理模式和体系，完善使园区顺利运营的配套辅助功能，并对物流园区规划建设与运营的可行性进行分析评价，形成物流园区具体的规划建设与管理运营方案。

物流园区规划建设的目的是满足区域经济的发展需要和完善物流网络结构，因此必须仔细研究其所服务的区域范围内的产业结构特点和物流需求与供给服务水平，分析影响物流园区规划建设的经济、环境、政策、交通等因素，发现阻碍区域物流发展的问题并进行详细的分析研究。物流园区规划建设的核心问题是确定物流园区的产业功能和物流功能，必须依据优化区域产业结构和提升物流服务水平的原则来确定。物流园区的内外交通衔接和空间布局，是在明确物流园区各产业和物流功能的内在联系与制约因素，详细分析各业务功能之间的关系的基础上进行的。物流园区这种大型综合物流节点设施是资源集中的地点，其规划建设投资巨大，所构建的运营管理体系对发挥物流园区的作用至关重要，因此必须选择设计合理的投资与运营管理模式。

在物流园区规划和运营方案设计中必须充分考虑到以上这些问题，认真研究各种因素的变化对方案的影响，对制订的方案进行详尽的论证，并在实施中进行适当修订。

5. 单环节物流方案

单环节物流方案是在特定的时期或特定的情况下，为解决企业由于内部因素或外部环境的变化而针对某物流功能环节集中表现出来的问题而提出的新的物流模式，并进行相应的业务流程设计，以满足企业物流服务需求。

单环节的物流方案是一种局部的物流运作模式和方法，其所涉及的内容相对简单，解决的问题非常明确具体。从本质上来说，其是对现有物流运作体系局部的调整和改变，但也并非简单地调整和补充。

1.2 物流方案的主要内容

一个具体的物流方案应该达到这样的要求：对客户服务质量做出明确的承诺；对项目操作的技术经济可行性进行详细的分析论证；设定各业务环节的质量标准，形成标准化的业务流程，成为对具体业务环节操作的指导书。

物流方案是从整体上解决企业或区域物流系统结构和服务体系中的问题的方法、手段、措施等的集成，每一个物流方案在设计时所针对的对象不同，物流服务需求也千差万别。

物流方案具有很强的针对性，是为了满足客户的个性化要求或特定的物流服务需要而形成的，这样形成的物流方案必然具有鲜明的特点。但一般来说，物流方案都是为提升物流运作水平，为实现物流系统的高效率、低成本的合理化物流服务目标而设计的，因此尽管物流服务需求各不相同，不同情况下形成的物流方案种类也不同，但其所包含的内容却有一定的共性，也就是包含共同的基本内容。一般来说，物流方案的基本内容包括以下几个方面：

1.2.1 物流方案的宗旨与目标

物流方案的宗旨是达到物流服务的效果，就是在特定的条件下设定的合理的物流服务水平和效率。物流方案的目标，需要针对要解决的问题，明确说明问题要解决到什么程度。对于服务于特定客户的物流方案，还需要指明物流服务范围。方案设计主体若是第三方物流供应商，不但要指明物流服务范围，做出物流服务承诺并明确实现承诺采取的措施，还必须给出明确的服务报价以及报价的原则。

1.2.2 物流服务现状分析

这部分内容是对现有物流系统及其运作状况的描述和问题分析，同时也是对物流服务需求与供给状况的描述与分析。这部分内容是物流方案设计的基础，也是后续进行物流模式选择与论证的依据。

物流方案在设计之初需要对目前的物流服务状况做详细的描述和分析。依据物流服务体系所要实现的目标，主要分析目前物流运作体系中存在的问题，对企业物流方案来说，这部分内容可以被称为企业物流诊断。

通过调研分析，描述物流服务需求与供给的状况，分析其与物流服务系统目标的一致性，从物流服务现况中所存在的问题入手，深入剖析物流系统和服务体系中不协调、不合理、不符合方案目标的问题及其本质原因，提出解决问题的总体思路和方法。

这部分内容是在对目标对象做详尽调研的基础上形成的，可以看作为完成物流方案设计所做的有针对性、有明确目标的物流调研报告，同时，它也是后续物流运作模式及业务模式选择和决策的依据与说明。

1.2.3 物流运作模式与业务流程

物流系统规划的核心内容就是物流作业系统的规划。物流作业系统就是运输、仓储、配送等各功能环节的合理组织与运作，物流方案的核心就是物流总体运作模式和各功能环节的作业模式及其具体化的业务流程，这部分是物流方案的重点内容。

物流方案首先需要对方案所包含的各功能环节做总体描述，阐明各功能环节之间的关系和影响；其次要对物流空间网络结构做出详细的描述并说明选择这种空间网络结构的依据；最后是分环节的物流运作模式说明，如运输方案包括干线运输方式及具体操作方法，RDC或仓库等管理模式，配送作业模式以及物流系统其他辅助功能，如流通加工、包装等环节的具体作业方式，并针对物流运作系统的功能环节的作业模式形成具体化的、可操作的作业流程，以流程图的形式表现出来。除了核心业务环节如运输、仓储、配送等传统的物流环节及功能之外，在公共性较强的物流系统规划设计中，这部分内容还应包括商务管理、物流金融及汽车集散分拨等新型物流服务功能以及与核心业务相关的辅助功能等内容。

另外，物流方案还应该包括对物流运作模式论证过程的详细描述，包括空间网络结构设计的依据，合理化运输模式选择及优化方法，RDC等节点的选址方法，配送路线优化、配载优化等配送计划的制订方式及决策方法，物流系统及功能环节的外包决策方法等内容。

1.2.4 物流信息服务模式

物流系统就是通过物流信息系统将各个功能环节连接起来而形成的有机整体。物流信息系统是物流系统的辅助功能环节，是运输、仓储、配送等物流功能环节及各类物流活动高效、可靠开展的技术保障。在特定的情况下，尤其是在物流园区等物流系统规划中，往往可以通过物流信息平台的规划和建设，使之成为有效整合社会零散物流资源的重要手段和方式。

物流方案中的物流信息服务模式，是指能够完成物流支持决策和各项物流功能环节的作业管理活动的信息系统实现方式。

1.2.5 物流运营组织模式

物流方案最终需要由人（组织）去实施，因此在方案中还需要提出为运作实施方案所需的管理模式和组织结构，以及各部分的人员配置、工作职责及对人员素质的要求等内容。这部分内容的主体是组织体系结构，要依据企业自身的管理体制和组织结构，根据物流方案所设计的作业系统功能及物流业务、物流活动的功能划分，选择合理的物流运营组织体系结构，明晰物流管理各部门在工作中的职责及协调机制。

这部分内容要清晰地表明企业物流管理的组织体系结构，并详细说明组织体系结构设计的原则和方法。要紧密结合物流作业系统的标准化业务流程，根据流程的需要设计必要的部门，详细制定各部门的工作职责。物流园区、物流中心等带有公共服务特征的大型综合节点设施的物流规划实施方案，因其所涉及的物流资源众多，功能复杂，涉及政府管理部门和企业等众多主体，其管理职能和运营职能的划分显得更为重要。

1.2.6 方案实施措施及建议

物流方案的产生，往往是由于物流管理运营中存在一定的问题，企业或其他主体为解决这些问题需要对现有的物流运营管理系统做根本性的改造，或者因拓展物流管理功能的需要而设计物流方案。基于这样的需求，会对物流方案的设计提出相对具体的要求，要求所设计的物流方案有针对性地解决问题。而物流系统规划和方案设计一般也是在这样的背景下产生的，以满足物流方案的设计要求，实现物流方案设计的目标。但这种为解决特定问题而提出的物流方案设计要求，往往具有一定的局限性。一个好的物流方案，不但能满足客户提出的物流服务需求，还能根据现有物流系统的实际运作状况和物流系统基本运作规律，提出许多有益的建议，使物流服务成本进一步降低、服务效率进一步提高，进一步提升物流管理运营系统的运作水平。

物流管理过程是一个计划、执行和控制的过程，方案设计的内容需要在现实中加以实施并根据运行情况进行适当的调整，使之真正成为高效运营的物流管理系统，方案的顺利实施需要一定的条件和资源来保障。因此，在物流方案中应明确提出为保证方案顺利实施应具备哪些条件，分析判断实施过程中会遇到哪些问题，遇到问题采取何种方式去解决和调整，并对企业的管理方式、规章制度的建立、物流管理部门与销售和生产等部门之间的协调等提出有益的建议。

1.3 物流方案设计及要求

物流方案设计就是基于具体方案设计的要求，在对物流系统现状进行充分分析的基础上，全面分析物流服务的需求与供给，运用物流系统规划与设计的理论方法，形成物流服务体系的总体运作模式和具体操作流程的过程。

物流方案设计是对物流方案的理念、物流方案要实现的目标、物流服务承诺、实现目标的条件和资源、物流服务成本（价格）、物流方案各环节的标准化业务流程(SOP)、方案实施计划和建议以及工程、技术、经济等各方面的条件和情况进行详尽、全面的研究和论证，并且对方案实施所要求的组织结构、信息系统进行体系和功能规划，对物流运作有关的管理规章制度、人员培训等各个方面进行具体的规划和实施，使其成为一个操作性强的物流方案。

物流方案设计是一个边论证边设计的过程，方案设计中，需要对方案策划中规划的物流服务体系的各个功能环节进行服务效率、资源配置等方面的详细分析论证和优化，物流运作的模式、措施、方法等，都是论证及优化的结果，物流方案设计就是一个论证、设计并最终形成可操作方案的过程。

物流方案的设计，是针对企业物流和社会物流需求而做出的物流服务的方法、措施以及建议，既是计划书，又是可行性报告，更是日常运作的操作手册，需要充分体现以下几个方面的原则和特点：

1. 目的性

物流方案是根据企业或社会的具体的物流服务需求，为解决物流管理中特定的问题而产生的，具有很强的目的性。

2. 系统性

物流方案是物流系统运行的具体化体现，各子系统和功能环节作用的发挥必须符合物流系统整体的要求，物流方案的形成是依照系统论的“整体—分解—综合”的原理，把物流系统分解为许多物流活动，来确定其达到的目标和要求。

3. 专业性

物流方案涉及的专业领域较广，设计团队应由所涉及的各个领域的专家组成。设计要求所选择的技术方法、措施等要专业与规范，方案内容的表现形式及实施推进过程也要专业化、规范化。

4. 适用性

尽管物流方案设计一般需要选择先进的方法、工具和手段，但技术方法的选择应满足实际的服务需求，不能盲目追求先进，在解决实际问题的前提下，考虑服务效率和服务成本之间的平衡。因此，优化方法及工程技术选择都要以适用为原则。

5. 科学性

物流方案是系统化地进行物流管理活动的方式方法，必须体现管理活动的科学性。具体来说，就是在对物流服务需求进行分析和调查研究的基础上，运用统计学、运筹学等科学的理论方法进行整体和局部问题的分析与决策，对物流方案的运作模式进行科学、合理、严谨的论证。

6. 操作性

为了使决策与优化结果在现实中得以顺利实施，要遵循理论与实践相结合的原则，对理论上的决策与优化结果进行必要的调整，使物流方案成为方便操作、容易掌握、设计规范的操作手册。

关键概念

物流方案　物流方案设计

思考题

1. 什么是物流方案？它包括哪些主要内容？
2. 物流方案的种类有哪些？各有什么特点？

第2章 物流系统规划

学习目标

掌握物流系统与系统规划的概念、内涵以及物流系统规划各层次的内容，理解物流系统规划与物流方案设计的关系，掌握物流系统规划的各种分析方法。

2.1 物流系统与系统规划

2.1.1 物流系统

1. 物流系统的基本概念

物流系统是指在一定的空间和时间里，物流活动所需的设施、设备、节点、线路等要素，以及以要素为载体所形成的运输、仓储、配送等功能环节相互联系、相互影响、相互制约的有机整体。

物流系统具有特定的目标，其模式符合一般系统的输入、输出、转换等部分组成的系统模式，其系统的要素配置、各种功能结构决定了系统的状态。物流系统的目标总体来说是优化系统的资源配置，优化系统功能结构，高效、低成本地满足物流服务需求。要实现这样的目标，需要运用系统工程的理论和方法，认真研究物流服务需求，考虑现实的约束条件，合理化配置物流资源，构建高效合理的功能结构，对物流活动进行有效的计划、执行和控制。

2. 物流系统的特征

(1) 目的性

物流系统需保证将物品按照要求的服务质量从起点送达到终点。

(2) 整体最优

为保证物流系统目标的实现，构成物流系统的各个功能要素或者说子系统必须围绕着物流系统的整体目标相互衔接，构成一个有机结合体。

(3) 制约关系

物流系统的制约关系，一是指要素间的“效益背反”，即系统中某一功能环节效益的提高必然会导致其他一个或几个功能环节效益的下降。二是指物流系统的服务水平与服务成本间存在的制约关系，高水平的物流服务必然要付出较高的物流成本，且遵循经济学中的边际效益递减规律。

（4）是上位系统的子系统

企业物流系统的上位系统是企业的经营系统，物流系统是企业经营大系统的一部分或者说是其子系统。物流系统目标的设定，如物流服务水准的设定，要以企业总体的经营目标或战略目标为依据。

3.物流系统的目标

一个特定的物流系统具有确定的目标，总体而言，物流系统具有服务（service）、快速（speed）、低成本（saving）、规模优化（scale optimization）、库存控制（stock control）五个目标，即“5S”目标。

（1）提供服务

物流系统的基本功能是提供服务，具体表现在安全可靠地运输、储存、加工、装卸、搬运，为客户提供信息支持、技术咨询和售后服务等，贯穿于物流活动的各个环节。

（2）快速高效

快速不仅仅是对物流各环节的要求，也是对整个物流系统的要求。采用直达物流、联合物流（多种运输方式联合）等，是物流企业实现快速服务的有效措施。

（3）低成本

推行集约化运作方式、使用先进的物流设备、提高物流各环节的衔接程度，可以实现降低成本这一目标。

（4）规模优化

物流系统规模优化目标要求物流企业在建立物流系统时，应合理地处理物流设施（如仓库、物流中心等）的集中与分散问题，物流设施机械化与自动化程度问题等。

（5）库存控制

一个运作良好的物流系统，其输入和输出需要保持平衡，这需要物流系统确立库存控制目标。

4.物流系统的构成要素

（1）系统资源要素

“人”是物流系统的主体，从业人员的素质，是建立合理的物流系统并使之正常运作的根本。“财”是指物流系统构建需要一定的资本投入，“物”是指物流活动所涉及的实体物质，既包括各种原材料、半成品、制成品，又包括支持物流活动开展的设施设备等。另外，物流系统的合理化运作还离不开开展物流活动所需要的管理技术、管理方法、信息技术等。

（2）物流功能要素

一般的物流系统的功能要素指的是运输、储存、装卸、搬运、包装、流通加工、配送、信息处理等基本物流活动环节，这些活动环节有效地结合在一起，便构成物流的整体功能，能合理、有效地实现物流系统的目标。

（3）节点线路要素

仓库、物流中心、车站、码头、空港等物流据点，以及连接这些据点的运输线路、运输方式与信息传递手段构成了物流系统的基本要素，这些要素为实现物流系统的目标有机结合在一起，相互联动，共同达成物流系统的目的。

（4）支撑手段要素

物流系统的支撑手段要素主要包括影响物流系统运作的体制、制度，还包括相关的法律法规以及物流运作的标准化系统等重要支撑条件。

2.1.2 物流系统规划的内容

1. 物流系统规划的含义

物流系统规划是根据物流系统的功能要求，以提高系统服务水平、运作效率和经济效益为目的，制订各要素的配置方案。

2. 物流系统规划的原则

（1）系统性原则

物流系统与社会的其他系统保持着物质和信息的交换，它们之间相互联系、相互制约。因此，系统性原则要求在进行物流系统规划时，必须对物流系统中的各种要素进行系统思考。另外，进行资源规划时要从总体最优的角度进行资源的调度，使物流系统的总成本达到最优。

（2）目的性原则

物流系统的规划以实现特定的系统目标为导向，其核心在于满足服务对象的个性化物流需求。在规划过程中，需要统筹考虑各物流功能模块的协同运作，通过优化物流活动流程，以最优的物流服务水平构建高效、可靠的物流系统体系。

（3）可行性原则

可行性原则要求在物流系统规划过程中，必须使各规划要素满足既定的资源约束条件，进行详细的调研和分析，把握现有和未来的发展情况，进行适度的超前性规划。

（4）经济性原则

经济性原则是指在实现既定目标时实现总成本最低，一般要求物流系统规划应能保障各物流要素在整个物流系统运作过程中的顺畅性，还要考虑各种因素的变化对物流系统的影响，系统的运作需要保证物流节点及其设备等资源的利用率等，这些都是降低物流成本的途径。

(5) 社会效益原则

物流系统规划还应考虑环境污染、资源节约等问题，以实现整个物流系统低碳、绿色、可持续发展。

3.物流系统规划的层次与内容

物流系统规划可以分为三个不同层次：系统战略层、系统运营层和系统操作层，一般侧重于前两个层次。系统战略层是对物流系统的构建和发展做出中长期的总体规划；系统运营层的具体任务是对物流系统运营进行规划与设计，是物流战略的实施与落实，侧重于系统各功能环节的规划。

物流系统是由若干子系统即功能环节构成的，物流系统的规划与设计需要在物流战略指导下，对每个子系统进行规划和设计，每个子系统在满足系统整体目标的前提下，与其他子系统相互协调、相互平衡。

物流系统规划的内容主要包括以下几个方面：

(1) 需求预测与战略规划

物流系统需求预测是指用定性或定量的方法对物流系统运输、储存、装卸、搬运、流通加工、配送等的作业量进行预测和推算。需求预测是物流系统规划的前提，在开始规划前，需要先对物流需求进行预测。

物流系统战略规划是为确定物流发展方向、发展模式等制定的长远性、全局性的规划，是对物流系统的发展目标和实现发展目标的途径、方法进行的总体谋划，包括物流系统战略环境分析、战略方案制订、战略方案实施与控制等。

(2) 网络规划

物流网络规划就是对产品从供货点到需求点的整个流通渠道所做的规划，包括确定物流节点的数量和层次结构、每个物流节点的作业规模和服务范围、各节点间运输线路和运输方式等。

(3) 节点规划

物流节点规划包括两个方面的内容：一是节点选址，即根据费用或其他选择标准确定节点（如物流中心、配送中心、分公司）的最佳位置；二是节点内部布局，即节点内设施的布置。

(4) 系统功能规划

规划依托物流网络满足服务需求的各物流功能环节，包括运输、配送、仓储等功能的运作模式，各个功能环节的作业规模、频率、效率及服务水平等，如运输方式的选择、配送模式的设定、仓储业务体系等。

(5) 组织系统规划

规划实现各种物流功能环节和物流活动的作业组织结构、各部门的工作职责以及作业人员的能力要求等。

（6）信息系统规划

物流信息系统规划是物流信息系统开发的基础，也是对其进行的总体部署，主要包括确定物流信息系统的目标、分析物流系统的组织业务流程及评价现有信息系统、规划满足物流作业系统要求的信息系统结构、信息系统的具体功能等。

2.1.3 物流系统规划与物流方案设计的关系

如前所述，物流方案从本质上来说，是物流系统规划与设计的结果，主要侧重系统规划的运营层和操作层两个层面的内容，是系统规划与设计所完成的战略层面和运营系统设计结果的具体操作和实施方案，是物流系统中各作业活动的操作说明。

从内容上来说，物流系统可以分为物流作业系统、物流信息系统和物流组织系统。其中作业系统是物流系统的核心内容，信息系统和组织系统是为提高作业系统效率、保证作业系统顺畅运行的辅助系统。物流系统的规划要以物流作业系统规划为重点，而后根据作业系统规划的结果，构建满足作业系统要求的信息系统和合理的组织运营体系。

作业系统规划是指物流系统中所包含的运输、仓储、配送等功能环节的规划和设计，根据需要制订基础资料的调研计划，对企业物流服务需求规律和要求进行分析，确定作业系统总体目标和具体目标，然后对作业系统以及包含的各功能环节的运作现状进行分析诊断，判明存在的问题，提出解决的思路。设计作业系统的总体模式和服务体系，对各个功能环节的运作和业务流程进行适当的合理化和优化，对优化结果进行调整，使之成为可操作的方法、措施和手段，设计标准化的作业流程。

信息系统的规划是指在作业系统规划的基础上，设计物流信息系统功能框架，提出信息系统实现的架构和方法。在物流信息系统中除了需要实现一般作业管理功能之外，还应在系统中嵌套优化决策模型，实现系统作业中的决策支持功能。另外，物流信息系统的构建还包括提出与企业或公共信息管理系统的对接方式，选择合适的信息技术等内容。随着信息技术的高速发展，还应看到，信息技术、信息系统反过来会决定某些作业系统的作业方式，在公共物流信息平台的构建中甚至成为有效整合分散的物流业务资源和实体资源的手段。

组织系统的规划是根据作业系统的要求，提出有效的物流运营组织结构、各职能和作业部门的划分，各组织部门的职责范围、岗位设置、人员素质要求、工作规章制度等内容。合理的物流组织系统规划是实现高效运营物流系统的重要手段和保障。

2.2 物流系统规划基本分析方法

物流系统规划的方法按照规划的层次结构可以分为战略规划方法（如SWOT分析、PEST分析等）、运营层规划方法（如运输规划方法、库存控制方法等），按性质可以分为定性方法（如德尔菲法、头脑风暴法等）、定量方法（如线性规划、动态规划等）、定性定量相结合的方法（如仿真模拟法、层次分析法、综合模糊评价法等）。

1.系统分析法

系统分析法是一种用于解决复杂问题的综合性方法，广泛应用于物流系统规划、工程设计、管理决策等领域。它通过系统化的步骤和工具，帮助分析者全面理解系统的结构、功能和动态行为，从而制订有效的解决方案。

系统分析法强调从整体角度看待问题，将复杂系统分解为若干子系统，分析各子系统之间的相互关系，并通过综合优化实现整体目标。它强调系统的整体性、关联性和层次性，注重各子系统间的协调与优化。

2.数学规划法

数学规划法是一种通过建立数学模型来求解最优决策的方法，广泛应用于物流系统规划、资源分配、生产调度等领域。它利用数学工具和算法，在给定的约束条件下，寻找使目标函数达到最优的决策变量值。

数学规划法是在明确优化目标的基础上，考虑实际问题的限制条件，确定影响目标函数的决策变量，并在约束条件下，寻找使目标函数最优的决策变量值。

3.仿真模拟法

仿真模拟法通过构建系统的数学模型或计算机模型，模拟系统的运行过程，观察和分析系统的行为。它适用于处理复杂、动态和随机性强的系统问题，广泛应用于物流系统规划、生产调度、交通管理等领域。

在应用仿真模拟法时，模型应尽可能真实地反映系统的实际行为，考虑系统中的随机因素模拟系统的动态变化过程，模拟结果应具有可重复性，便于验证和分析。

4.数据分析法

数据分析法是通过系统收集、处理和分析相关数据来支持决策的方法，通过大数据分析和机器学习技术，进行描述性分析、相关性分析、预测分析、聚类分析等，进行趋势预测和模式识别，为动态调整和优化等决策提供量化支持的方法。

数据分析法适用于处理大规模、复杂和多维度的数据，它以实际数据为基础，利用数学和统计方法进行量化分析，注重趋势预测和模式识别，支持动态调整和优化。

5.情景规划法

情景规划法是一种应对未来不确定性的战略规划工具，旨在帮助组织在复杂多变的环境中制定更具弹性和适应性的决策。

情景规划法通过构建多种可能的未来情景，对每个情景下系统的发展态势进行详细描绘和分析，进而制定相应的战略和应对措施。它承认未来的不确定性，不试图准确预测未来，而是聚焦于理解不同趋势和驱动力相互作用可能产生的各种结果。

6.标杆管理法

标杆管理法是一种通过识别、分析和借鉴行业最佳实践来提升组织绩效的持续改进方法。

通过将自身绩效与领先者或最佳实践进行系统比较，识别差距并制定改进措施，从而实现流程优化、效率提升和竞争力增强。这种方法强调目标导向和实践应用，既可用于运营层面的具体改进，也可支持战略层面的创新突破。

2.3 SWOT分析法与PEST分析法

2.3.1 SWOT分析法

1.SWOT分析法的概念

SWOT分析法（又称态势分析法），是企业制定战略决策时最常用的工具之一。该方法旨在综合评价企业内外部环境因素对于企业发展战略的影响，以实现企业内部资源与外部环境匹配程度的最优。

SWOT是指优势（strength）、劣势（weakness）、机会（opportunity）和威胁（threaten）。

（1）竞争优势（S）：相对于竞争对手拥有的可持续性优势，即一个企业超越其对手的特性和能力。实际上，优势是使企业能够据以有效实现绩效目标的能力和资源。只有当优势满足潜在或已存在的客户的需求时，这种优势才会增强企业的竞争力。

（2）竞争劣势（W）：企业拥有的综合能力比竞争对手弱，即公司缺少或者做得不好的方面。对于这些因素，应该动用一切积极因素缓冲劣势对竞争力产生的负面影响。

（3）外部机会（O）：是指对企业有吸引力的领域，通过管理者综合分析，将会给企业带来额外利润的机遇。机遇与企业当前有利的趋势有关，这些趋势将有利于提高产品质量和企业的服务水平。因此，企业应该善于掌握和分析市场与行情的最新动态。

（4）外部威胁（T）：是指环境中某种不良因素发展所形成的挑战，如果不加以调整和控制，将会削弱企业竞争地位。

将上述四个方面通过调查列举出来，并依照矩阵进行排列，然后应用匹配的思想，将各因素进行组合分析，从而得出带有决策性的结论。

SWOT是一种定量与定性分析相结合的方法，它能够将企业内外部的因素进行综合分析和有效结合，方法较为简便、易于掌握，利用这种方法可以找出公司的关键机会和威胁，利用自己的有利因素来弱化甚至于克服对自己不利的因素。

2.SWOT分析方法的基本步骤

（1）确定企业当前执行的战略，这种战略可能是成功的，也可能是有问题的。

（2）确认企业外部环境的关键性变化，把握可能出现的机会与威胁。

（3）根据企业的资源组合情况，确认企业的关键能力（优势）与关键限制（劣势）。

（4）将列举的因素相组合，制定SO、ST、WO、WT分组矩阵。

（5）将各因素进行组合分析、甄别选择，确定目前采取的具体战略或策略。

3.SWOT四种战略类型

SWOT矩阵分析法为企业提供了四种可以选择的战略类型：ST战略、SO战略、WO战略和WT战略（参见图2-1）。

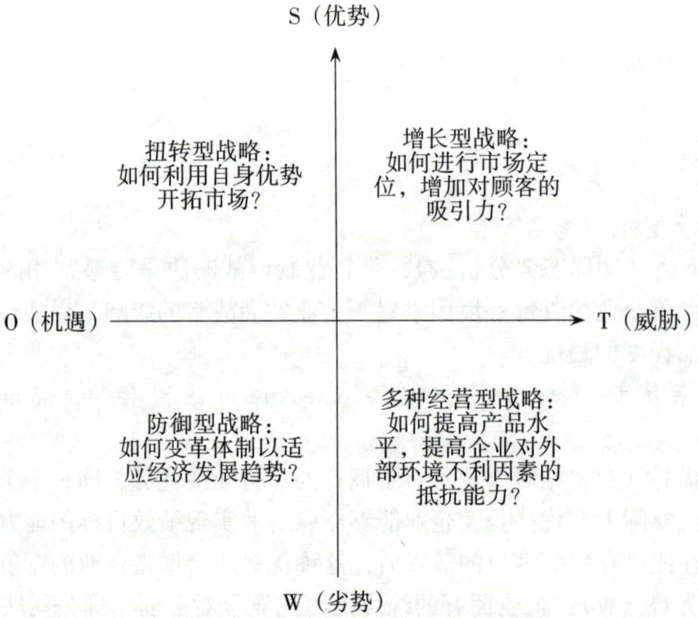

图2-1 SWOT分析法坐标图

ST战略：是发挥企业的长处避免遭受外部威胁的战略。

SO战略：是企业发挥内部长处去发掘外部机遇的战略。当企业面临重大威胁时，应该尽力规避，使之可以将精力投入到核心产业中去。

WO战略：是企业抓住外部机遇来克服自身弱点的战略。一般情况下，企业可以通过引进设备和新技术来研发新产品，或者聘用高素质人才来提高企业的组织管理水平。

WT战略：是企业直接克服自身弱点或规避外部威胁的战略。这是一种防御性战略，如果企业同时面临多个劣势和威胁，它就应该重新审视自己的发展战略；否则，很容易陷入破产和被兼并的境地。

2.3.2 PEST分析法

1.PEST分析法的概念

PEST分析法是指对宏观环境的分析，是外部环境分析的基本工具。P指政治法律环境因素（politics），E指经济环境因素（economy），S指社会文化环境因素（society），T指技术环境因素（technology）。对一个企业集团所处背景的分析，通常是通过这四个因素。

通过PEST分析法对外部环境进行分析，对企业的战略决策有着重要的参考意义。它能给公司一个对总体环境中不同因素的概述，使企业可以有效地了解市场的成长和衰退、自身所处的境况、潜力与营运方向。管理层可以从不同角度，根据变动的因素探究某个行业发展的潜能，对企业的发展有一个整体的把握。同时，可以使企业对各方面的变动及时做出反应，制定相应的策略。

（1）政治法律环境

政治法律环境是指一个国家或地区的政治制度、方针政策等，其包括对企业经营活动具有实际与潜在影响的政治力量和有关的法律法规等。国家的政策法规对企业生产经营活动具有控制、调节作用，相同的政策法规给不同的企业可能会带来不同的影响。同时，法律在保护企业正当利益的同时，又规范了企业的行为，使之更适应行业发展的大环境。

（2）经济环境

经济环境是指构成企业生存和发展环境的社会经济状况及国家的经济政策。与其他因素相比，经济环境对企业的经营活动有着更直接而深远的影响。需要注意的是，在关注国内宏观经济的发展规律时，也要注意国外经济环境中与企业战略密切相关的因素。只有对宏观经济环境具有很强的敏感性的企业，才能在不断发展和波动的经济大潮中找到发展的机遇和机会，从而制定正确的经营发展战略。

（3）社会文化环境

社会文化环境是指包括社会结构、社会风俗习惯、人口素质等内容的社会文化发展水平的概况。企业战略应密切关注人的行为和习惯，分析具体情况制定不同的企业战略。一方面，消费者的习惯和习性养成，决定了其对于企业的态度；另一方面，企业职员的工作素养和工作态度，也决定着企业形象和对顾客的态度。

（4）技术环境

科技是一把双刃剑，技术环境的变化对企业的生产和销售活动有着直接而深刻的影响。先进的技术可以使企业在行业竞争中脱颖而出，在激烈的市场竞争中立于不败之地。技术水平的高低反映了一个国家或地区的综合实力和发展态势。有时一些新技术的产生可以使得理论成果转化为产品的更新周期大大缩短，尤其是进入了信息时代，服务网络化、信息化能够使企业掌握竞争对手、供应商和客户的信息，通过及时反馈，大幅度提高企业的管理和服务水平。

2.PEST分析法的步骤

宏观环境的分析范围包括分析的广度和深度。广度决定了企业所收集的宏观环境信息的主题范围；深度决定了所收集和分析的PEST数据的详细程度。同时，宏观环境中的绝大部分因素是企业无法控制、难以左右的，是企业必须适应的因素。因此，进行PEST分析应该针对不同行业，选择与其敏感度相关的因素。在运用PEST分析法解决实际问题时可以遵循的基本步骤如下：

首先，结合企业战略，确定企业所处宏观环境的主要事件和趋势。

其次，了解四个因素之间的内在关系，罗列出关键因素。

再次，讨论分析这些因素，挑选出与经营活动相关性最高的影响要素。

最后，综合分析罗列因素，进行推导并得出启示，为战略选择提供依据。

需要注意的是，在作PEST分析时，需要抓住重点，其信息的收集过程是长期的、艰辛的。但是，对于任何企业，在所罗列的各种因素中，只会有一项或几项对企业的战略决策有较大影响，所以应该分清主次，对一个或几个方面进行深入分析。PEST分析法针对的是宏观环境，并非每一个建议都需要进行宏观环境的分析，有些因素会直接影响组织，而另外一些趋势对于组织的影响微乎其微，这取决于它们与组织的战略和执行情况是如何互动的。另外，宏观环境分析应该有助于组织的战略规划，应该为规划的形成提供信息。在实际操作过程中，应该围绕产业及产业内任何一个战略群的结构性力量，讨论外部环境是如何影响组织的战略以及竞争者的战略。

PEST分析法的宏观环境分析对组织及其战略的意义深远。在某种程度上，组织的内外部的优劣势尤其是它的资源优劣势会决定其行动的成败。同时，企业可以通过改变外部环境，采取有力措施，降低环境波动性对企业经营的影响，甚至使外部环境变得对企业的生产活动有利。对外部环境变化的分析，有助于管理层找到企业可持续发展的有利条件并依据对外界环境的宏观分析来寻求最有力的发展途径。

然而，PEST分析法所研究的因素具有一定的时效性。宏观环境会随着时间段的不同而改变，不同的宏观环境背景也会对分析的有效性产生影响，所研究的因素也可能在未来几年中都不会有明显变化，而这会削弱企业战略决策的指导性。而且，不同人对于不同的环境因素会有不同的解读和理解。决策者常难界定他们的宏观环境是什么，从而很难进行深层次的研究，不能综合长短期的企业目标进行分析，所以需要高层在进行宏观外部环境分析时，及时在威胁和机遇面前调动企业资源来规避风险、赢得收益。

2.4 物流系统规划设计实例

2.4.1 Thku物流业务概况

1.Thku物流公司概要

1918年Thku物流公司（以下简称Thku公司）设立了以港口运输为主的集团公司，总部设在日本东京，目前在日本国内设有51家子公司、40家分公司，拥有41家海外分公司和事务所，现有1万多名员工及众多车辆和仓库，20××年总销售额3 000亿日元。

Thku公司的业务板块包括厂内物流（机工）、大件运输、物流外包三部分，机工主要包括成套设备的建设、机械装置的安装、附带工程以及设备的制作等业务。物流外包即3PL（第三方物流），是根据客户的要求，为客户提供从制订计划到实际操作的全程一体化物流服务。公司还为客户提供设备维保服务即3PM（第三方维护作业），接受客户的整体设备管理委托。

Thku公司的商业模式是以客户的生产设备为基础，在提供工厂厂内维修和物流服务的同时，通过从原材料的采购到生产产品供给的联程订货，最终实现拓展事业的目的。Thku公司是采用将拥有的机械安装、建设等一次性业务与物流、维修等连续性业务相连接的商业模式，从而确保稳定效益的企业。

2.Thku公司在中国的事业概况

Thku公司是改革开放初期就来到中国成立合资企业的外国公司，其在中国的投资算是拥有很长的历史。早在1972年中日邦交正常化后，Thku公司即以承揽制铁厂的成套设备出口作业为起点展开对中国的业务。20世纪80年代，Thku公司分别在北京和天津成立合资公司正式拓展中国业务。随着业务范围的不断扩大，先后在大连、上海、深圳等日资企业投资较多的主要经济发达地区设立了分公司。包括中国香港、中国台湾在内，Thku公司已在中国成立了至少13家的现地法人公司、20余家分公司，拥有的自主运营的高规格物流中心面积达到30余万平方米，为客户提供针对国内货物以及保税货物的物流服务。

Thku公司的物流业务已遍布中国几十个大中城市，密织货运网络，给企业的海运、空运、公路和铁路运输等带来极大的便利和优势。无论是单种货运形式还是多式联运形式，通过这个网络都可以在极短的时间内向世界各地运送进出口货物，使企业的效率和竞争力大大提升。

2.4.2 中国物流市场分析

1. 中国物流行业发展趋势

相对于发达国家的物流产业而言，中国的物流行业起步较晚，仍处于发展阶段，市场需求也仍旧处于较为快速的变化中。对于物流企业而言，把握行业发展趋势、明确市场需求，对企业的发展有积极促进作用。经过40多年的发展与完善，中国的物流服务行业正在不断向精细化方向发展，主要呈现出专业化、多样化、标准化的发展趋势。

2. 制造业物流需求分析

随着经济的高速发展，中国的现代物流业也得到了迅猛发展，从社会物流总额的构成情况看，工业制造企业的物流需求成为物流总需求的主要贡献者。

中国制造业物流经历了由自营模式向外包模式的转变。早期的工业制造企业都设有原材料、在制品、产成品等的仓库，原材料、产成品等的运输基本采用自营模式供应，物流业务分散且缓慢，成本居高不下，难以把主要精力和有限资源放在自己的核心业务上，整体效益低下。随着制造业产业规模的扩大，产业不断转型升级，客观上释放了大量的物流服务需求。同时，制造企业在面临激烈竞争和成本上升的窘境时，逐渐开始对产业链进行整合优化，对物流外包的需求有所增加，与第三方物流的合作增多。

制造业物流的另一个特点是区域化分布。工业化、城镇化的快速发展，促进了工业生产加快向更具要素、资源、环境比较优势的地区聚集和转移。

中国曾经的和现阶段的工业聚集区包括：以钢铁、机械、石油化工等重工业为主的辽中南工业基地（含沈阳、大连、鞍山、本溪、抚顺等城市）；以钢铁、机械、化工、电子、纺织等为主的京津唐工业基地（以北京、天津、唐山为顶点的三角地带）；第一大综合性工业基地、轻重工业都很发达的沪宁杭工业基地（以上海、南京、杭州为顶点的三角地带，包括苏州、无锡、常州、嘉兴、宁波等城市，也称长江三角洲地带）；以服装、电子、玩具、食品等轻工业为主的珠江三角洲工业基地（含广州、深圳、珠海、东莞、佛山、中山等城市）。

工业物流是物流业界公认的最复杂、最具专业性的物流领域，要求各个环节之间能够平滑衔接。尤其是入厂物流，既要与制造工厂的生产节奏相匹配，又要协调庞大的供应商群体，最能体现物流服务的复杂性和专业性。相较于其他物流领域，工业物流对服务的质量和效率有更高的要求。

3. 市场机遇与挑战

改革开放40余年，中国经济持续快速增长，外贸需求不断扩大，为物流业发展提供了强劲的动力。物流企业不断对上游企业的采购、仓储、运输、包装等多重环节进行重整，不仅改善了复杂的流程、减少了响应时间、提升了运营效率，还有效降低了成本、增加了运营灵活性，已经成为现代物流发展的主流。另外，交通运输基础设施建设进一步完善，为我国现代物流业的发展提供了更加便捷、通畅、高效和安全的基础设施条件。随着经济全球化和国内市场开放程度的迅速提高，制造业和批发零售业企业将面临更加激烈的市场竞争压力，专业物流外包服务越来越为企业所青睐。

随着对精细化要求的提高，入厂物流也成为满足客户需求、提高企业竞争力的有效方式。这种模式兼顾了规模经济和企业的柔性需求，制造企业通过与第三方物流资源共享的方式，将非核心业务外包出去，实现其专业化服务，将有限的资源投入到核心业务的专业化运作上，能够帮助企业实现总体运行的高效率。

然而，众多机遇之下，中国物流企业也面临诸多挑战。物流基础设施规划不合理、管理体制不健全、配送中心效率低、服务质量低下、缺乏高素质的物流管理人才等问题仍然存在，想要充分满足客户需求，提高企业竞争力、提高末端服务水平越来越重要。同时，经济的周期性波动和国际贸易关系的调整，都会在我国物流业今后的发展之路上形成新的挑战，目前物流业界首先应该关注的就是中美贸易摩擦给我国物流行业带来的实际影响及相关对策。

党的二十大报告强调，推进新型工业化，加快建设制造强国、质量强国、航天强国、交通强国、网络强国、数字中国，建设现代化产业体系，着力提升产业链供应链韧性和安全水平，降低物流成本。这些都给全社会宏观的物流系统规划和微观的物流方案设计带来了新的机遇和挑战。

2.4.3 Thku公司的中国业务发展分析与定位

1.Thku公司的中国业务发展分析

(1) Thku公司的优势

第一，Thku公司的物流业务深入且全面，具备为客户包揽从开始到结束的全部业务的能力，可以为客户提供一条龙服务，即发挥机工和物流的两大特性，提供从工厂开工建设阶段的各种业务直到建成投产后工厂内作业、零部件、成品物流的联程服务。

第二，Thku公司在国际物流和国际多式联运业务领域具有多年的运营和管理经验。Thku为客户提供的是从货物进出口到物流中心的运营服务，即从货物的运输、配送到各国间的海运、空运等具体的综合物流服务。

第三，Thku公司具有比较广泛的业务网络，具有为客户提供出口基地的国际物流网络和面向中国国内需求的国内网络，提供自当地揽货直到卸货地指定地点为止的拼箱运输服务。除日本本土以及中国之外，Thku公司还在全世界其他多个国家的多个城市设有分公司，实现信息共享、业务协作。

第四，Thku公司拥有具有世界先进水平的大件（大型生产设备）运输技术。Thku公司除了为客户提供一般的物流服务以外，还在成套设备等重型物件的运输以及以钢铁和化工厂家为中心的客户工厂内部物流方面有着多年的良好业绩。公司自主研发了能够实现超大超重型设备的安装、装载、运输的特种运输工具——自走式组合车组，在大件物流方面更是拥有无可比拟的优势。

(2) Thku公司在中国发展的不足之处

Thku公司在管理理念和运营模式方面已经发展到较为成熟的阶段，严谨可靠的企业形象也正是当下以及未来中国物流市场所青睐的。然而，该公司在中国的发展却不尽如人意，并没有将成熟的业务模式很好地落实下来，业务范围囿于零散简单的配送业务，而本为主要利润来源的厂内物流业务没有真正得到发展。其经营业务多为成本高、利润少的外围配送、仓储等业务，没有为客户提供更加精细深入的物流服务；作业模式被动而缺少整体规划，作业方式多为根据客户的运输需求安排订单，制订一次性的或短期的计划，而不是根据客户的生产计划预先安排、全面统筹。

2.发展定位与方向

Thku公司实施差异化竞争策略，凭借自身优势，以现有物流服务业务为基础，向纵深服务拓展，开展独特的服务于工业制造企业的精细化物流业务。

Thku公司中国业务的发展则主要定位为：服务于以汽车生产为重点的制造业物流，

构建集工业品干线班车运输、末端入厂精细化物流配送和增值服务功能的制造业一体化物流服务体系。其具体物流运作模式如下：

以制造企业为服务对象，以汽车生产聚集区为服务重点，深入分析并挖掘精细化物流的服务需求，基于现有服务网点进行集货，构建全国范围的工业制品班线运输网络，提供稳定高效的干线运输服务；针对工业聚集区，依托选定的物流节点开展基于共同配送和循环取货模式的入厂物流，在区域范围内纵向拓展现有物流业务，为客户提供全面系统的入厂物流服务；选定的物流节点在提供存储服务的基础上，为满足入厂精细化物流服务的需求拓展转运、加工、组配等延伸服务功能，为班线运输和入厂物流业务提供支撑与辅助。

2.4.4 班线网络配送服务模式的构建

1. 班线网络配送服务模式概述

在中国工业生产制造业不断发展和市场集中度不断上升的环境下，Thku公司以降低物流成本、提高物流服务质量、快速满足客户需求为目标，构建班线网络配送服务模式。

班线网络配送服务模式的设计思路：通过定性与定量结合的方法分析研究中国工业生产企业的聚集程度及聚集地分布，以及当前Thku公司的物流规模水平、业务需求规律及分布布局，运用主成分-聚类分析方法，在对工业生产企业聚集地及Thku现有公司的综合考量的基础上选取适当数量的公司作为物流中心，在这些公司之间落实定期运输计划，由物流中心对其他公司或者客户进行直接配送并辅助其他公司的运输业务，此运作模式通过规模配送提供一种延伸集货运输、仓储保管、装卸搬运、流通加工、分拣配送、信息管理等功能的低成本、高质量的一体化物流模式。

此配送模式设计旨在建立一个区域性物流通道，即以开通班列的公司作为物流运输作业节点，辐射其周围一定范围内的公司，提升区域配送的规模效益，进而推动Thku公司区域配送业务的发展。

2. 班线网络配送服务模式总体设计

班线网络配送服务模式设计的目的，是在开通班列的公司进行货源整合，实现货物的“大集大散”，实现货物的规模化流通，以降低物流成本，同时提供高时效、高质量的物流服务。简单来说，在开通班列的公司的辐射范围内，将需要通过班列运输的货物全部集中到该公司，再根据货物目的地分别安排装车，利用班列进行运输，到达下一物流中心后，由其安排进行班列运输或直接配送至最终客户。

（1）集货运输

集货运输指的是从客户及辐射范围内的公司到物流中心的货物集中过程。物流中心是货物集中的场地，这是集货必备的硬件条件；物流中心需具有承揽货物的能力，物流中心所处的城市需有一定的市场、网络资源和发达的运输系统，这是集货的优势所在。

软硬件的结合将在很大程度上发挥物流中心的集货功能。集货有取货和送货两种形式。对于需要送货的客户，物流中心需具备自有车辆和整合社会车辆的能力，为客户进行集货运输。

（2）物流中心的仓储管理

物流中心需具有一定规模的仓库。对于客户需要货物入库存储或者在交货期限内不能保证本次班列的车辆装载率而需要下一班列进行配送的货物，可以根据客户和业务的需要对货物进行仓储管理。仓储管理包括入库、在库理货、验货、盘点、出库全过程的管理，主要由相关人员负责并对货物进行全程追踪监控。同时，物流中心需要采用标准化作业流程，工作人员需经过专业培训，对货物进行规范化管理，最大限度地保证货物的完好性。

（3）物流中心的配货拼车

配货指的是将不同的货物按照一定的原则配成一车，主要原则是将目的地相近、混装不会影响品质的货物配成一车。拼车指的是将小车上的货物并入大车，即将通过小型车辆运输到达物流中心的货物拼装到标准化厢式车上进行运输，主要目的是提高车辆实载率，进行规模化运输，节省运输成本。配货拼车作业需要熟悉货物的人员负责协调。

（4）物流中心的装卸搬运

装卸搬运的“装”，指的是货物被集中到物流中心时，装上班列进行运输及被运输到目的地物流中心后装车配送至客户的过程。在装车时，需对装入的货量进行复点，对货物的完整性进行检查。装卸搬运的“卸”，是指在货物到达目的地物流中心时的卸车过程。在装卸过程中均需对货物的状态或外包装进行检查。

（5）物流中心的分拣配送

分拣配送指的是对物流中心集好的货物按照目的地进行分拣，再装入班车进行配送，或者到达目的地物流中心后对货物进行分拣存储或配送至客户或装入下一班列的业务。配送不是简单的“送货上门”，而是运用科学合理的方法选择配送车辆的吨位、配载方式，确定配送线路，以达到“线路最短、吨千米最小”的目的。

3.班线网络配送服务模式实施建议

班线网络配送服务模式具体指：在现有中国区域现地法人公司或其他形式的分公司中选取一些公司作为物流中心，使用标准化运输工具，采用标准化业务流程，通过企业间的相互合作，利用信息化管理，实现一体化物流服务，服务于自身及辐射范围内的公司，从而降低物流成本，提高物流质量。

（1）选取物流中心

选取现有公司所在城市的社会经济发展水平、物流市场供求状况、公司当前运营状况及资源水平三方面的24个指标，构建班线节点等级判别指标体系（参见表2-1）。

表2-1 节点等级判别指标体系

一级指标	二级指标	三级指标
所在城市的社会经济发展水平	总体经济发展水平	地区生产总值
	人均经济发展水平	人均地区生产总值
	社会再生产条件	固定投资总额
	货运市场规模	货运总量
	工业市场规模	规模以上工业总产值
物流市场供求状况	对外贸易规模	进出口总额
	工业生产企业集聚水平	EG指数
	潜在客户规模	规模以上工业生产企业数量
	物流业从业人数	交通仓储邮电业从业人数
	陆运发展水平	公路里程
	铁路发展水平	铁路货运量
	港口发展水平	港口吞吐量
公司当前运营状况	财务水平	现金净流量
		净利润
		总利润年增加率
	业务水平	年总货运量
		货运量年增加率
		拥有客户数量
		新客户的增加率
		仓库总周转率
		配送及时率
		平均货运收益率
	基础设施水平	拥有仓库容量
		运输车辆数量

（2）确定物流中心辐射范围

选取物流中心后，设置班线进行定期配送，由物流中心辐射其他公司的运输业务，一般情况下距离物流中心地理位置比较近的公司可以借助班线的行程安排部分配送任务，而具体操作时选择哪个物流中心则需要考虑业务特点、紧急程度等因素。

（3）制作班期表并配置车辆

在物流中心及辐射范围确定的前提下，根据现有公司业务量、辐射公司货运量、客户对于时效的要求，以及现有运输车辆类型（如集装箱运输车、卡车）、数量以及单位运输成本，确定班线发车间隔（即班期表）与配备车辆数量，以便完成在质量、数量、时间、地点各方面都满足客户需求的货物配送业务。

（4）采用标准化业务流程

班线网络配送服务模式的有效实施需要有标准化操作流程的支撑，标准化业务流程可以使业务规范化、专业化，更加有利于作业的进行。同时，标准化的业务流程可以从整体上控制货物的全程运输，从细节上做好每一环节的工作，真正做到货物流通的无缝连接，提高货物的流通效率并提高服务质量。

（5）加强企业间及企业内各部门的合作

成立专门的项目部，负责中间业务的协调，负责物流中心之间的合作，包括业务操作的合作、相关信息的共享、成本的合理分摊等。同时大力整合社会资源，促进业务的顺利开展。

（6）信息化管理

信息化管理的功能体现在客户可以掌握发出货物的流向状态，物流中心进行仓储、分拣等日常业务管理，与其他物流中心进行信息对接、跟踪货物等。

2.4.5 工业聚集区入厂物流业务模式设计

1. 工业聚集区入厂物流业务模式

针对工业制造企业的聚集性特点，提出延伸入厂物流业务的建议，基于循环取货和共同配送的作业模式，同时辅之以配套的信息系统以及零部件组装和组合、质量检查、物流金融等增值服务，为客户提供深入至生产线的物流配送服务。

配送至生产线的入厂物流服务，是指Thku公司把原材料或零部件从上游供应商处，利用各种运送工具及通路，按需要运至生产线环节。循环取货的模式是从多个供应商处提取多品种、少批量的零配件，按照已设计好的路线在固定取料和送货窗口按照规定时间从供应商处运送物料至工厂和从工厂返回空的料箱料架至供应商处。卡车在规定的时间离开，在规定的时间到达每个供应商处，并最终返回。共同配送要求Thku公司综合某一地区内多个用户的要求，统筹安排配送时间、次数、路线和货物数量，进行全面配送。

2. 工业聚集区入厂物流业务特点

（1）精准的配送服务

针对采用JIT（准时制）生产方式的企业，按照需求方对品种、规格、质量、数量、时间、地点等的要求，将物资配送到指定的地点。这种生产模式对物流作业在送达精确度上有很高的要求，需要多频次、小批量地将货品按照生产计划准时配送至生产线，保证生产线的安全有序运行。

（2）整合的运输需求

为了避免为降低库存造成的运输成本上升，将循环取货、共同配送的作业方式与入厂物流服务相结合，利用较低的成本输出为客户提供优质的服务。通过整合多客户的运输需求，实现运输资源和人力资源的合理配置，以较低成本提升服务质量。

（3）系统全面的服务

入厂物流业务为客户提供集配送、组装、检查、信息、金融于一体的系统全面的入厂物流服务。核心的配送作业是根据客户的生产计划进行计划、组织、管理、作业，在保证低库存的前提下，为客户提供满意的配送服务。同时，提供对原材料或零部件进行组装、检查的增值服务。

3. 工业聚集区入厂物流业务运营

入厂物流业务致力于为客户提供生产线之前的全面深入的物流服务，该服务以深入至生产线的配送业务为核心业务，辅之以配套的信息系统、零部件组装、质量检查、物流金融等增值业务。

（1）入厂配送业务

循环取货要求车辆必须循环地、多频次地满足工厂的需求。为了保持最小库存，运输计划必须与工厂的生产计划高度匹配。通过为客户提供包括路线设计前数据的收集、路线规划设计、所有窗口的时间设定、运输物料数量与物料连接计划，操作程序与流程、路线网络重设计和调整，项目的实施、物料运输状态追踪、每天对路线运行监控等日常管理、路线绩效分析和报告等一系列服务，达到对客户入厂物流业务的高度参与与管理，依据表2-2科学合理地制订运输计划、车辆及工作人员配置计划、车辆装载计划，为客户提供满意的入厂配送服务。

（2）增值业务的开展

① 零部件组装和组合。在供应商处取得物料后，根据物料的特性，在运输前、运输中或入厂前按要求完成组装，保证客户生产的顺利进行。对于不需要组装的零部件，可将相关性强的零部件按生产所需数量的比例进行组合。

② 质量检查业务。对进入生产线的物料，按照检查标准与企业沟通联系，提供专业的设备及工作人员完成质量检查服务。

③ 物流金融。为客户企业在物流过程中提供各种存款、贷款、投资、信托、租赁、抵押、贴现、保险、有价证券发行与交易等物流金融服务。

表2-2 入厂物流循环取货业务相关计划的制订

计划	目标	方案
运输计划	采用JIT生产方式，货品按生产计划直送到生产线。为同时满足多个客户对时间、数量、比例的要求，制订从路径设计到发货时间、频次的运输计划	将相关的取货点、送货点、储存点进行定位，获取准确的位置及距离信息，建立运输网络；确认生产线中货品的需求量、需求时间及需求比例；制订运输计划，采用循环取货、共同配送的模式，多频次、小批量地为客户提供深入到生产线的配送服务
车辆及工作人员调配计划	制订车辆及工作人员调配计划，包括各条路线上需要配置的车辆数量、型号、对应的工作人员及工作要求	考虑司机工作的时间安排、人机工程和现有车辆及工作人员等因素，制订车辆及工作人员调配计划，以图表方式目视化地显示每天各种类型的卡车需求，以及人员安排 在现有车辆资源及人力资源的基础上，根据调配计划合理配置
车辆装载计划	包括每辆车每次运输时装载货品的种类、数量、位置	根据运输计划，结合车辆调配计划，对每辆车的运输任务安排装载计划。首先，对货品运输单元的规格参数进行统计，在满足车辆容量和重量的限制、保证货品安全的基础上，合理安排货品的装载位置，尽量使待卸货物靠近出口处，方便卸货，提高效率

（3）工业聚集区入厂物流业务的推广实施

Thku公司的经营经验借鉴：借鉴日本总部的管理理念和运营模式，结合中国市场的特点，制订出详细有效的基本作业方案，包括入厂物流、循环取货、共同配送、信息平台、组装检查业务、物流金融服务等多方面内容。

现有客户的新业务拓展：Thku公司的长期合作客户在总客户数量中占有很大比例，基于对这些客户的了解，Thku公司可对制订的基本作业方案进行合理调整，使其与现有客户的需求及发展情况相匹配，提供特色化的、有针对性的服务，扩展业务范围，深入合作。

2.4.6 仓库功能的完善与运作模式设计

仓库的建设对班线网络配送业务和入厂物流业务的运营有关键的支撑作用，是网络和线路中的重要节点，承担着货物集散、保管、加工、管理的任务。在班线网络配送业务中，仓库作为每个物流中心的必要设施，是物流中心正常运营的重要依托；在入厂物流业务中，仓库是循环取货路线中的关键节点，影响着运输计划完成的质量。

班线网络配送业务和工厂聚集区入厂物流业务的开展，对仓库功能和仓储管理提出了更高的要求，既要科学地完善现有的基础功能和增值服务功能，又要根据新业务的需求开发新功能，从而为班线网络和入厂物流业务提供有效的支撑与辅助。具体来说，应注意三个方面：一是班线网络配送业务涉及的货物需要等待成批再运输，需要对多批货物进行统筹管理；二是入厂物流业务中多频次、小批量的运输模式大大增加了出入库次数，对操作时间的要求更为严格；三是入厂物流服务是深入至客户生产线的物流服务，需要对货物进行加工组装等，以满足生产要求。

根据新业务带来的改变以及需求，Thku公司可在现有场地和作业模式的基础上，对仓储功能、流通加工功能、信息管理功能、组织调度功能进行完善和开发，为班线网络配送业务和入厂物流业务的开展提供支撑与辅助。

1.基本功能的完善

对仓库的仓储、进出库功能进行优化管理，对于提高业务效率、降低成本有积极促进作用。

2.仓储功能

根据货物的存储时间和加工要求，对货物进行分类管理：对于班线网络中等待成批的货物，根据入库时间以及剩余货物的到库时间，合理安排库存位置；对于需要频繁存取的货物，可安置在靠近出口和入口的位置；对有加工需求的货物，可在综合考虑其他因素的基础上，尽量安置在功能区附近。

3.出入库功能

新业务的开展，尤其入厂物流业务的开展，要求出入库环节增加质量检查功能，即根据客户需求，对产品的数量、质量、规格进行检查，使货物送达时可直接进入下一环节。

4.流通加工功能的完善

新业务模式的开展，要求仓库具备包括分拣、包装、贴标签、组装组合、质量检查等的多项流通加工功能。在满足业务需要的同时，加强自身在市场经济中的竞争能力，增加仓储利润来源，提高经济效益。

(1) 分拣功能

在仓库里根据流出去向、流出时间的不同进行分拣分类，分别配载到不同的运输工具，配送到不同目的地。在不同产地生产的系列产品，也可在仓库整合成系列，向需求点供货。

(2) 包装功能

包装为商品的流通提供了条件和方便，有着保护商品、促进销售、方便消费的功能，商品的包装环节由仓储部门来完成，并且把仓储规划与相关的包装业务结合起来综合考虑，有利于整个物流效益的提高。同时，采用标准化包装也是实现标准化运输的重要步骤，对于班线网络配送业务的开展及顺利运作具有重要意义。

（3）贴标签功能

在仓储过程中完成在商品或商品包装上粘贴标明品名、规格、产地等的标签，是常见的流通加工功能的一种。

（4）组装组合功能

组装功能在班线网络配送和入厂物流业务中都会被经常使用，主要是将零部件和半成品进行较为简单的组装，使其到达需求点时能够直接被使用，为客户提供便利。组合功能主要为入厂物流业务所需要，是指对应生产计划中的物料需求比例，在运输中就将货物按需求比例装于一个运输单元并送至生产线，方便生产线作业。

5.信息系统的完善

入厂物流业务的开展要求货物被多频次、小批量地精准送达，使得仓库需要操作更多种类的货物，货物的出入库也更加频繁。采用配套的信息系统可大大提高货品管理和定位的便捷性与效率，另外，信息系统的建设能够使运输计划、装载计划得到实时更新，提高作业的准确性。在制订车辆配载计划时，采用专业的配载软件，可得到更加合理的配载方案，有助于提高车辆利用率。

6.组织调度功能的完善

作为网络和路径中的集散点和中转点，仓库发挥着承上启下的重要作用，需要按照制订的计划，组织调度仓库作业的相关机械和人员，接收上游的货物并进行加工作业，再将货物按照需求分配至网络和各条运输路线。组织调度的要素主要包括货物、设备和人员三类，管理对象种类多、数量大，对管理人员的能力和经验要求很高。为了提高作业的合理性，减少管理困难，如上文所述，可将配套的信息系统用于计划制订、信息流通和更新等多方面。此外，为保证计划的高质量完成，可明确责任，将任务细分至各级工作人员，保证每一环节的高效。

关键概念

物流系统　物流系统规划

思考题

1.什么是物流系统？它包括哪些构成要素？

2.物流系统规划包括哪些层次，各层次规划的主要内容是什么？

3.物流系统规划与物流方案设计的关系是什么？

4.物流系统规划基本分析方法的核心是什么？

第3章 物流方案设计方法

学习目标

了解物流方案产生的途径，掌握物流方案设计各阶段的主要工作，了解物流方案调研报告的形式与内容，重点掌握物流方案建议书的内容。

3.1 物流方案的产生

3.1.1 物流服务需求企业委托

企业在物流管理过程中，或是需要建立满足企业生产与销售的物流服务体系，或是需要对现有的物流服务体系进行优化与改进，都会根据自身的需要对物流服务提出较为明确和具体的目标和方案设计要求。在这种情况下，企业可以自己组建物流方案设计团队，其成员一般是由企业物流管理人员与外聘专家组成，也可以将方案设计项目委托给专门从事物流方案设计的专家团队；另外，在企业基本物流模式选择外包的情况下，物流方案设计与实施的主体就是受委托的第三方物流企业。

为了满足企业提出的物流服务目标和要求，物流方案设计团队应对企业的物流需求作深入的调查研究，分析企业物流现状，明确描述企业现有物流运作，根据企业的条件和自身的物流服务优势，找出企业物流运作中存在的问题，这样逐渐形成合理解决企业物流问题的框架。然后，再分环节、分部分地深入剖析企业物流运作体系，使物流解决方案逐渐明朗化，最后再加以科学论证，形成一套完整的物流解决方案提案，并就提案与客户企业进行充分的沟通与讨论，调整物流系统运作目标，明确物流服务体系结构，确定总体物流运作模式，为进一步对方案进行详细设计奠定坚实的基础。

3.1.2 物流项目招投标

整体物流方案的设计项目，尤其是在企业选择物流业务外包的情况下，在选择物流合作方法时，经常会采用物流招标的形式。

一般情况下，企业会根据自身的物流服务需求，对物流服务目标进行详细分析，确定总体物流服务模式和物流系统总体框架，并根据服务系统的要求将总体目标分解为具体的功能环节目标和具体的服务要求，甚至具体的物流服务形式，然后编制物流服务需求的招标书，向物流服务供应商发出招标邀请。企业一般会在招标书中将自己的产品的物流服务要求描述得非常详细，提供的数据和资料也非常具体。这时，投标者即物流服务供应商应详细研究招标书的内容，分析自己的物流服务资源，结合环境条件进行统筹考虑。开始时是利用自己的物流经验和物流服务知识提出一个框架，随着与招标企业的不断交流和沟通，逐渐丰富和完善框架内容。在对每个环节都进行了充分的考量之后，一个清晰的物流解决方案就形成了，并体现在物流服务投标书中。

3.1.3 一般机会研究

这种情况一般是第三方物流企业在开拓市场、发展自身物流服务业务的过程中，基于对目标市场的详细调查研究来发现物流服务市场的机会，进而针对客户企业的物流服务需求提出物流运作模式、物流服务体系而形成物流方案。

第三方物流企业依据目标企业物流运作状况，认真分析企业物流运作存在的问题，提出解决的思路，针对目标企业进行有效的市场营销，形成企业整体物流运作方案；或根据区域产业结构特点，进行深入的市场调查和研究，寻找物流服务的目标市场，为区域或行业市场提供物流服务，进而形成物流方案。

物流方案设计者通过对物流市场信息进行认真的分析比较，在各种物流细分市场中鉴别发展机会，最终确定物流方案的方向。一般机会研究是一种全方位的搜索过程，具体的做法是：

（1）地区研究——通过分析所处地的地理、自然、人口、地区经济结构和经济发展状况以及地区进出口结构、地区物流量、物流流向等状况，选择物流发展方向。

（2）行业研究——通过分析商业企业和工业企业物流的现状以及存在的问题、物流企业在其中的地位和发挥的作用，做出能否进入此企业从事物流活动以及怎样具体从事物流活动的决策。

（3）市场研究——研究物流市场中各物流环节的问题，尤其是商业流通市场中物流的状况，进行市场调查和市场物流服务需求预测，从客观角度把握物流市场的总体走势和动态，从中寻找发展物流的机会。

在经过一般机会研究确定了物流的发展方向后，有目的地做进一步的调查研究，对物流市场进行细分，确定目标市场或根据物流客户的物流服务目标，经过对几个拟订的初步方案的筛选，把物流发展方向转变为概括的物流方案提案或物流方案意向。这方面的研究需要注意以下两点：一是方案提出的外部环境分析，即市场之外的与方案有关的环境，如具体的政策、进出口限制状况和有关法规等；二是方案的优劣势分析，即分析选定的物流方案提案有哪些优势、哪些劣势，劣势能否转化为优势，并进行优劣势评价。经过上述阶段的研究工作，可以形成具体的方案目标和实现目标的基本思路。

3.2 物流方案的设计过程

物流方案的设计首先需要根据设计要求和要解决的具体问题确定设计范围与目标；其次是通过有针对性的调研得到的资料和数据认真分析物流服务需求的规律；再次是分析当前物流服务供给状况及存在的主要问题；随后挖掘产生问题的实质性原因；进而提出解决问题的总体思路和优化方法，将系统优化的结果具体化到可操作流程；最后提出方案实施的措施和实施计划。一般来说，物流方案的设计可以分为以下几个阶段：

3.2.1 准备阶段

无论物流方案是因委托产生还是通过物流项目投标产生，在进行物流方案设计之前，都需要按照项目管理的方式方法进行项目设计的计划和准备。

1.明确方案设计内容

方案设计准备阶段的一项重要内容是与物流服务需求者充分沟通，确定具体的物流方案设计所包含的研究内容，一般包括方案研究的背景、依据，研究的范围与内容，研究工作进度和服务质量要求等。

2.组织方案设计团队

方案设计团队是方案设计的主体，项目负责人需要根据方案设计的要求，合理组织方案设计专家团队，并将方案设计任务进行分解，分配给各个设计小组。

一般来说，方案设计主体分三种情况：首先，在物流自营模式下，企业自身的物流管理部门为构筑本企业物流系统及物流服务体系，由企业各部门相关人员组成相应的方案设计团队；其次，企业聘用咨询公司、科研机构等专家团队，提出企业物流方案设计的要求，由专家团队具体为企业设计相应的物流方案；最后，企业将物流业务整体外包给第三方物流企业，由第三方物流企业根据方案设计及运营的要求，组成方案设计团队，设计物流方案。同时，第三方物流企业将组成专门的运营团队，负责具体实施企业的物流方案，为企业提供相应的物流服务。

3.制订方案设计计划

物流方案设计准备阶段的另一项重要内容是由方案设计团队制订方案设计计划。

方案设计团队根据要求，研究和制订工作计划和安排实施进度，将任务按业务环节进行分解，充分考虑到各业务环节的工作特点和任务交叉情况，分成若干设计环节，协调各业务设计之间的关系，如果需要向外分包（比如物流信息系统设计、新建仓库设计、运输线路设计等），要落实外包单位，制订分包方案。

在准备阶段还需要根据客户需求和任务，提出方案设计的总体和具体目标，结合方案设计的范围和内容确定调研的内容并制订具体的调研方案与计划。

3.2.2 调研阶段

调研是物流方案设计的一项重要基础工作，调研工作的扎实细致是设计高水平物流方案的基本保障。物流方案设计的调研可以分为初步调研和详细调研。

1.初步调研

初步调研是对对象企业的物流运作体系进行初步了解并进行问题分析，形成对未来物流系统改进的初步方向性设想及建议，确定物流运作体系的基本模式。

一般经过初步调研后，方案设计主体根据初步调研情况及对企业物流系统进行初步诊断后，形成书面的物流方案建议书，或草拟双方进一步合作的协议书。一般情况下，初步调研发生在对象企业有委托物流企业进行方案设计意向的初期，是在物流企业与对象企业进行初步接洽和沟通的过程中进行的，由于时间较短，而且双方没有形成明确的责任关系，对象企业要借此了解物流企业的设想和意见。而对于物流企业而言，能否通过短时间对对象企业的初步调研形成有针对性、有建设性的物流体系改进意见和建议，也是能否获取对象企业信任的关键。但毕竟初步调研的时间较短，难以形成完善的、具体的物流运作方案，因此，方向性、建设性是初步调研成果的关键特点。

在双方确定了方案设计责任后（如第三方物流企业与对象企业签署了合同），为保证方案设计的质量，物流企业需要对客户企业进行详细调研。

2.详细调研

详细调研开始之前，项目组内部需要认真研究方案设计任务和初步调研的结果以及形成的方案设计初步设想，对此进行充分的沟通和讨论，明确目标、统一认识。项目组需要分析项目的特点，针对要解决的问题制订调研计划，确定调研范围、调研对象、调研方法。对较为复杂的物流方案，也可按业务需要分为若干专题科研小组，明确小组所要解决的问题、重点调研对象等，分别制订调研计划。项目组在了解清楚委托人对方案的要求的基础上，拟提交的调研提纲和计划要取得委托人的认可和支持。详细调研推进过程中，方案设计负责人组织有关专业人员赴现场进行实地调研和专题抽样调查，收集和整理各种与方案有关的数据和资料。项目组要每天就调研内容进行汇报、交流和沟通，根据具体调研情况及时调整调研内容和调研重点，修订调研提纲和计划，对调研结果进行系统化的整理并进行分析探讨，对初步形成的物流运作模式、优化方法等进行细化，逐步完善物流方案的框架。

在详细调研过程中，也容易出现一些问题。首先，由于调研范围广泛、内容繁杂，调研过程中经常会发现实际情况与之前的设想有出入，并且也会发现一些对方案设计有影响的新情况、新问题，容易使调研发生方向性的偏差，这就需要项目组养成及时沟通的习惯和制定相应的工作制度。在调研过程中，尤其是在每天的汇报交流中要进行及时研判，重新明确物流方案要解决的问题，紧紧抓住调研的主线，避免不必要的重复调研，减少局部细节对整体的影响。其次，有些资料和数据，尤其是一些关键性资料和数据的获取，有一定的困难，这需要对调研方法进行改进，并通过多种途径来获取这些资料与数据。对实在难以获取的资料，需要通过已有资料分析、整理、提炼，或通过其他方法进行推测和估计。最后，有些资料，尤其是涉及数据的间接资料，其客观性和真实性存在一定的偏差，需要设计团队通过统计分析的方法，根据实际情况对资料进行处理后才能使用。同时，一方面调研不可能面面俱到，另一方面在访谈调查中获得的信息往往带有被访谈者的主观判断，总会使得调研的客观性、真实性和准确性受到一定的影响，这就要求调研者时刻注意保持客观的立场，并要多角度、多途径地对相同的信息进行印证，最大限度地克服信息失真。

在初步调研和详细调研基本结束之后，需要形成书面的调研报告，并就调研报告内容与物流服务需求企业即对象企业进行充分沟通。与客户沟通的目的有两个：一是就调研内容进行沟通；二是就方案的设计思路和设想进行沟通。调研内容或多或少包含一些与实际情况不相符的地方，与企业有关部门的沟通可以修订不客观的内容，确保方案设计基础资料的真实性和准确性。而方案设计思路和设想的沟通更为必要，这是因为未来方案的实施运作不但需要企业相关部门的配合，这些部门在很多情况下还会成为方案实施运作的主体。因此，调研报告形成后，与企业决策层及有关部门进行有效沟通，才能保证未来方案得以顺利实施，并取得较好的效果。

3.2.3 总体模式设计阶段

1. 物流总体模式设计要求

物流总体模式是在特定的物流系统中，为满足物流服务需求的规模和质量、达到物流服务的总体目标和具体目标，设计确定的符合物流服务宗旨的物流网络结构、各子系统的构成及功能、物流运营管理方式和措施，以及保障物流系统顺畅运行的信息系统、组织管理系统等的功能和这些功能的基本实现方式。

在物流方案设计中，物流总体模式的设计需首先对服务需求进行分析，在此基础上确定物流服务总体目标和具体目标，分析物流系统现状，诊断企业物流服务体系存在的问题，然后提出实现目标和解决问题的基本思路，对物流系统进行分解，确定子系统的构成以及子系统的功能，再根据服务功能要求和解决问题的总体思路，确定物流方案包含的内容和实现服务宗旨与服务目标的方法和措施。

这部分内容在物流方案中需要进行概括性的描述，通过这样的描述可以使方案实施者和使用者清楚地了解方案采取什么样的方法和技术来解决物流系统的重点问题，可以了解在方案实施后物流系统将会达到怎样的状态。因此，物流总体模式既是对物流系统现状进行研究分析和具体服务功能设计的概括性体现，也是指导方案中各子系统功能优化和操作方案设计的纲领。

资源整合是提高物流效率、降低物流成本的重要手段，也是物流方案优化和合理化的主要内容。资源整合往往会带来企业组织结构的变革和业务流程的重组，其目的是提高物流运营系统的水平。物流方案设计中的资源整合一般包括业务资源整合和设施设备等物流实体资源的整合。

物流业务资源整合，是指将物流系统中分散在企业不同职能部门中的活动，根据业务作业的需要，将相同或相似的业务环节和业务活动进行整理、归并，统一调度和运作，提高运作效率，方便企业更好地进行供应商管理和客户管理，使系统运行更加顺畅。这部分内容的实现往往需要企业对各有关管理部门的职能进行一定的调整和改变。

物流实体资源整合，是将分散使用的仓库、车辆等设施设备进行整理和归并，实现统一调度和指挥，提高资源的有效利用率，降低设施设备的使用成本。实体资源整合包括内部资源整合和外部资源整合，内部资源整合是指整合的对象仅限于企业所拥有、支配的物流设施和设备；外部资源整合的对象是企业外部社会化的公共物流设施和设备，目的是通过更有效地利用企业外部公共物流资源，减少企业对利用程度较低的物流资源的投资和管理，提高企业物流运作水平，降低物流成本。

2.总体模式设计的内容

物流方案总体模式设计是物流方案设计的基础，其结果直接决定了物流方案设计的具体内容，而物流方案设计是总体模式的具体细节的实现。因此，物流方案总体模式设计是物流方案设计的前期阶段。物流方案的总体模式设计质量直接影响方案未来的实施效果，因此，必须充分发挥设计者的创造力，通过科学的程序和严谨的步骤，保证设计出高质量、高水平的物流总体模式。

物流方案总体模式设计包括以下两方面内容：

（1）物流需求分析

对物流服务需求和供给进行初步调研和分析，明确需解决的问题和范围。认真调研物流现状，对服务对象的物流需求和供给进行深入分析，研究物流服务体系中存在的问题，分析研究物流服务要求的实质，明确服务的范围，提出物流方案设计的目标。

（2）方案目标分析

研究物流运作所存在的问题，提出物流方案的总体目标和具体目标。在提出物流方案意向时，必须认真分析物流方案的要求和要实现的目标。物流方案的目标实质上是问题解决到什么程度，目标决定了方案采取的模式及具体措施的选择。其中包括方案的总体目标、方案构成部分和各个部分目标，以及在目标指导下，构思出物流方案必须达到的技术标准和经济效益标准。

3.设计物流方案总体模式

在概念创新的前提下，提出物流服务模式，给出解决问题的总体思路。在明确了物流方案目标和要求的前提下，进行概念创新，引出对物流方案中各部分初步设计的具体思路。

在进行总体模式设计时，要充分考虑到整个物流系统中各个部分的相互联系和影响，按照系统化的思想和方法进行物流系统的整体规划。

4.规划物流服务体系

根据物流方案目标和各物流功能环节的联系对物流服务体系进行功能划分。在整体规划的基础上，确定物流系统各子系统的范围和界限，对整体系统进行分解，依据总体目标要求和各子系统的具体目标要求确定物流方案所包含的各功能环节，并提出各功能环节的运作模式及功能措施，如物流方案应采用的方法和技术措施、拟购置的设备和拟建立的设施等。

物流服务是物流系统所提供的无形产品，通常用快速响应需求、服务的可靠性和稳定性，以及高效、低成本和安全性来衡量这种服务的水平和质量，而这种物流服务产品的质量需要通过科学合理的运作方法、标准化的作业流程来保证。物流方案本质上来说就是如何提供物流服务产品的方案，物流方案的设计可以被看作物流服务产品的开发和设计过程。

如前所述，物流方案设计是一个“整体—分解—综合”的过程，在物流系统总体模式确定的前提下，需要根据物流服务的范围和内容，将物流系统分解为具体的物流服务体系，提出各子系统和服务体系的内容和运作模式。这部分内容一般包括：服务系统的结构和子系统的构成（运输、仓储、配送等）、各子系统的服务目标和具体功能、各子系统服务质量、总体业务环节和具体业务环节的组成，以及各子系统、各业务环节之间的衔接方式等。

5.方案初步可行性分析

这是指对物流方案进行初步的技术经济论证，并对多方案进行优选。此时，在方案总体规划和各部分功能规划以及物流服务体系规划的基础上，针对整体及各功能环节可选择的模式和措施方法等进行初步的技术、经济指标的调查研究和评价，对可行的方案运用多方案比选的方法选优，经过方案比选后，确定1~2个方案进行深入研究和论证。

3.2.4 设计论证阶段

1.物流方案详细设计

这一阶段是根据方案策划所确定的方案设计思路，具体设计方案的总体运作模式和物流服务体系，并对服务体系中运输、仓储、配送等具体功能模块进行详细的功能优化和流程设计，对设计内容进行详细的论证，对优化设计结果根据企业的外部环境和内部条件进行必要的调整和修订，之后具体化设计业务系统各功能环节的标准化流程。在完成业务系统的方案设计之后，进行物流信息系统和组织系统的设计，并完成其他辅助功能环节的设计。最后，要就方案设计的全部内容，由方案负责人组织项目组人员，分别完成详尽的物流方案报告，再统一汇总形成方案整体报告。

2.标准化业务流程设计

标准化业务流程（SOP）设计包括整个物流业务所经历的所有流程。整体业务流程，是指各环节业务流程的总和及其之间的逻辑关系，可用一张清晰的流向图表示。分环节业务流程如仓储业务流程、运输业务流程、配送业务流程、加工业务流程等，除用流程图表示外，还要加以详尽说明，使之作为各业务员的操作标准。

3.技术经济论证

成本分析和效益评价又被称为物流方案的经济可行性分析。在设计物流方案时，对方案涉及的成本要仔细认真地估算，涉及的投资要在完成任务的前提下最小化。按物流方案运作所需成本的标准，要分部分地进行成本分解测算，然后综合各个部分的成本进行整个物流方案的成本估算。对物流方案实施后的收入应在参照物流市场中类似物流服务价格的基础上，结合本方案的物流成本，本着与客户双赢的原则，提出合理报价，以此为依据测算收入。对经济效益进行评价的基础是建立相应的评价指标。

3.2.5 实施调整阶段

在方案设计论证形成方案具体报告之后，需要与对象企业再进行详细沟通，就方案具体的物流模式、功能环节的运作方法及流程进行深入的分析探讨，明确各部门的责任和任务，提出方案实施的措施和条件，形成具体的方案实施计划和进度表，并按照计划推进实施。一般在实施的过程中，以对象企业的物流管理部门及其他有关部门为主体，方案设计团队为指导，这样做的目的是在方案实施运作平稳之后，物流部门能够顺利执行和修正。在实施过程中，需要根据具体的操作情况、运作环境的变化，以及具体的实施效果对方案进行必要的调整。

综上所述，在明确方案设计任务后，从准备阶段到实施调整阶段，再到最后方案平稳实施，才真正完成了方案设计的全过程。

3.3 物流调研报告与方案建议书

3.3.1 物流方案设计调研报告

调研报告是物流供给需求调研阶段的成果，是对调研内容和相关资料及数据进行综合整理分析的书面文件。其内容一般不仅包括对企业物流运作环境情况的描述和分析，企业物流运作体系现状的描述和分析，直接、间接调研资料的研究分析，基础调研数据的分类、整理和分析，物流服务需求与供给分析，企业物流体系的诊断，存在问题的描述与分析，还包括经过问题分析与物流诊断后，总体方案设计思路、物流运作总体模式和物流体系分解集成的构想等。下面以快速消费品城市配送方案设计调研报告为例，介绍调研报告应包含的具体内容。

1.国内典型城市配送市场调研概述

（1）项目概述

本项目名为“国内典型城市配送市场需求分析”，是对我国典型城市配送市场进行基础调研与需求分析。

（2）调查目的

通过对典型城市的交通主管部门、物流行业协会等的实地调研，分析城市配送现状、市场前景、产业竞争环境，提供城市快消品配送运作模式的决策依据和市场开发建议。

（3）调查对象

综合考虑城市规模、经济发展水平、地域特征及分布等因素，选择北京、上海、广州、深圳等一线城市，天津、石家庄、沈阳、大连、南京、杭州、福州等二线城市，义乌、临沂等三线城市进行调研。调研行程安排应遵循路线设计合理、时间紧凑、厉行节约、务求实效的原则。

选择典型的从事城市配送的企业进行调研，包括电商及快递类配送企业、农产品及冷链类配送企业、城市货的类企业和其他典型城市配送企业。同时，选择典型城市的政府交通主管部门及相应的物流行业协会进行城市配送现状的调研活动。

（4）调查方法

本次调研主要采用市场信息收集与分析、专家问卷调查和座谈等方法进行。

（5）调查内容

本次调研的主要内容包括城市配送市场环境与政策环境、城市配送涉及的行业、城市配送细分市场、城市配送主要模式、城市配送需求企业以及城市配送车辆车型等。

2.城市配送市场环境调研与分析

（1）城市配送市场环境调研

通过调研表明，目前我国城市配送发展势头良好，各级政府积极推动城市物流配送业的发展，配送模式朝着多元化、创新型方向发展，城市配送在管理水平、硬件设备、信息系统等方面获得了较快的发展。随着城市商贸流通业的迅猛发展，我国城市配送以居民日常生活类物资为主，配送时间段主要集中在日间，配送辐射范围集中在城市中心区域，配送企业发展迅速，服务模式多样。

（2）城市配送市场环境分析

本部分主要对城市配送市场的政策环境、经济环境、社会环境和技术环境等方面的情况进行调研、报告和分析。

3.城市配送涉及的行业调查与分析

（1）冷链配送行业现状

目前我国冷链配送已取得了长足发展，城市冷链配送规模逐渐形成，各层次的冷链基础设施不断完善，冷链运输装备数量持续增长，流通模式和配送组织日趋完善，冷链配送技术得到了逐步推广。

本部分还包括对我国冷链行业的相关法规政策的整理分析以及典型冷链配送企业案例等内容。

（2）电商配送行业现状

本部分主要包括我国电商行业的发展现状分析、我国电商行业的最新政策法规解读与分析，以及我国电商配送的企业案例等调研内容。

（3）快递配送行业现状

本部分主要包括我国快递业的发展现状和我国快递配送的企业案例分析等调研内容。

（4）烟草配送行业现状

本部分主要包括我国烟草配送行业发展现状分析和我国烟草配送的企业案例等调研内容。

（5）农产品配送行业现状

本部分主要包括我国农产品配送行业发展现状分析和我国农产品配送的企业案例等调研内容。

4.国内典型城市配送市场调研结论

通过对冷链、电商、快递等五大行业的发展现状及市场环境进行详细调研和分析，发现整体来说城市配送在规模及服务质量方面的需求增速较快，但城市配送在不同地区间的差异较大，其中冷链配送倾向使用更加专业化的车型，快递行业存在较大潜力。

另外，我国城市配送市场的需求与供给也存在一定的问题，但本部分不对具体存在的问题加以分析和提供解决思路。

3.3.2 物流方案建议书

物流方案建议书是物流方案策划和初步研究的结果，也是物流企业对物流客户提供物流服务总体规划的说明，物流方案建议书要求主题明确、结构清楚、逻辑性强，有一定的说服力。物流方案建议书没有标准格式，但一般应包含以下几部分内容：

1.总论

概括性描述物流方案设计项目产生的背景、方案设计的总体要求、方案设计基本宗旨以及物流方案设计的基本内容。

2.项目目标

物流方案设计项目的目标是说明解决问题到怎样的程度。一般需要在充分沟通和调研的基础上对问题进行详细分析，提出物流方案设计的总体目标。同时，需要将总体目标分解为物流服务体系中各个物流环节的具体目标，这些具体目标总括起来表达了总体目标，即当所设定的具体目标得以实现，则总体目标随即达成。

3.物流方案总体模式

这部分内容体现了在初步调研基础上的物流方案总体模式设计的结果，描述未来形成的总体物流系统的结构，物流服务体系的构成，以及各子系统运作的基本方式。这部分内容中还应包括对方案的初步论证，以及在未来详细方案设计中需要解决的决策问题和解决这些问题的基本理论方法。

4.实施方案与措施

这部分内容描述基于物流服务体系结构的各物流环节和物流活动基本的实施方式与方法，包括保证方案得以顺利实施的保障措施、基本组织结构、信息系统服务方式、质量保证体系、服务质量承诺，以及方案运作的各种工作制度等。

5.本公司简介及物流服务报价

这部分内容是在第三方物流企业设计方案的情况下，方案建议书中包含的特有内容，这是由方案设计主体的特点决定的。

第三方物流企业不但要承担方案设计的任务，同时还要承担将方案落到实处、为企业提供具体物流服务的任务。因此，第三方物流企业需要将自身所拥有的物流资源优势及物流业务优势向客户企业进行充分的展示，从而让客户企业相信自己可以设计出高质量的物流方案并提供优质的物流服务。

第三方物流企业向客户企业所提供的物流服务，可以视为双方就这种无形产品进行的交易，因此需要明确产品的价格，这表现为方案建议书中各种物流服务的报价。

6.结束语

这部分内容一般是简单的总结。

3.4 物流方案设计实例

本节为某第三方物流企业（L公司）为某饮料公司（K公司）设计的物流方案的内容节选。

3.4.1 L公司比较优势

L公司凭借完善的物流解决方案、严谨的供应链营运管理和先进的信息技术，为客户提供多元化的增值服务，帮助客户提高物流效率、降低成本，从而增强客户的市场竞争力，为客户赢得行业领先优势。L公司致力于为多家企业提供全方位的综合物流服务。

L公司自开展国际质量认证工作以来，内部已有近40家企业通过了英国SGS、挪威DNV等国际权威认证机构的质量体系认证。

L公司的专业管理队伍拥有丰富的营运经验和行业知识，对中国的物流市场有着透彻的了解，同时具备广泛的国际合作经验。L公司提倡优秀的团队合作精神和积极向上的企业文化，配合以市场为导向的管理架构，致力于提升员工的效率与生产力。“安全、迅速、准确、节省、方便”是L公司对客户永远不变的承诺。

L公司与K公司已经开展了由大连到丹东的干线运输合作并运转正常，这为L公司进一步为K公司提供一体化综合物流服务奠定了良好的基础。

3.4.2 方案概述

L公司愿与K公司建立战略合作伙伴关系，应用供应链管理理念，以广泛的物流网络、先进的物流信息系统为依托，与K公司携手设计一整套符合国际标准的整体物流服务方案，从而达到K公司提高产品的竞争力、降低物流成本、提高物流服务质量的目的。

1.服务宗旨

L公司的服务宗旨是为K公司提供优质、高效、低成本、具有创新性的综合物流服务，从而提高K公司产品的竞争力。

2.服务目标

（1）为K公司提供从大连中心库到丹东各分销商的低成本、高质量、无缝隙的综合物流服务。

（2）根据K公司的要求，制定先进的管理制度，实施科学合理的标准化仓库作业流程，为K公司提供符合国际标准的物流服务。

（3）实现K公司物流链的高度信息化。实现K公司从产品出厂、干线运输、仓储管理直至最后完成配送的物流全过程的信息化操作；同时，信息系统与K公司的系统实现完全兼容，为K公司提供货物在途信息动态查询和跟踪服务，以满足K公司业务的需求。

（4）发挥L公司的网络和管理优势，对干线运输进行整合，降低库存量从而降低仓储成本。

（5）通过对K公司配送方案进行优化，在保证配送质量的同时降低配送成本。

（6）与K公司保持不间断的实时联系，组建K公司物流项目窗口，随时接收K公司的建议和指示，不断提高物流服务水平，对K公司的物流需求做出灵活、快捷的反应，为K公司创造尽可能大的利润空间。

3.K公司物流项目的整体实施方案

（1）成立L公司K公司项目组——由物流管理、技术、信息、财务等方面的专业技术人才组成，依据先进的物流供应链理论并结合中国的实际情况，为K公司设计低成本、高效率、个性化的，满足K公司配送需求的物流方案。

（2）建立现代化K公司RDC，配备专业化的管理人员和操作人员；建立安全、可靠的RDC信息系统。

（3）提高仓库管理水平，实现仓储、配送管理的电子化、信息化。

（4）配备专用运输车辆，根据K公司的销售情况，确定合理的车队规模和运力，保证干线运输及配送的安全性、准时性和可靠性。

（5）项目经理定期向K公司汇报物流管理情况，听取K公司意见，随时对配送方案进行再优化。

L公司作为中国第一家在境外上市的综合物流服务供应商，一贯“诚信守约”。在丹东已经准备了K公司RDC用地，并完成了RDC的整体规划和信息系统，做好了基础设施建设及保证RDC正常运作资金的准备，并且制定了K公司配送物流的标准化流程。

3.4.3 干线运输方案

1. 干线运输方案的目标

干线运输方案是根据K公司的要求，为K公司饮料的整体配送提供快速、安全、优质的干线运输保证。

通过干线运输方案的设计，旨在实现以下目标：

（1）充分利用L公司的优势，通过运输方案优化及与地区配送中心的合作，有效降低K公司的物流成本。

（2）不断改进运作方式，提高运输效率，保证运输货物及时到达。

（3）进一步提高货运质量，降低产品运输损耗，保证运输货物的完好性及可靠性。

（4）既能完成指定货运任务，又能适应K公司业务进一步增长的需要。

2. 干线运输方式的选择

运输方式的选择一般要考虑两个基本因素：一是运输方式的时间问题；二是运输费用问题。干线运输的时间及运输过程的可靠性都影响着仓库安全库存量的大小。干线运输时间短，其整个运输过程的可靠性强，仓库就可以保持较低的安全库存量，从而减少仓库的使用面积，降低仓库的成本。因此，在选择干线运输时，应该综合考虑以上的各个因素。

根据区域内的运输现状，大连至丹东的干线运输可以采用公路集装箱拖车运输和铁路运输两种方式。

（1）铁路运输：铁路运价与公路相比较低，但铁路运输的时效性较差，运输协调的灵活性不足。根据实际情况，若采用铁路运输，大连至丹东的铁路运输距离为580千米，从申请车皮至货物运到丹东的配送中心，需要3~4天的时间。

（2）公路运输：若采用公路运输，大连至丹东的陆上行驶距离接近400千米，属于公路运输的经济运输距离。公路运输时间为6~7个小时，考虑到L公司有足够的运力，剔除自然因素的影响，公路运输时间波动性较小，运输可靠性强。通过公路多频次的运输，配送中心可以有效减少库存、降低成本。

综合考虑以上因素，为了充分利用L公司的优势，大连至丹东的干线运输应采用公路集装箱拖车运输方式。

3.干线运输指标体系及保证措施

以K公司对干线运输的要求为基础，L公司制定了干线运输指标体系，以保证干线运输的准时性、货运质量与服务水平，该指标体系是对自身所提供的服务进行考核的标准，可结合实际，对指标执行情况加以分析，督促改进。

L公司干线运输的承诺指标如下：

•运输准时率≥98%

•货损货差率≤0.15%

•客户投诉率≤2%

一旦实际运输过程中的指标超过承诺值，公司将根据规定追究相关责任人的责任。

4.干线运输标准操作流程

干线运输标准操作流程如图3-1所示。

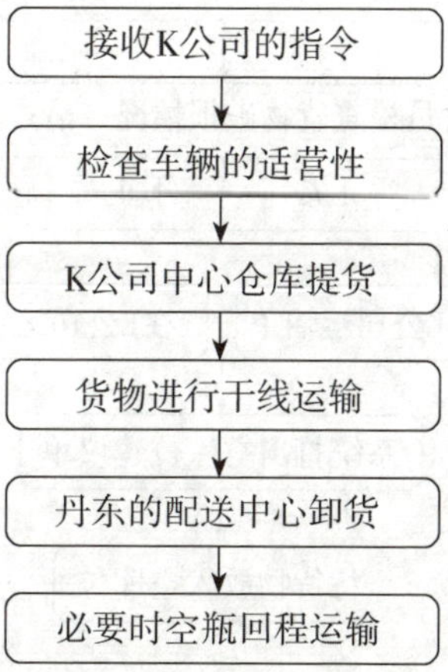

图3-1 干线运输标准操作流程

3.4.4 K公司配送中心仓库管理方案

1.RDC的布局设计

(1) 编码设计

系统中设计的编码包括地区、库区、商品名称、库位，其目的就是使管理者能轻松掌握系统中每一个库位上货物的信息。

（2）先进先出原则

RDC内的K公司饮料必须在K公司规定的时间内全部售出，并且要保证各经销商有一定的销售时间。因此，RDC的管理要坚决遵守先进先出原则。

① RDC内的每一个库位摆放的必须是同一品种、同一包装类型、相同生产日期的产品。

② 系统中包括每个库位设定的编码，每个库位上产品的生产日期、入库日期、数量、品种、包装类型等。

③ 库管员在系统中可以看到同一品种、同一包装类型的产品以生产日期按顺序的排列，就可以把最早入库的产品的具体库位找到，进行出库作业。

④ 当一个库位的产品全部出库后，其他库位的同种产品才可按照生产日期依次出库。

2.RDC管理

（1）入库标准化流程（如图3-2所示）

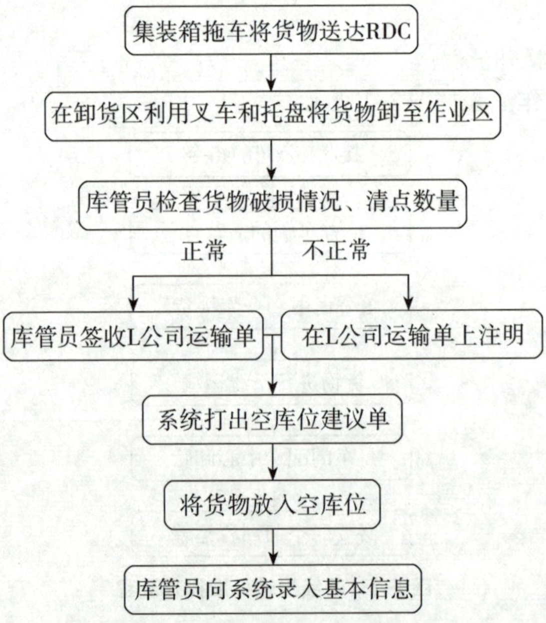

图3-2 入库标准化流程

（2）出库标准化流程（如图3-3所示）

（3）高峰期RDC管理

丹东K公司分公司进行促销或出现销售高峰期时，RDC经理应根据实际情况随时调用L公司各种充足的设施、车辆、人力及运力等资源，并延长工作时间以保证按时完成货物的入库、出库，保证按时将货物配送到客户的手中。

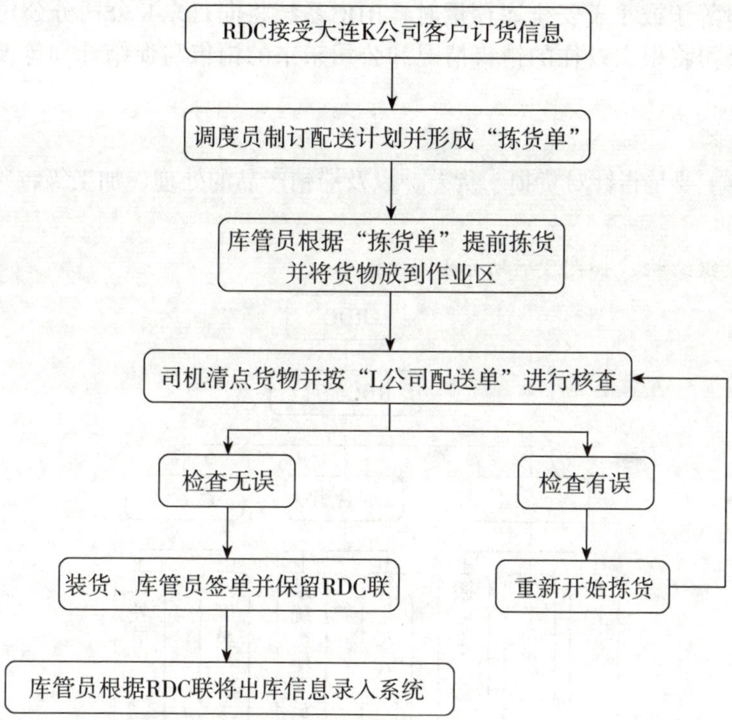

图3-3 出库标准化流程

(4) 回收流程（如图3-4所示）

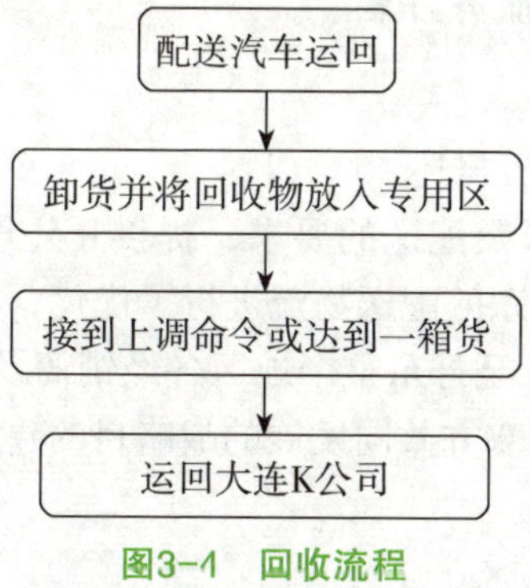

图3-4 回收流程

配送车辆在配送过程中，从K公司客户手中回收空瓶等回收物，并将回收物运回RDC。RDC库管员组织搬运工将回收物放入H库区。当K公司向RDC发出回调命令时，RDC将组织干线运输车辆将回收物运回K公司。如果途中出现回收物损坏的情况，则按照规定进行处理。

(5) 订货处理

根据各种类别产品以往的销售量，对每一种产品设定一个合理的安全库存量。当产品的在库数量等于或小于安全库存量时，RDC系统将向丹东K公司分公司发出订货警示，丹东K公司将根据以往的销售情况和公司未来的销售与促销计划等及时向K公司订货。

3.特种服务

特种服务主要是指针对货损、货差，以及滞销产品的处理、加工等特殊事项提供服务的业务。

4. RDC组织结构（如图3-5所示）

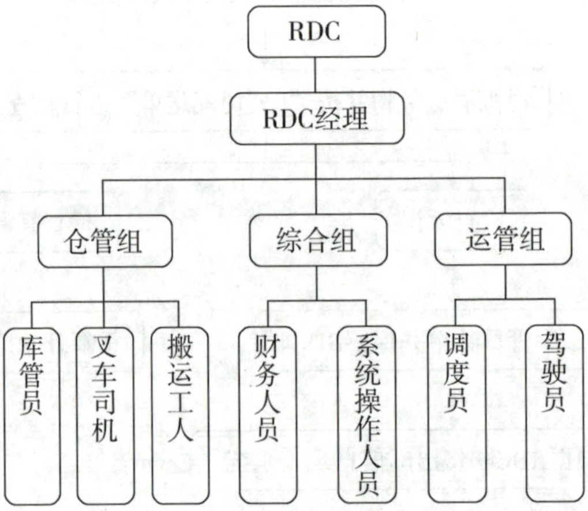

图3-5 RDC组织结构

3.4.5 K公司丹东市配送服务方案

1.丹东市内配送方案概述

（1）K公司丹东市配送服务概述

根据K公司在丹东市销售及配送的要求，提供K公司各种饮料在丹东市的配送服务。本服务方案对K公司在丹东的配送物流进行了优化，其目的是在降低运输成本的前提下，为K公司提供丹东RDC至丹东整个地区各经销商及其他客户优质、安全、快速、高效的物流配送服务，并基于双方共同发展的战略目的建立起长期稳定的物流合作伙伴关系。

（2）丹东市配送服务的目标

通过本配送方案的设计与实施，要实现如下目标：

① 充分利用L公司的优势对配送方案进行优化，有效降低K公司物流成本。

② 不断改进运作方式，提高运输、配送效率，保证K公司产品及时送达。

③ 进一步提高货运质量，保证K公司产品的完好性。

④ 既能完成指定配送任务，又能适应K公司业务进一步增长的需要。

⑤ 实现有效客户反应（ECR），能迅速适应多变的客户需求。

⑥ 利用供应链信息技术和完备的电脑信息网络，为K公司提供商品在途信息动态查询及跟踪服务。

2.K公司丹东地区配送标准化流程

（1）丹东地区配送标准化流程

① K公司向RDC发出订单信息。

② RDC调度员接收K公司的订单信息，根据信息编制配送计划，调配车辆运力，调度员确定客户的配送先后顺序，设计配送路线，缮制相关单据，包括送货汇总单和L公司配送单（一式四联：仓库留存联、客户留存联、回执联、结算联）。

③ 调度员向驾驶员发出配送指令，将有关单据交给驾驶员。

④ 驾驶员驾车至RDC，将L公司配送单交与库管员，库管员将L公司配送单与信息平台的出货指令进行核对，核对无误后，按L公司配送单组织装卸工人进行装货作业，并自留仓库留存联存底。

⑤ 驾驶员驾车出库（配备两名装卸工人），根据送货汇总单，按照调度员指令的配送线路进行配送。对于需要现场收款的终端客户，驾驶员有收取货款的责任，并于当日当次将所收货款和单据送至RDC财务。

⑥ 驾驶员将货物送至客户处，装卸工人将货物卸下，客户查点、签收，自留L公司配送单客户留存联。

⑦ 若有空瓶返回需要，驾驶员有责任将空瓶从客户处运回RDC。

⑧ 货物配送完毕后，驾驶员驾车返回RDC，并将所收货款和单据（L公司配送回执联、结算联）送至RDC财务。

配送流程图如图3-6所示。

（2）丹东市区客户紧急订单处理流程

①K公司将紧急订单信息通知RDC。

②RDC调度员接收信息，查看运力情况（可用自有配送车队或L公司充足的其他运力），及时安排、部署。

③启动配送标准化作业流程，及时将货物送至客户处。

丹东市区客户紧急订单处理流程如图3-7所示。

3.4.6 K公司丹东地区配送服务方案优化

为了更好地适应K公司在丹东地区配送业务的要求，配合整个物流项目的实施，L公司将配备不同车型的车辆，组成L公司丹东K公司自有配送车队。为了充分提高车辆的装载率和使用率，需要设计一套完整的配送优化方案。在进行具体的配送优化之前，首先要确定一个最优的运输车队结构，即拥有一个最佳的自有配送车队规模。

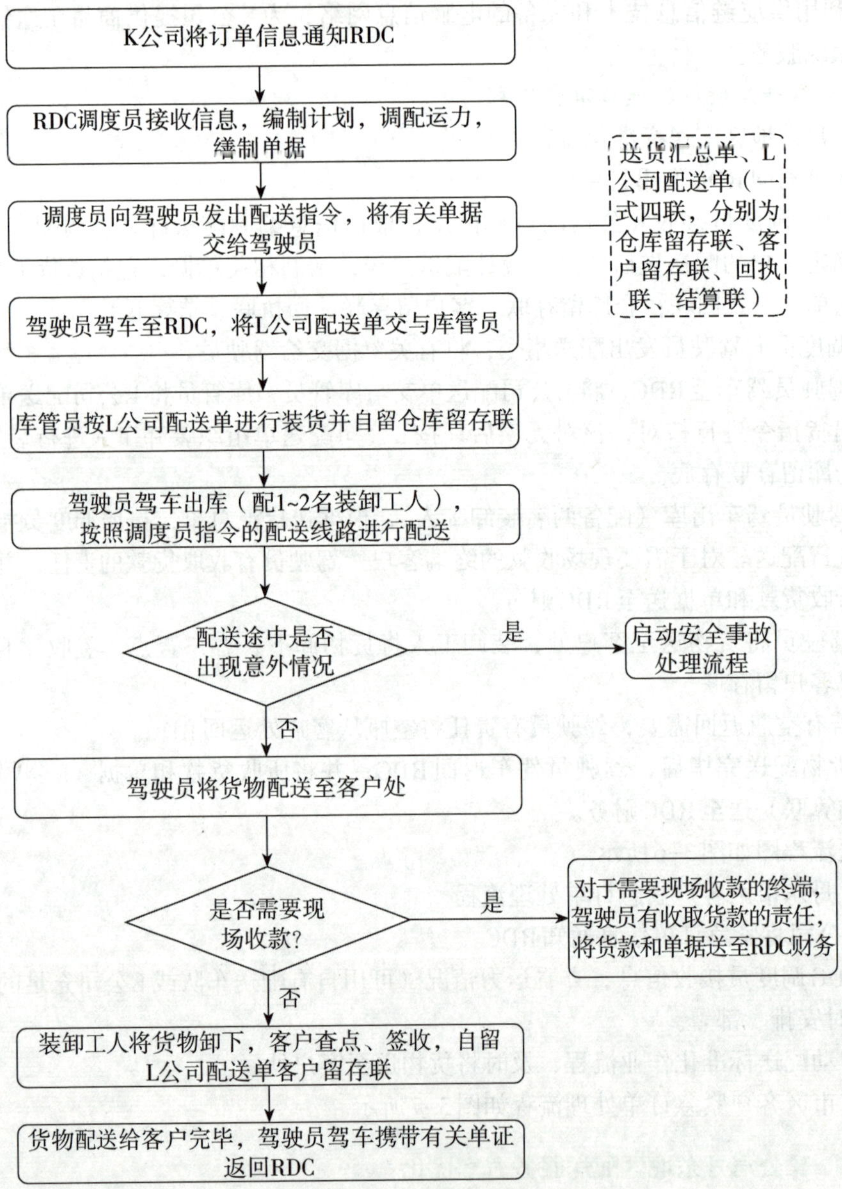

图3-6 配送流程图

1.自有配送车队规模的确定

在为丹东K公司分公司进行配送的过程中，为降低配送成本，可以将自有车辆运输与L公司的其他运力相结合。因K公司的饮料产品是一种季节性很强的商品，其淡季、旺季对配送的需求量差异较大，而客户对配送的日需求量也有很大的随机性，这就要求我们要确定一个合理的自有车队总吨位，既要保证大部分时间可以满足配送的需要以确保配送质量，又要保证车辆的利用率不至于在淡季过低从而最大限度地节约成本。

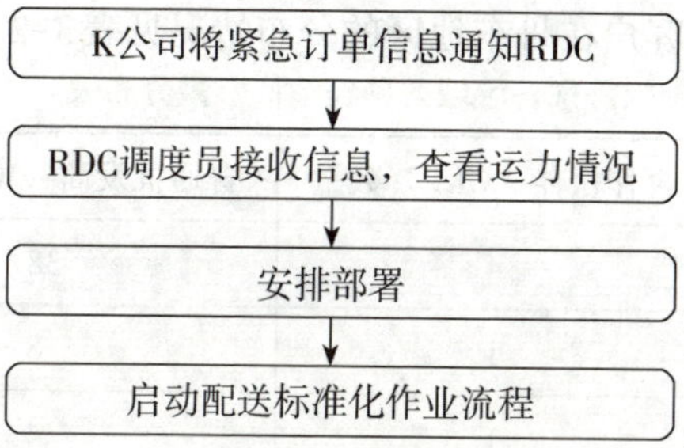

图3-7 丹东市区客户紧急订单处理流程

（1）自有车队总吨位的确定

在确定自有车队规模时，首先要了解丹东地区在不同时间对日配送量的需求情况（参见表3-1）。

表3-1 丹东地区日配送情况统计表

平均日配送量	最小批次	最大批次	旺季日平均配送量	淡季日平均配送量
3 000自然箱	1 000自然箱	5 500自然箱	4 600自然箱	2 500自然箱
40吨	13.3吨	73.3吨	61吨	33吨

每台车每天最大配送次数取决于每次配送所花费的时间，对不同区域，配送一次所需要的时间是不同的。根据以往的经验，在K公司的销售旺季，如果能够适当延长工作时间，一台车一天可以完成四次配送任务。

在不考虑车型的情况下，需要的运输车队的总吨位可用以下公式计算得到：

$$车队总吨位=\frac{日配送量}{每台车日平均配送次数}$$

由此，若想完全靠自有车队满足最大批次时的配送需求，则需要的自有车队最小的总吨位=最大批次/4=18（吨）。

如果只是满足旺季的日平均配送需求，则需要的自有车队最小的总吨位为15吨。而对于年平均的日配送量而言，其要求的自有车队的最小吨位仅为10吨。

显然，如果只是为了满足旺季最大配送需求量的要求，会带来运力资源的严重浪费，而在旺季还可以通过加班来弥补运力资源的不足。为提高自有车辆的利用率、降低成本，这里可以考虑采取高于日平均配送量而低于旺季日平均配送量的一个中间值——4 200箱（56吨）作为确定自有车队总吨位的依据，这样可以保证在90%的时间里可由自有车辆来完成配送任务，于是自有车队的总吨位数为56/4=14（吨）。

（2）不同车型车辆数量的确定

在确定了车队总吨位之后，由于实际配送中还存在着不同地区不同客户的配送量不同的问题，所以还要考虑不同车型的搭配。

目前K公司在丹东的客户主要分为三大类：合作伙伴（GKP）、普通批发商（W/S）、丹东市区直销商。这三类客户在丹东地区的分布情况见表3-2。

表3-2 丹东各区域各种经销商数量分布表

销售区域	合作伙伴（GKP）数量	普通批发商（W/S）数量	直销客户
丹东市区	4	38	440
东港	1	8	
凤城	1	4	
宽甸	2	6	
岫岩（属鞍山）	2	1	
孤山	1		
通远堡	1		

从表3-2可以看出，除了丹东市区，其他各县级市内的客户均为批发商，不同区域之间的距离较远，基本上不存在共同配载的情况，因此原则上他们的订货批量要求在2吨以上，即至少要能满足2吨货车的满载运输。而对这些批发商的配送原则也基本上是满一车才配，可以根据自有车队的车型，通过与客户之间的协商，使得对这些分布比较分散的批发商的配送均可以采取满载运输，从而达到降低成本的目的。

对孤山和通远堡这样的区域，因距离其他区域较远，不能实现共同配载运输，也不能要求这里的批发商一次性订货太多，因此必须有足够数量的2吨车，从现在的实际运作情况看，两台2吨车还是可以满足需要的。而在有些区域内则存在较多的批发商，因此存在着多个批发商同时订货的情况，这时如果能对这些订单进行统一配载，就可以大幅度节约成本，因此应考虑购置大吨位车辆，一台6吨车即可满足需要。

对于丹东市区内的客户，由于比较密集，所以可以实行充分的统一配载。对于丹东市区内的那些直销客户，其需要量很小，但对时间的要求却比较高，如餐饮业经常会要求当天订货当天到，这就需要配备较小吨位的车辆来满足这部分客户的需要，可使用一辆1吨的汽车。

根据前面确定的自有车队的总吨位，还要使用一辆3吨车。

将不同吨位的车辆两两组合，可以得到从1吨到9吨的各种不同的运输能力，足以保证各种配送需求。

综上所述可以确定，丹东K公司配送车队的组成：1吨车一辆，2吨车两辆，3吨车一辆，6吨车一辆，合计载重吨是14吨。

2.K公司配送方案车辆调度优化

物流配送车辆调度优化主要包括：车载货物的配装、不同配送任务的执行顺序、配送线路的确定。

根据前面的分析，RDC配有四种不同载重量的车辆，而K公司产品种类繁多，包装的规格、尺寸、重量存在着很大差异。同时，丹东地区K公司的客户分布不均匀，不同类型的客户的配送需求有很大的差异，这就决定了调度员在安排配送时要综合考虑下述各项因素：

（1）不同的产品其包装不同。

（2）车辆的磨损、耗油等经济效益问题。

（3）根据配送量的不同调配不同车型的车辆。

（4）同一种包装的货物使用的车型不同时装卸车的时间也不同。

（5）交通管理部门关于某一路段某一时间限制某种车型上道的规定。

3.制订配送计划的主要原则

（1）根据丹东地区K公司客户的分布特点和数量情况划分配送区域

①配送区域划分的基本原则

地理上的分布，地理区域之间的距离；各区域客户数量、类型分布；各区域K公司产品销售量及其比重。

②数据资料分析

丹东地区K公司客户布局特点和数量等情况参见表3-3、表3-4。

表3-3　RDC至K公司丹东地区各合作伙伴（GKP）运输里程及运输时间一览表

	东港	凤城	孤山	宽甸	通远堡	岫岩（属鞍山）
运输距离（千米）	40	70	91	115	130	160
车辆行驶时间（小时）	0.67~1	1.66~1.75	1.5~2.28	1.9~2.875	2.1~3.25	2.7~4

表3-4　某年丹东市各区域销量及所占比重

	市区直营商	市区批发商	东港	凤城	宽甸	岫岩（属鞍山）	孤山
销量（箱）	336 902		164 951	108 648	99 143	97 265	26 511
比重	8.00%	32.42%	19.79%	13.04%	11.90%	11.67%	3.18%

由表3-3可知，除了东港和凤城的GKP距离RDC相对较近，其他区域至RDC的运输里程均在90千米以上，最远的为岫岩，运输距离长达160千米，车辆行驶时间（不包括装卸时间）只有东港和凤城在2个小时以内。仅仅从配送时间的角度分析，配送这几个区域所需的时间较长，在保证当天将货物送达客户的前提下，一辆车在一次配送中进行2个或2个以上区域的配送是难以实现也是没有必要的。需要特别指出的是，东港和孤山、凤城和通远堡在运输线路上有重叠，即在为孤山进行配送时必须途经东港，对通远堡的配送必须途经凤城。

丹东地区的K公司客户在各区域之间的分布是不均衡的。在丹东市区内，除了4家合作伙伴和38家批发商以外，还有440多家直销用户，网点的分布比较密集，RDC除保证批发商的货物供应之外，还负责将货物送至终端的直销用户，配送网络比较复杂。而在东港、凤城、宽甸等区域，配送则以大的合作伙伴和批发商为主，基本上不负责终端用户的配送。

另外，由于丹东市各区域销售数量所占比重的不同（参见表3-4），可以确定其配送的优先级，这就可以作为划分配送区域的依据之一。丹东市区的销售量最大，为40%以上；孤山所占比重最小，仅为3.18%；东港、凤城、宽甸、岫岩所占比重在10%~20%。配送区域的划分应考虑各配送区域销量的均衡。

③配送区域的划分

从配送的角度来看，丹东地区可以划分为以下几个区域：丹东市区，东港、孤山，通远堡、凤城，宽甸，以及岫岩。其中丹东市区为配送的地理中心区域，其余各区为非中心区域。以丹东市区为中心区，向其余各非中心区域辐射。

这样，调度员在实际制订配车计划时就可以对不同区域采取不同的配货原则，使车辆配载得到优化。

（2）制订配车计划时，先对丹东市区外各区域进行配载

根据前面的分析，对丹东市区之外的区域，基本上都实行整车配送，其混装配送的程度较低，因此在制订配车计划时可以先确定这些区域的配送计划，这样可以使整个配车计划的制订得到简化。

丹东地区每日平均配送量为3 000箱，最小批次为1 000箱，最大批次为5 500箱。丹东市区内的批发商的最小订货批量为50箱，其他各区域的最小订货批量要求至少2吨，可根据不同包装规格换算为自然箱数。也就是说，对于丹东市区之外区域的批发商，只提供整车配送服务。

此外，非中心配送区域的客户多为GKP和W/S，数量也很有限，平均每个客户需要的配送量大，需要的配送频率比丹东市内的客户要低；再考虑到非中心配送区域的配送点相对于丹东市内的客户距离RDC更远，所需的配送时间要长。因此，对丹东市区外的批发商原则上只提供整车配送服务是可行的。需要补充说明的是，这里所说的整车配送服务不是要求客户每次的订货量必须足够装一整车（下限为2吨），而是说RDC调度员可以根据当天同一非中心配送区域内多个客户的需求总量来配车。如果出现需求量不足整车或多出整车的情况，可以和客户进行协商，凑成整车运输。从整体来讲，这样既不损害客户利益又能有效优化调度员的配车计划，降低成本。

对于丹东市区外各区域的客户，有配送量大、配送频率较低、配送时间较长等特点，调度员在编制配车计划时，对非中心的配送区域优先进行配载不仅从理论上可行，而且是符合实际需要的。

（3）市区配送的原则

自有车队共有L种车型，在确定了不同车型的最迟发车时间之后，就知道了任何一种车型$l(l=1, 2, 3, \cdots, L)$在市内配送的最晚结束时间T_l，而早晨开始工作的时间$T_{始}$是已知的，这样就可知车型l可以用于市区配送的时间为$T_l-T_{始}$。

对自有车辆进行配送计划的安排时，可以先对那些单独可以满足整车运输的客户的配送需求进行配送安排。之后对必须混合配载的小批量配送需求进行车辆配载。

由于客户的数目多、批量小，进行配载是比较复杂的，目前多靠调度员凭经验进行车载货物的配装。在这里，可以尝试使用数学方法对这种多车型、一趟配送多客户的配送问题给出一种比较可行的定量方法。

丹东是小型城市，但其市内配送点数量就达440多个，计算的复杂度显然太大，因此在建立模型之前可以先加以简化，根据市区范围的大小、市内道路网以及客户布局情况，将市区分为I个区域，区域i内客户总数为P_i，当日有配送需求的客户有p_i个，客户j的需求量为w_j，则整个区域i的配送需求总量为w_i。

在建立数学模型之前，先进行下面一些必要的假设：

① 自有车辆可以满足配送的需要。

② 每个区域i的范围很小，车型l在区域i（i=1，2，3，…，I）内配送所需的变动成本及时间可以近似地以一个平均值来代替，变动成本为C_{il}，所用时间为t_{il}。

③ 由历史统计数字计算得到的平均装卸效率v可以用于现在的装卸作业。

各个区域及RDC可以用点i（i=0，1，…，I）来表示，其中RDC为0，I个区域分别为1，…，I，则任意两点i和j之间的行驶里程可以近似用一个平均值S_{ij}（i，j=0，1，…，I且$i \neq j$）来表示。车型l从点i到点j的平均运输成本为$C_{ij}^{(l)}$，平均行驶时间为$t_{ij}^{(l)}$。

车型l的载重量为W_l，共有n_l辆。根据配送业务的实际情况，一台车每天的配送次数是有上限的，对车型l，设这个上限为m_l，所以，所有的l型车每天的最大配送次数为$m_l n_l$。取$K=\max m_l n_l$（l=1，2，…，L），所有车型的最大日配送次数均不会超过K。

现在原问题可以等同于，有载重量分别为W_l的货车共$N=l_k$辆（l=1，2，3，…，L；k=1，2，3，…，K），这些车的编号按载重量的大小升序排列为$l^{(k)}(l=1, 2, 3, \cdots, L$；$k=1, 2, 3, \cdots, K)$，要完成$I$个区域内所有客户的配送需求，每辆车最多只能使用一次，同时要保证任意车型l使用的总时间不得超过该车型可以用于市区配送的时间$T_l-T_{始}$。

$y_{il^{(k)}}$=1（车辆$l^{(k)}$参与了区域i的配送任务）或0（否则）

车辆$l^{(k)}$完成区域i的具体配送数量为$q_{il^{(k)}} \geqslant 0$。

$x_{ijl^{(k)}}$=1（车辆$l^{(k)}$从i行驶到j；i，j=0，1，…，I且$i \neq j$）或0（否则）

在实际配送业务中，一般希望是同一个区域的配送尽量由较少车次来完成，原则上每个区域的配送任务不要超过m个车次。此处m为一个常数，其具体的值根据具体的分区情况而定。

优化的目标是尽可能减少配送成本，而为了维护车队的正常运营所带来的一些固定费用是固定不变的，对这部分的成本不必考虑，这里的配送成本只需要考虑因配送而发生的变动成本。

目标函数为：$\min Z = \sum_{i=0}^{I} \sum_{j=0}^{I} \sum_{k=1}^{K} \sum_{l=1}^{L} x_{ijl^{(k)}} C_{ij}^{(l)} + \sum_{i=1}^{I} \sum_{k=1}^{K} \sum_{l=1}^{L} y_{il^{(k)}} C_{il}$

约束条件为：

$$\sum_{i=1}^{I} q_{il^{(k)}} \leqslant W_l,\ k=1,\ \cdots,\ K;\ \ l=1,\ \cdots,\ L$$

$$\sum_{l=1}^{L} \sum_{k=1}^{K} y_{il^{(k)}} \geqslant 1,\ i=1,\ \cdots,\ I$$

$$\sum_{j=0}^{I} \sum_{l=1}^{L} \sum_{k=1}^{K} x_{ijl^{(k)}} \geqslant 1,\ i=0,\ 1,\ \cdots,\ I$$

$$\sum_{k=1}^{K} \sum_{l=0}^{L} q_{il^{(k)}} = w_i,\ i=1,\ \cdots,\ I$$

$$\sum_{l=1}^{L} \sum_{k=1}^{K} \left(\sum_{i=0}^{I} \sum_{j=0}^{I} x_{ijl^{(k)}} t_{ij}^{(l)} + \sum_{i=1}^{I} y_{il^{(k)}} t_{il} + 2\sum_{i=1}^{I} \frac{q_{il^{(k)}}}{v}\right) \leqslant T_l - T_{始}$$

$$\sum_{k=1}^{K} \sum_{l=1}^{L} y_{il^{(k)}} \leqslant m,\ m\text{为一常数}$$

$$\sum_{i=0}^{I} x_{irl^{(k)}} = \sum_{j=0}^{I} x_{rjl^{(k)}},\ r=1,\cdots,\ I$$

$$\text{当}\sum_{i=0}^{I} y_{il^{(k)}} \geqslant 1\text{时},\ \sum_{i=1}^{I} x_{i0l^{(k)}} = \sum_{j=1}^{I} x_{0jl^{(k)}} = 1,\ k=1,\ \cdots,\ K;\ \ l=1,\ \cdots,\ L$$

$$\text{当}\sum_{i=1}^{I} y_{il^{(k)}} \geqslant 1\text{时},\ \sum_{i=0}^{I} \sum_{j=0}^{I} x_{ijl^{(k)}} = \sum_{i=1}^{I} y_{il^{(k)}} + 1,\ k=1,\ \cdots,\ K;\ \ l=1,\ \cdots,\ L\text{且}i \neq j$$

$$y_{il^{(k)}} = 0\text{或}1,\ i=1,\ \cdots,\ I;\ \ k=1,\ \cdots,\ K;\ \ l=1,\ \cdots,\ L$$

$$x_{ijl^{(k)}} = 0\text{或}1,\ i,\ j=0,\ 1,\ \cdots,\ I\text{且}i \neq j;\ \ k=1,\ \cdots,\ K;\ \ l=1,\ \cdots,\ L$$

$$q_{il^{(k)}} \geqslant 0,\ i=1,\cdots,\ I;\ \ k=1,\ \cdots,\ K;\ \ l=1,\ \cdots,\ L$$

根据这个模型就可以对市区内非整车配送的车辆装载问题进行计算机优化。在计算机给出一个比较优化的配送方案之后，调度员可以根据具体情况进行微调，从而确定最后的车辆配载方案。

对于自有车队不能满足运输的情况，只需将模型中的约束条件 $\sum_{k=1}^{K} \sum_{l=1}^{L} q_{il^{(k)}} = w_i,\ i=1,\ \cdots,\ I$ 改为 $\sum_{k=1}^{K} \sum_{l=1}^{L} q_{il^{(k)}} \leqslant w_i,\ i=1,\ \cdots,\ I$ 即可。解新得到的模型便可以得到一个自有车队的配载计划以及剩余配送任务情况。

4. 不同配送任务执行顺序的确定原则

一次配送所需时间等于装货时间加上车辆行驶时间加上卸货时间加上等待收款时间。

根据对历史数据的统计，装卸车效率约为5箱/分钟，我们就可以根据车辆的载重量以及K公司的自然箱和重量的换算关系——75自然箱/吨，概算出装卸货时间。而在每家客户的平均等待收款时间约为3分钟。从RDC到各配送点的行驶距离，以及不同配送点之间的最短距离，都可以测量得到。于是，便可以估算出每次配送所需的时间。

对丹东市区内的配送，平均每车要装10余家客户的货，行驶时间约为80分钟，在每家客户等待收款的时间为3分钟。一辆2吨车配两个装卸工，满载配送一趟，行驶时间80分钟，装卸货时间（均）为15分钟（（2×75）÷（5×2）），等待收款时间为30分钟（3×10），所以市内配送一次平均时间为140分钟（15+80+15+30）。

对于市区以外的各个区域，车辆平均行驶速度为40~60千米/小时，则进行一次配送所用的行车时间如表3-3所示。

为了保证货物能够当天运到，我们可以根据车辆到达各区域的单程行驶时间，确定每项配送任务的最晚发车时间，这样就得到了每辆车用于市区运输的时间。

这些区域客户均为批发商，根据以往经验，基本上是整车配送，平均配送量为3.5吨，则每次配送的平均装卸货时间为26.25分钟（（3.5×75）÷（5×2）），等待收款时间为3分钟。

为保证所有的配送任务都能在当天完成，每次配送任务均有一个最迟开始时间。不妨假定RDC 8点开始工作，而各客户的最晚收货时间为17点，也就是要求配送车辆必须在17点之前到达客户的仓库。

最迟开始时间等于客户最识工作时间减去装货时间减去单程行驶时间。这样，调度员可以根据每个配送任务的具体情况得到每个车次的最迟开始时间。

这里举一个例子来说明不同区域配送任务执行的先后次序选择的确定原则。

对第I种车型，如果需要到岫岩配送一趟，再到市内配送一趟，则司机早晨8点在调度员处领取L公司运单，若先到岫岩配送，在交通不畅的情况下路上行驶时间就需近8个小时，再加上装卸货时间、等待时间，车辆完成配送返回RDC时，基本上接近17点，不可能再进行市区的配送了，一天就只能完成一次配送。如果先进行市区的配送，在11点之前就可以完成并返回RDC，而到岫岩的配送最迟开始时间为12点30分，显然可以满足要求。这样，一台车一天就可以完成两次配送。所以，在安排发车次序时，可以将路程较远地区的配送任务安排在最后。

在执行配送任务时将返程时间长的区域排在最后，可以节省时间，使每辆车可以完成最大的配送次数。根据丹东地区的具体情况，调度员可以安排车辆先完成市区配送，之后根据返程时间的长短来安排其他四个区域的配送。

5.调度员制订配送计划的基本步骤

① 先将订单上的自然箱数根据K公司的包装规范换算成重量。

② 按照划分好的五个区域将订单进行分类。

③ 先对市区以外的四个区域的订单进行车辆配载。

④ 根据不同区域的单程行驶时间以及具体配载量算出各区域配送车辆的最迟发车时间，得到不同车型车辆用于市内配送的时间。

⑤ 在满足不同车型的最迟发车时间的条件下，安排市内配送计划。

⑥ 根据不同客户对时间的要求，安排发车次序。

6. 服务承诺（略）

7. 保证措施（略）

关键概念

物流方案建议书

思考题

1. 物流方案产生的途径有哪些？
2. 物流方案建议书包含哪些主要内容？
3. 物流方案设计各阶段的主要工作有哪些？
4. 物流调研报告的主要内容有哪些？

第4章 运输与配送方案设计

学习目标

掌握运输与配送方案设计要解决的问题及其内容，熟悉物流需求与供给分析的内容与方法，重点掌握物流系统中运输与配送方案的设计与优化。

4.1 运输与配送模式设计

4.1.1 运输与配送的需求与供给分析

运输方案的设计从分析运输需求与供给的现状开始，而运输服务需求与供给分析则从物流作业对象——运输配送的产品的需求规律入手。

1.运输与配送需求分析

运输需求分析就是对物流系统的流向、流量等进行分析，分析客户的空间地理分布，对不同客户需求产品的种类、不同产品的需求量、需求频率、需求批量等进行统计分析，运用统计方法，以图表的形式对需求规模进行详细的统计分析，必要时对运输需求做出预测，运用适当的方法对运输需求做出科学的估算和推断，并认真分析，得出可靠的结论。

另外，除了对运输的数量指标进行详尽的定性与定量分析外，还需要对质量指标进行深入的调查分析，如客户要求的运输时间限制、可接受的成本水平、对产品运输完好率的要求、运输服务的稳定性等，都需要认真分析和研究，这些都是未来明确提出运输服务的日标、选择合理的运输方式、确定运输服务模式的依据和基础，也是物流方案策划和设计的重要基础性工作。

配送是最接近服务对象的物流活动，有一种观点认为配送是末端运输，但是，尽管配送也涉及最终把货品送至客户的运输活动，但配送所包含的活动更为丰富，如拣选、分货、配积载、协同送货等。一般配送活动是在配送中心完成的、由订单触发的活动，其核心是根据客户的需求和合理的服务水平进行订单处理，制订配送计划。

配送活动根据配送对象的性质可以分为消费型配送和生产型配送。具体来说，消费型配送的配送对象是产品的分销商、零售商或最终消费者，配送产品的物理化学特性在配送过程中一般不发生变化；而生产型配送对象是生产单位，配送产品是原材料、零部件和在制品等。因此，在分析配送服务需求时，需要明确配送对象的类型。对于消费型配送来说，在服务水平与服务成本之间的平衡关系中，配送的目的是促进销售、获取利益，因此更倾向于成本优先；而对于生产型配送来说，由于作为原材料、零部件供应的配送活动是为保证生产的顺畅进行，因此在平衡关系中，更倾向于效率优先。这样，在具体进行需求分析的时候，不仅需要分析配送的规模需求，更需要对服务质量的需求（如配送的批量、频率、时间要求等）进行详尽的分析，然后根据配送方案设计要求，规划设计配送模式、配送路线、服务水平、配送时间等，以满足客户的需求。一般可以运用EIQ分析方法来分析需求规律，根据需求趋势分析进行有关参数的确定。

2.运输与配送服务供给分析

运输供给分析本质上是分析物流系统中提供物流服务的状况和方式方法以及服务效果。其分析内容包括满足客户需求的运输方式与运量状况，企业运力与社会运力的投入规模，公共运输资源与企业运输资源完成的运输规模，运输的频率与批量分析，提供运输服务的企业的经营管理状况，先进运输技术的运用程度，运输信息化水平，运输的可靠性、安全性，绝对与相对运输速度等。

运输配送的供给分析与需求分析相似，也是从规模和质量上分析运输与配送服务供给的状况，也需要大量运用统计分析方法和评价方法，运用定性与定量相结合的手段进行分析比较。

3.运输与配送的需求与供给适应度分析

进行运输与配送的需求与供给分析的目的，是研究存在的问题，进而提出解决的办法，对当前的运输与配送状况进行评价，因此，在分析了运输配送服务需求与供给之后，更重要的是分析评价需求与供给的适应度，也就是目前物流系统中运输服务供应主体所提供的运输产品满足客户运输需求的程度。

运输与配送服务的需求与供给适应度分析可以从运输产品的不同层面进行，如在时间层面分析所选择的运输和配送方式在时间、速度上是否满足客户的需要，满足的程度如何；在准确性、可靠性层面评价分析运输与配送出错的次数、比率，错发、漏发货物的批量和数量等；在安全性层面评价分析安全运输与配送的比率、货运事故发生次数与比率等；在经济层面分析满足客户企业运输与配送成本控制的程度等。

总之，适应度分析就是评价分析运输产品在规模和质量上满足客户运输服务需求的程度，也可看作客户对运输产品满意度的评价和分析。

运输与配送服务需求与供给分析的目的是准确掌握物流系统中运输与配送服务的状况和水平，在此基础上，物流方案设计团队还需要深入分析运输与配送系统中存在的问题以及产生问题的原因，进而提出解决问题的思路，运用优化理论，确定运输与配送的服务模式。

方案设计团队需要对物流服务需求与供给以及适应度进行深入细致的分析，结合企业提出的方案设计总体目标与具体目标，与客户进行充分的沟通和探讨，从本质上提出解决问题的方式方法，结合现实条件修订方案设计的目标，以达到运输服务需求供给分析的目的。

4.1.2 运输与配送网络结构设计

物流网络主要包括两种要素，即节点和线路。货品在线路上主要是通过各种运输方式，以合适的运载工具进行一定频率和批量的运输，是运动的状态；而在节点内的活动不仅包括简单的装卸、存储等作业活动，以及为更合理地进行货品的分拨运输与配送而进行的批量转换、运输方式衔接、拣选配货、车辆配载、末端协同送货等相对复杂的作业活动，还包括物流的增值作业活动。这样形成的空间运输配送网络，既要满足客户对物流服务的需求，又要满足物流服务供给者高效率、低成本的要求。因此，在进行网络设计时，要根据客户对物流服务规模和质量的要求，认真研究客户需求，提出满足需要的高效率、低成本的空间网络结构，选择合适的运输方式和承运人，提高运输网络、物流系统的运作水平。

1.网络结构设计

一般来说，运输与配送网络结构或体系主要包括以下几种类型：

①多级、多层次网络体系。这种网络体系由物流分拨中心、区域物流中心、末端配送中心和客户的需求节点构成。不同规模、不同层次的物流节点按照一定的频率和原则自上而下逐级配送物品，呈现出梯级结构和放射状态。

②两级、双层次网络体系。这种网络体系由两个层次的物流节点和终端客户需求节点组成，在配送范围较广、客户数量较多且分散的情况下，一般会形成这样的网络结构。

③单层次网络体系。这种网络体系由一级物流节点和末端客户需求节点构成。

网络结构设计就是确定操作的货品从供货点到需求点流动的结构，包括决定使用什么样的节点，节点的数量、位置，如何给各节点分派产品和客户，节点间应使用哪种运输方式，节点覆盖的配送范围，以及如何进行服务等。物流货品的来源可以是工厂车间、仓库、配送中心等，其向下游运输与配送往往需要经过多级网络结构体系，还可以直接将货品运送至最终的需求点。网络结构可以有多种形式，根据流经网络中的货品不同，服务网络可以复杂也可以简单，甚至可以存在完全不同的结构，因此在方案设计中可以选择不止一个的网络设计方案。

网络的结构设计既要解决空间设计问题，也要解决时间设计问题。空间地理设计是指确定各种节点（如区域物流中心（RDC）、物流中心、配送中心）的地理位置，在确定各种节点的数量、规模和位置时要在地理特征表示的客户需求和成本之间寻求平衡。运输网络的时间性或时期问题是为满足客户服务目标而保持货品可得率的问题。通过缩短需求响应时间或通过在接近客户的地方保有库存，满足货品一定水平的可得率。要考虑客户获得货品的时间需求，在满足客户服务目标的前提下平衡资金成本、订单处理成本和服务成本等，决定产品流经网络的方式。

合理的网络结构可以提高运输效率，降低运输成本。运输网络结构优化设计也是物流系统运作中带有战略决策意义的活动，需要重点解决以下几个方面的问题：计划区域内建立网络节点的数量、位置与规模；各路线上运输方式与运载工具的选择；节点的进货与供货关系（客户与供应商的关系）；物流服务质量水平以及信息网络模式等。

2. 线路选择与优化

线路优化就是根据运输货品的自然特性（批量、形态等）以及各种运输方式的技术经济特点，选择合适的运输方式和运载工具，以一定的运输频率和批量以及成本水平，在合理满足客户对运输服务的要求的前提下，运用网络优化技术，对货品从供给点到需求点的运输路径进行规划和优化。

运输与配送线路合理化包括线路合理化和装载合理化。线路合理化以节省运力、缩短运输时间为原则；装载合理化是在有限的运输资源的条件下，最大限度地利用运载工具的运输能力及空间。线路的优化需要认真分析运输距离、运输环节、运输工具、运输时间和运输费用等各种系统要素，平衡各种运输系统的关系，取得预期的服务效果。

在物流系统中，当物流节点相对稳定时，各个节点间会形成不同的线路，不同运输线路的差异可能体现在线路节点的数量上，也可能体现在线路节点的先后顺序上。不同运输线路由于节点数量或顺序的差异会产生不同的运输效果，满足运输节点的不同需求。因此，运输线路的选择和优化不仅是运输系统规划与设计的主要内容，而且也是运输战略的充分体现。一般运输线路的选择需要借助许多优化方法（如运筹学、统计学等）来实现。

3. 节点设施优化设计

物流节点的选择与功能设计也是方案规划的主要内容，物流节点除了发挥衔接不同运输方式、不同运输线路的作用外，还具有辅助各种运输与配送业务的功能。

物流节点设施的优化设计是指在一定层次和区域范围内，满足运输服务需求的节点的合理布局方案。一般是在整合内部与外部物流资源的前提下，对衔接节点、转运节点、物流中心（配送中心）等进行布局优化或选择，并对节点的功能以及内部的布局进行规划设计。

物流网络中的节点设施，其主要功能往往是衔接不同运输方式和不同运段。在物流网络中，高效率、低成本的系统运营效果，单纯依靠运输线路的合理选择并不能完全实现，而物流系统的强烈效益背反效应使得我们在设计运输服务网络时必须考虑通过节点的衔接功能和其他辅助功能，以节点作为缓冲器来调节各种服务要求与供给方面的差异。如服务于干线运输的物流节点需要较强的存储能力和转运能力，而服务于末端配送的节点（配送中心）则需要较强的物流精细化作业能力，其自动化程度往往要求较高。

所以，必须通过节点设施功能的优化设计，使物流网络呈现合理化的结构，进而使货品从起点到终点形成合理化的“运动—停顿—运动—停顿”的运输与配送过程。

4.2 运输与配送方案设计论证

4.2.1 运输与服务方式选择

运输方式主要有铁路运输、公路运输、水路运输、航空运输和管道运输，各种运输方式的技术经济特点不尽相同，但一些主要运输方式基本都具有一定的可替代性，各有其优缺点和使用范围。在实际操作中，运输方式的选择不局限于单一运输方式，而是通过多种运输方式的合理组合实现物流系统的合理化运输。

运输服务方式的选择就是在了解特定区域范围内各种运输方式的基础设施和资源状况后，根据运输服务需求设定运输方式选择的标准，选择合适的运输路线，进而确定运输的频率与批量。

越接近末端消费者，物流服务要求越会呈现出多样化和个性化，因此作为服务于末端客户的配送中心，需要在认真分析客户配送服务需求的基础上，选择设计合理化的配送模式，如定时配送、定量配送、定时定路线配送等，每种配送服务模式都适用于不同的情况，必要时可以将几种配送模式结合使用，并根据客户需求的变化进行具体调整。

必须清楚认识到，运输与配送服务方式的选择往往受到运输服务质量要求的影响，比如运输速度和成本，而这些运输服务质量指标往往是相互制约的，很难“两全”，而运输线路和运输节点又受到自身能力的约束。这些运输与配送供给模式和资源的限制以及各种物流规划中的不确定因素，在运输与配送服务方式选择中都需要充分考虑，做到“大胆设想，谨慎论证”，这样才能设计规划出满足要求的合理化的运输与配送方案。

4.2.2 运输与配送资源的配置与调度

任何一个企业，不论是第三方物流企业还是生产制造企业，其所拥有的资源都是有限的。运输资源作为运输系统的组成要素，其不同组合会产生不同的产出，即运输能力，这种能力既表现在可以达到的运输规模上，也体现在运输服务质量上。物流系统中的运输活动，本质上是一种经济活动，因此这种活动的组织运营就必须符合经济原理，也就是要运用最少的运输资源达到最佳的运输效果。

在设计具体的物流运作方案时，可支配的运输资源主要来自企业自有的资源和社会运输资源，需要根据运输方案设计目标和客户服务的批量、频率的要求，在确定运输网络规划和优化的基础上，认真测算所需运输能力的规模、运力配置的数量，以及获取这些资源的具体方式。一般在这部分设计中，需要进行资源的内部整合和社会化整合，同时，在运输服务模式设计中也要充分考虑可支配的运输能力的约束。

在这部分设计中，还需要运用现代优化理论与技术，进行运载工具的优化调度，优化资源配置，以达到最佳的运输服务效果。

4.2.3 配送路线优化

服务于末端最终消费型客户的配送服务，一般都不是一家一户的简单送货活动；服务于生产型客户的配送活动，则要根据生产的节拍进行多装配点、各种零部件的共同配送（或叫协同配送），而每个需求点的需求规律不同，对配送服务的要求也有所差别，因此，在进行配送计划制订的过程中，配送路线的优化是其主要内容之一。在物流基础理论中所提到的一些不合理运输现象在较大的运输领域中往往表现得并不明显，因为服务空间越大，其运输线路资源相对越少，线路选择越容易；而在末端小范围的配送服务中则更可能出现不合理的情况。因此，需要运用运筹学等优化理论和方法，借助网络规划工具以及现代化的信息技术，进行配送路线的优化。

4.2.4 配送车辆配载

物流系统发展到今天，末端的配送一般都是共同配送，即同一运输车辆上装载的货物需要配送至多个需求点。在车辆配载时，既要考虑作业的技术要求，也要考虑运载工具使用的经济效果。在作业技术方面的要求包括按照送货次序后送先装，货物在车厢内积载重不压轻，货物重量在车辆内分配均匀，相邻货物的物理化学特性要相容等；在经济方面的要求包括尽可能充分利用车辆的容积和载重量两方面的能力，充分利用运输与配送资源。

4.2.5 运输与配送流程设计

在运输系统规划与设计中，为达到系统目标，提高系统运作的效率和水平，需运用相应的理论方法和优化技术，对运输网络、路线等进行优化设计，还需要根据设计的运输服务模式，从理论上计算运输资源水平并提出资源筹措方式及调度方法，形成合理化的运输服务体系。这样的结果尽管考虑到了现实条件的约束，但还不能保证方案的顺利实施。在实际的方案设计中，还需要对理论计算的结果加以调整，提出既符合理论结果的合理化目标，又符合企业组织管理水平和工作制度的方式方法，最终落实到一系列可执行的业务流程中。

运输与配送业务流程的设计，是物流系统优化的具体体现，也是结合现实资源条件、管理水平等运输活动的标准化的具体操作方法。一般业务流程的设计以流程图的形式体现，同时伴随着具体业务活动的操作说明以及操作标准，有些还伴随着单据的设计内容。

具体进行流程设计时，要考虑到作业主体的作业水平，根据各种优化决策的结果，结合企业的工作制度与工作习惯，并充分考虑到物流部门的执行力（这种“执行力”并不是员工严格遵守工作制度的态度和能力，而是在一定程度上对作业活动进行合理组织和作业的能力），对优化结果进行可执行化调整，使之更容易操作、更容易实现。

运输流程的设计相对简单，而配送活动较为繁杂和精细，因此业务流程相对复杂。

4.2.6 运输与配送路径优化设计

随着物流服务行业的发展，消费者对物流配送的时效性要求逐渐提高，不仅仅是冷链物流这种有明显时效性的商品运输方式，普通商品的运输时效性也会影响消费者的满意程度，进而影响到物流公司的潜在收益。

本节研究如下问题：在某物流服务区域内，存在一家服务能力与位置信息已知的配送中心，该配送中心需要为区域内的门店（需求点）提供物流配送服务。配送方案要求车辆统一从配送中心出发，经历多个门店（需求点），最后返回出发地。本节建立以总成本最小化为目标的优化模型，得到优化后的物流配送路线，降低企业的物流配送成本。该问题属于一个考虑时间窗的车辆路径问题（Vehicle Routing Problems with Time Windows，VRPTW）。

1.符号说明与问题假设

为了便于模型的刻画，本节做出如下假设：

①区域内只存在单个配送中心，为多个需求点提供物流运输服务。

②每条配送路线只能由一辆货车执行运输任务。

③门店日需求量已知且不变，每日运输量需要完全满足门店的需求。

④配送中心的库存量远大于门店的需求量，不会存在缺货的现象。

为了方便后续模型的建立，在此对所需用到的符号进行说明：

（1）集合

A——所有客户点集合，$A=\{1, 2, \cdots, n\}$；

A_0——配送中心；

$V=A_0\cup A$——区域内所有点的集合，$A=\{0, 1, 2, \cdots, n\}$；

K——配送中心拥有货车的集合，$K=\{1, 2, \cdots, m\}$。

（2）参数

Q——货车的最大载重量；

d_{ij}——节点i和节点j之间的距离；

q_i——客户点i的需求量；

t_{ij}^k——车辆k从节点i行驶至节点j所需的时间；

t_{si}——客户点i的服务时间；

$[T_{ei}, T_{li}]$——客户点i的满意服务时间窗；

$[T'_{ei}, T'_{li}]$——客户点i的可接受服务时间窗；

c_1——单个车辆的固定成本；

c_2——单位距离的运输成本；

P——单位产品价格；

μ——车辆提前到达单位时间所产生的惩罚成本；

μ'——车辆延迟到达单位时间所产生的惩罚成本。

（3）决策变量

t_i^k——车辆k到达客户点i的时刻；

t_0^t——车辆k从配送中心出发的时刻；

v——车辆的行驶速度；

x_{ij}^k——0–1变量，若车k从节点i行驶到节点j，$x_{ij}^k = 1$；

y_i^k——0–1变量，若车k为需求点i提供服务，$y_i^k = 1$。

2.成本构成与模型构建

（1）固定成本C_1

固定成本通常包括车辆折旧费、维护费、人工费等，其与使用车辆的数量成正比，可由公式（4.1）计算：

$$C_1 = c_1 \sum_{k \in K} \sum_{j \in N} x_{0j}^k \tag{4.1}$$

（2）运输成本C_2

通常运输成本与车辆行驶距离成正比，配送路线越长，物流运输成本也就越高，故运输成本可由公式（4.2）计算：

$$C_2 = c_2 \sum_{k \in K} \sum_{i,\ j \in V} x_{ij}^k d_{ij} \tag{4.2}$$

（3）惩罚成本C_3

货物送达时间偏差均可能引起客户的不满意。客户对时间窗的要求来源于多方面。首先，部分客户需求生鲜等需要冷链物流运输的产品，长时间的运输过程可能会导致商品品质下滑，难以满足消费者对于新鲜度的高标准期待。其次，部分超市（尤其是生鲜超市）为了降低自己的库存成本，会采用少量多次的补货模式，实现高效的库存周转。最后，物流配送任务能否在规定时间内完成，直接体现了物流运营效率和服务能力，在很大程度上影响客户的满意度和忠诚度，进一步决定了物流企业能否保留现有顾客，以及积累更多的潜在顾客。

在实际运输过程中，物流企业应准时高效地将货物运输到客户手中，但可能由于某些原因出现提前或不能按时到达的情况，因此采用混合时间窗设计来刻画这种物流运营情况。$[T_{ei}, T_{li}]$代表客户最满意送达时间的软时间窗，T_{ei}和T_{li}分别是客户i期望货物送达的最早时刻和最晚时刻。$[T'_{ei}, T'_{li}]$代表客户可接受送达时间的硬时间窗，T'_{ei}和T'_{li}

分别是客户i可接受货物送达的最早时刻和最晚时刻。如果配送车辆能够在期望时间窗内抵达，此时客户完全满意，满意度设置为1，不会产生惩罚；若货物在可接受时间窗之外送达，客户满意度为0，惩罚成本为极大值M；当货物送达时间位于$[T'_{ei}, T_{ei}]$和$[T_{li}, T'_{li}]$这两段时间区间内，客户满意度水平随货物实际送达时间与客户所期望送达时间之差呈线性变化，如图4-1所示。

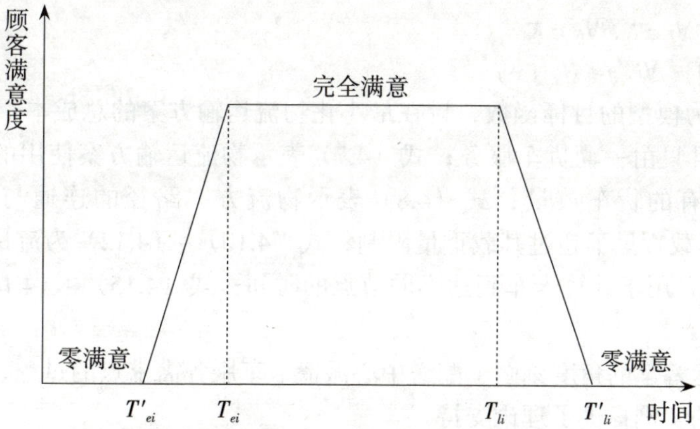

图4-1 顾客满意度

此时，将惩罚函数表示为公式（4.3）：

$$\varphi_i^k = \begin{cases} M, & t_k^i < T'_{ei},\ t_i^k > T'_{li} \\ \mu(T_{ei} - t_i^k), & T'_{ei} \leqslant t_i^k < T_{ei} \\ 0, & T_{ei} \leqslant t_i^k \leqslant T_{li} \\ \mu'(t_i^k - T_{li}), & T_{li} \leqslant t_i^k \leqslant T'_{li} \end{cases} \tag{4.3}$$

式中：φ_i^k表示车辆k服务客户点i的惩罚成本。

物流配送计划总惩罚成本C_3可由公式（4.4）表示：

$$C_3 = \sum_{k \in K} \sum_{i \in N} y_i^k \varphi_i^k \tag{4.4}$$

综上所述，混合时间窗下的物流配送路径优化问题的数学模型可表示如下：

$$\min C = c_1 \sum_{k \in K} \sum_{j \in N} x_{0j}^k + c_2 \sum_{k \in K} \sum_{i,\, j \in V} x_{ij}^k d_{ij} + c_2 \sum_{k \in K} \sum_{i,\, j \in V} x_{ij}^k d_{ij} \tag{4.5}$$

s.t

$$\sum_{k \in K} y_i^k = 1,\ \forall_i \in N \tag{4.6}$$

$$\sum_{k \in K} \sum_{j \in N} x_{0j}^k \leqslant m \tag{4.7}$$

$$\sum_{k \in K} \sum_{i \in V} x_{ij}^k = 1,\ \forall j \in N \tag{4.8}$$

$$\sum_{k \in K} y_i^k q_i \leqslant Q,\ \forall k \in K \tag{4.9}$$

$$\sum_{k \in N} x_{i0}^k = \sum_{i \in N} x_{0j}^k,\ \forall k \in K \tag{4.10}$$

$$\sum_{j \in N} x_{0j}^{k} \leqslant 1, \ \forall k \in K \tag{4.11}$$

$$\sum_{i \in V} x_{ip}^{k} = \sum_{j \in V} x_{pj}^{k}, \ \forall p \in N, \ \forall k \in K \tag{4.12}$$

$$t_{j}^{k} = t_{i}^{k} + t_{si} + t_{ij}^{k}, \ \forall i, \ \gamma \in N, \ i \neq j, \ \forall k \in K \tag{4.13}$$

$$t_{ij}^{k} = \frac{d_{ij}}{\nu}, \ \forall i, \ j \in N, \ i \neq j, \ \forall k \in K \tag{4.14}$$

$$t_{i}^{k}, \ t_{0}^{k}, \ \nu \geqslant 0, \ \forall i \in N, \ \forall k \in K \tag{4.15}$$

$$x_{ij}^{k}, \ y_{i}^{k} \in \{0, \ 1\}, \ \forall i, \ j \in N, \ i \neq j \tag{4.16}$$

式（4.5）为模型的目标函数，旨在最小化物流运输方案的总成本；式（4.6）表示每个需求点由且只由一辆货车服务；式（4.7）表示物流运输方案使用的货车总数不超过物流中心拥有的货车数量；式（4.8）表示物流方案路径的连通与不重复性；式（4.9）表示卡车载货量不超过其载重量限制；式（4.10）~（4.12）为流量守恒约束；式（4.13）~（4.14）用于计算卡车到达不同节点的时间；式（4.15）~（4.16）为决策变量取值范围约束。

该模型从运筹学的角度刻画了配送中心派遣卡车服务需求点的过程，为后续设计运输与配送方案的实例提供了理论支持。

4.3 运输与配送方案设计实例

4.3.1 国内产成品分拨运输方案概述

S集团的产成品分为Q、B、X和G四种类型，近2 000个规格，年销售量1 200余万套，产品销售遍布全国各省、自治区、直辖市，并行销海外多个国家。随着产品市场的不断扩大，产成品的分拨运输问题日益突出。物流被称为“第三利润源泉”的含义就是企业可以通过更为有效的物流运作服务，降低物流成本、提高物流运作效率，达到占领市场、提高自身竞争力的目的。由于世界经济形势的变化导致原材料、能源及电力涨价，以及企业自身资源整合受到客观条件限制和客户对服务质量要求提高等原因，S集团的销售物流服务水平已经不能满足客户的需求，为此，本产成品运输方案旨在调整S集团对国内客户的送货运输服务模式，在一定成本投入的基础上缩短客户响应时间，提高客户响应效率，满足客户的需求。

本产成品运输方案以缩短客户响应时间为目标，以提高国内产成品需求运输服务效率为宗旨，根据客户需求规律进行产成品运输服务模式的合理选择，提高服务网点布局的合理性，采取差异化策略，在成本分析的基础上，以组合运输服务模式形成S集团国内产成品分拨运输的合理化方案，从而达到快速有效满足客户需求的目的。

S集团产成品运输方案的总体思路是：本着缩短客户服务响应时间、提高客户服务水平及提高运输效率的原则，通过统计分析方法研究S集团客户的分布及需求规律，按照客户的地理位置及需求数量和需求特点，运用聚类分析方法对客户进行分类，采取差异化服务策略，重新调整运输服务的模式，设立区域物流中心（RDC），对不同的客户分别采用中央仓库、区域物流中心、单点直送三种不同方式以满足客户对产品需求的时间要求。

S集团产成品运输方案的设计方法为：运用聚类分析理论，根据客户所分布的地理位置及运输服务可得性对S集团的产成品客户进行分类，将S集团产成品客户分为由中央仓库满足的客户、由区域物流中心满足的客户及单点直送客户三类。对由RDC及单点直送满足的客户的需求，根据客户历史需求的规格、数量规律，在确定客户服务满足率的基础上，建立随机库存控制模型，运用ABC库存管理法，结合需求频率的高低，确定不同RDC及单点直送仓库需要提前运输压货的规格，运用蒙特卡罗方法确定向RDC和单点区域仓库的补货周期，以补货周期和从W市到不同RDC、单点直送仓库的运输时间作为参数，运用随机库存控制模型确定不同RDC和单点直送仓库各规格产成品的最高库存上限，按照以上计算的补货周期和最高库存上限，根据不同RDC和单点直送仓库的地理位置特点，选择适当的运输方式（铁路运输或海运），定期向RDC和单点直送仓库补充产成品。对由中央仓库满足的客户的需求，在确定辐射客户区域半径的基础上和满足客户需求响应时间要求的前提下，采取即时配货公路运输的方式满足客户需求。

4.3.2 S集团产成品运输模式

1.需求分析

（1）需求点分布及需求量

从产成品客户月需求量的历史数据可知，S集团产成品月需求量从总体上看基本呈稳定并小幅上升的趋势，其客户需求量变化如图4-2所示。曲线拟合表明，S集团产成品销售呈增加趋势，但受到客户需求的随机性及季节变动和市场等因素的影响，销售存在一定的波动性。

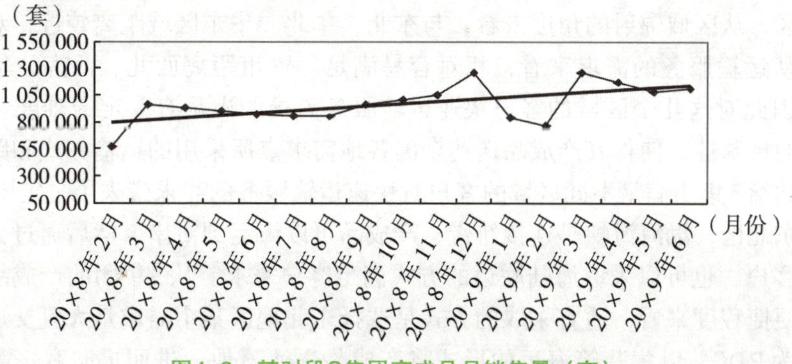

图4-2 某时段S集团产成品月销售量（套）

实际上，S集团客户的需求点分布在全国各地，各地区产成品的月需求量都存在波动。S集团不同区域客户的需求类型、数量见表4-1。

表4-1　某时段S集团各区域需求分布表　单位：套

区域＼类型	B	G	Q	X	总计
华北区	40 995	10	43 725	24 861	109 591
华中区	172 732	325	127 383	304 864	605 304
华南区	197 087	0	95 269	263 631	555 987
东北区	637 286	688	351 864	406 326	1 396 164
西北区	174 209	878	388 083	144 900	708 070
西南区	164 135	2	51 917	103 418	319 472

可以对各区域的需求数量和产品规格数进行统计分析，并按照ABC分类法进行分类。

各区域的产成品需求客户分布具有一定的集中度，符合区域物流的轴辐射模式。另外，各区域涉及的规格数虽然较多，但大量的客户需求集中于少数的规格上，符合帕累托定律（即80/20规则），因此，本着对重要品种进行重点管理的原则，并根据区域物流的特点，可以选择干支结合的物流模式，即以区域中心城市为枢纽，以W市到枢纽点的干线运输与枢纽点到需求点的支线运输来满足客户的需求。基于干支结合的轴辐射物流模式，将区域涉及的大量、少品种的需求按照确定的周期预先发货存储于枢纽点，缩短从发货点到需求点的即时运输距离，目的是在一定服务效率的条件下实现快速满足客户需求的目标。

（2）可采用的运输方式、路径

工厂所在城市W地处山东半岛，与东北地区隔渤海海峡相望，其西、南面向广阔的内陆地区，从区域辐射的角度来看，与东北、华北、华东区域距离较近，对这几个区域的客户从运输服务的需求来看，相对容易满足。W市距离西北、西南、华南等区域则较远，因此对这几个区域的客户快速运输服务需求的满足有一定的难度。W市所处地理位置的特殊性，使得其产成品送达全国各地需求点所采用的运输方式和路径也不尽相同，因此给S集团满足不同区域的客户对快速运输服务的需求带来了一定困难。

对于东北区，渤海海峡是连接纽带，产成品可以海运到对岸，然后通过公路运输的方式送达客户，也可以采取海陆联运的方式满足客户需求。从S集团的产成品特性及两地的交通便捷程度来看，适宜采取的方式是选择东北地区某个需求量大且交通便捷的主要城市作为RDC，以集装箱海运的形式将产成品送达该地，进而再向客户需求点分拨配送。

从华南区的地理位置及需求特点来看，其主要需求地集中于以广州为中心的区域内，从运输的便利性及运输的可得性角度出发，选择海运的方式较为合适。

西南、西北等区域地处内陆地区，以W市为出发点，考虑到运输服务的可得性及经济里程等因素，从轴辐射的运输理论及区域辐射等特点考虑，适宜采用铁路运输将区域需求量大、需求频率高的产成品运至中心枢纽站，再由公路运至各需求点的运输模式。

华中、华东区相对来说距离W市较近，从W市出发，在采用公路运输的情况下，基本上1~2天就可以到达客户需求地点，因此，考虑到服务效率、服务半径及经济里程等因素，适宜采用公路运输的方式，由中央仓库直接满足区域需求。

（3）要实现的服务目标

随着市场竞争的加剧，客户要求的物流响应时间越来越短。为了提高客户的满意度，集团的物流模式必须与当前的经济环境相协调。从理论上来说，服务质量、服务水平受到服务成本的制约，也就是说，提高物流服务水平是以付出相应的服务成本为代价的。因此，需要根据差异化服务原理，考虑不同区域客户的具体情况，确定适宜的服务水平，力求服务质量、服务水平与服务成本之间的平衡。据此，必须根据不同地区客户的具体情况，在考虑整体服务质量大体平衡的情况下，确定不同的区域客户物流服务标准。基于这样的考虑，对不同区域的客户需求，选择合适的物流模式。

对东北区的客户需求，考虑到海运的一般情况及W市到大连的航班情况，在RDC分拨的模式下，其满足客户产成品需求的服务时间为3~4天。

西北区的核心枢纽西安、西南区的核心枢纽成都等由于距离W市较远，采用公路运输4~6天才能到达，且运输的单位成本较高，而采用铁路运输时间虽也很长，但成本较低，因此，必须选择一个合适的运输模式的组合，达到运输成本和服务水平的平衡。基于此，可选择RDC预先运输压货的模式，服务时间从RDC到最终需求客户的时间为1~2天。

在华南区，以广州为主要需求点的区域产成品需求较为稳定。从W市出发，海运、铁路成本较低，但考虑服务效率、服务时间因素，海运平均到达的时间会比铁路少5天左右，海运服务的稳定性较之铁路更好。铁路与海运的特点都是能够满足长距离、大批量货物的运输需要，因此，可以采取枢纽辐射的方式。运货到广州枢纽选择海运集装箱运输的方式，从枢纽到区域内各处则采取公路运输方式。在以广州作为RDC预先运输压货的状况下，满足客户需求的时间为1~2天。

基于以上考虑，在本方案设计中，针对不同区域的客户需求，设计了不同的运输组合模式，以期形成合理的产成品运输服务体系，其主要思想是在认真测算各个区域需求的品种、规格及数量的稳定性的基础上，计算出在区域物流中心内预先运输压货的规格和最高库存数量，采取预先运输压货的方式，使得在适当成本要求的基础上，尽可能满足客户对产成品的快速物流服务要求。同时，以预先储存于RDC和单点直送仓库的形式，缓解工厂中央仓库的仓储压力，提出符合S集团具体特征的一体化物流运作模式。

2. 模式选择

S集团现在是以W市为中心，采用海运、铁路、公路三种运输方式，根据客户的即时需求，服务于全国各个需求点。这样的物流运作模式方便了企业的管理，物流的运输成本略有降低，但是，满足客户的时间需求、降低周边库的堆存压力、减少往返装卸次数等却成了难题。

针对S集团欲解决的问题，本方案提出了如下物流模式：

综合考虑全国各个需求点的需求数量、规格、可采用的运输方式，在保留当前直属库的基础上，建立满足一定需求规模的区域物流中心（RDC）和单点直送仓库，并采用节约成本的区域运输方式，提前运输并存储满足区域需求的产品规格及数量，实现满足客户的时间服务要求的目标，同时降低S集团W市周边库的堆存压力。

具体来说，在需求分析和客户分类的基础上，需由中央仓库满足的客户由中央仓库采取即时发货的形式满足；需由RDC和单点直送仓库满足的客户，由RDC或单点直送仓库发货满足。对RDC和单点直送仓库，根据不同区域客户需求的规律，运用定量方法，计算出各RDC在满足一定水平的客户需求的情况下需要预先存储到RDC和单点直送仓库的产成品规格和各规格产成品的最高库存数量，定期检查RDC和单点直送仓库中各规格产成品的库存水平，按照计算出的补货周期定期向RDC补足各规格产成品，使之恢复到最高库存水平，保持RDC和单点直送仓库对客户的满足能力。对区域内客户的偶发需求品种，即不在RDC或单点直送仓库预先运输压货规格内的需求量，在经济允许的条件下，由中央仓库直接发货满足，或者在RDC或单点直送仓库补货的同时协同送达RDC或单点直送仓库，再按照RDC或单点直送仓库的方式满足客户的需求。

4.3.3 S集团运输方案

针对所提出的上述模式，首先必须根据全国各个需求点的分布和各点的需求数量，确定RDC的位置，并且根据需求点的需求规格，确定RDC的存储规格；然后利用随机库存模型和蒙特卡罗方法确定RDC存储周期及存储规模；在RDC确定后，通过计量经济运输成本，选择合理运输方式，节约长距离的运输成本。

1.RDC选择

（1）RDC位置确定

合理的RDC位置选择，能够降低长途运输的成本，缩短配送时间，提高对客户的服务水平。

①RDC的位置确定方法

S集团的客户分布在全国各地，地理位置和需求量、运输量对于区域物流中心选择都有很大影响，本方案综合考虑影响物流中心选择的各种因素，采用聚类分析的方法来确定RDC。

聚类分析是依据研究对象的个体特征对其进行分类的方法，被广泛应用于工程、管理等各个领域。聚类分析的功能是建立一种分类方法，它是将一组需求点按照它们在性质上的亲疏程度进行分类。距离的种类很多，其中欧式距离在聚类分析中用得最广，它的表达式如下：

每个需求点描述为一个向量X_i，$i = 1, \cdots, p$，所有向量可以表述成一个矩阵：

$$X = \begin{pmatrix} X_{11}, & X_{12}, & \cdots, & X_{1n} \\ X_{21}, & X_{22}, & \cdots, & X_{2n} \\ & \vdots & & \\ X_{p1}, & X_{p2}, & \cdots, & X_{pn} \end{pmatrix}$$

根据地理位置、需求量、运输方式计算各个需求点的相似关系：

$$R = \begin{pmatrix} 0, & R_{12}, & \cdots, & R_{1p} \\ R_{21}, & 0, & \cdots, & R_{2p} \\ & \vdots & & \\ R_{p1}, & R_{p2}, & \cdots, & 0 \end{pmatrix}$$

常见的相似性的测度有以下几种：

欧式距离：$R_{ij} = \frac{1}{n}\sum_{k=1}^{n}(X_{ik} - X_{jk})^2$

偏差距离：$R_{ij} = \frac{1}{n}\sum_{k=1}^{n}|X_{ik} - X_{jk}|$

相关系数：$R_{ij} = \frac{\sum_{k=1}^{n}(X_{ik} - \bar{X}_i)(X_{jk} - \bar{X}_j)}{\sqrt{\sum_{k=1}^{n}(X_{ik} - \bar{X}_i)^2\sum_{k=1}^{n}(X_{jk} - \bar{X}_j)^2}}$

应用系统聚类法进行聚类分析的步骤如下：

•确定待分类的需求点的指标。

•收集数据。

•对数据进行变换处理（如标准化或规格化）。

•使各个需求点自成一类，即p个需求点一共有p类。

•计算各类之间的距离，得到一个距离对称矩阵，将距离最近的两个类并成一类。

•并类后，如果类的个数大于1，那么重新计算各类之间的距离，继续并类，直至所有样品归为一类为止。

•最后，绘制系统聚类谱系图，按不同的分类标准或不同的分类原则，得出不同的分类结果。

②S集团RDC的确定

利用聚类分析方法，我们对177个需求点进行了初级分类，参见图4-3。

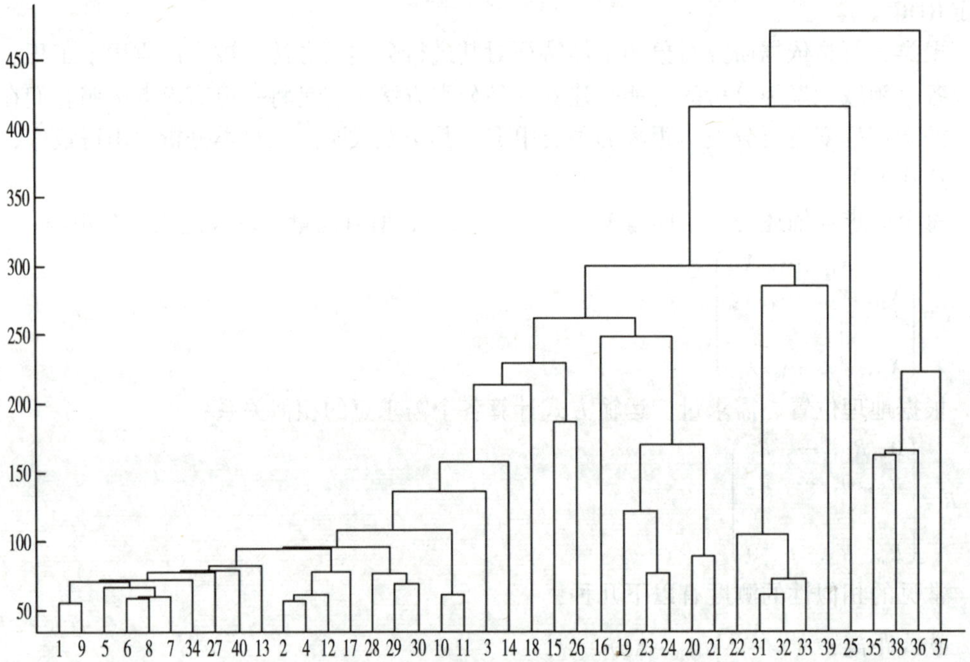

图4-3 需求点聚类谱系图

本方案在聚类分析的基础上，考虑运输方式和所在区域的不同，对全国的需求点进行分类，获得了如表4-2所示的结果。

表4-2 RDC覆盖城市表

RDC/单点直送仓库	覆盖城市
昆明	昆明
成都	成都、贵阳、宜宾等
南宁	南宁
广州	广州、深圳、东莞、湛江、海口、三亚等
包头	包头、呼和浩特、银川等
武汉	武汉、十堰、襄樊、宜昌、长沙、常德、衡阳、赣州、九江、南昌等
西安	西安、宝鸡、延安、兰州、西宁等
大连	大连、沈阳、长春、哈尔滨、大庆、佳木斯、牡丹江、齐齐哈尔、吉林、四平、鞍山、海城、本溪、丹东、阜新、葫芦岛、锦州、盘锦、铁岭、营口、赤峰、通辽、秦皇岛等

（2）RDC存储规格

①存储规格确定方法

确定准确的存储规格对于RDC具有非常重要的作用，可以降低库存成本，减少重复倒库的问题。本方案采用ABC方法选择合理的存储规格。

②存储规格

各个RDC覆盖地区不同，需求的规格也不相同，因此确定的存储规格也不同。本方案利用ABC方法，综合考虑需求量的大小及其稳定性，按照需求量大小对各个规格进行排序，根据不同规格的需求量累计百分比和需求出现的频率，选择各个RDC的存储规格。各个RDC的实际规格和存储规格见表4-3。

表4-3 各个RDC实际规格和存储规格 单位：种

RDC	昆明	成都	南宁	广州	包头	武汉	西安	大连
实际规格	336	451	234	364	362	560	454	721
存储规格	41	69	30	35	31	68	30	121

注：各个需求点的存储规格是基于18个月的历史数据统计出来的，因此，要随着客户的开发和流失而改变。

（3）RDC的补货周期

①补货周期的确定方法

补货周期受到库存量和运输时间等因素的影响，合理的补货周期能够提高服务质量，降低库存成本。本方案采用蒙特卡洛法和实际相结合求得补货周期的范围。

蒙特卡洛法是当系统中各个单元的可靠性特征量已知，但系统的可靠性过于复杂，难以建立可靠性预计的精确数学模型或模型太复杂而不便应用时，用随机模拟法近似计算出的系统可靠性的预计值。随着模拟次数的增多，其预计精度也逐渐提高。由于需要大量反复的计算，这种计算一般均由计算机来完成。

蒙特卡洛法的步骤如下：

•根据提出的问题构造一个简单、适用的概率模型或随机模型，使问题的解对应于该模型中随机变量的某些特征（如概率、均值和方差等），所构造的模型在主要特征参量方面要与实际问题或系统相一致。

•根据模型中各个随机变量的分布，在计算机上产生随机数，实现一次模拟过程所需的足够数量的随机数。通常先产生均匀分布的随机数，然后生成服从某一分布的随机数，方可进行随机模拟试验。

•根据概率模型的特点和随机变量的分布特性，设计和选取合适的抽样方法，并对每个随机变量进行抽样。

•按照所建立的模型进行仿真试验、计算，求出问题的随机解。

•统计分析模拟试验结果，利用库存优化模型，给出问题的概率解。

②补货周期T

根据蒙特卡洛法，计算出各个RDC和单点直送仓库的补货周期为：T=3~7天。

补货周期T即从中央仓库向各个RDC和单点直送仓库补货的时间间隔，根据W市到各RDC和单点直送仓库可选择的运输方式的具体情况，以及考虑到降低中央仓库集中发货的难度，本方案选取的补货周期为4天。

（4）RDC存储规模

①存储规模的确定方法

确定存储类型和存储周期后，合理的RDC存储数量十分关键：存储过多会导致产品积压、库存成本过高；存储过小会导致缺货，服务水平不能满足客户的需要，造成客户流失。本方案采用随机库存模型确定合理的最大库存保有量，即库存的存储规模。

S集团的客户需求具有一定的稳定性，同时也具有一定的随机性。长期意向导致稳定性的存在，短期随机需求导致需求的随机性。而且，S集团承诺客户提供快速响应的时间服务。因此，方案结合这两方面，建立起随机库存模型，求得单一规格最大库存量为：

$$Q_{max} = (T + L) \cdot D + Z_{\alpha} \cdot \sigma \cdot \sqrt{T + L}$$

式中：Q_{max}——单一规格的最大需求量；

T——补货周期（天）；

L——订货至交货的周期（天）；

D——单位时间内的平均需求量；

Z_{α}——特定的服务水平所对应的平均值的标准偏差的数值；

σ——标准差。

②存储规模

各个RDC的存储数量，根据产成品的规格、销售量、运输时间等因素有所不同，提前存储的数量也不相同，各个RDC的最大存储量见表4-4。

表4-4 各个RDC最大存储数量 单位：套

RDC	昆明	成都	南宁	广州	包头	武汉	西安	大连
（T，L）	（4，15）	（4，15）	（4，15）	（4，7）	（4，7）	（4，7）	（4，8）	（4，3）
Q	2 023	3 560	1 111	3 509	3 880	9 127	11 173	13 436
B	9 607	20 115	2 845	7 873	4 201	21 170	4 188	7 695
X	10 147	10 945	10 629	11 773	1 591	23 001	5 334	21 378
总计	21 777	34 620	14 585	23 155	9 672	53 298	20 695	42 509

2. 运输方式

(1) 送往RDC

各个RDC铁路运费与汽车运费的对比见表4-5。

表4-5 铁路运费与汽车运费比较表

到站	里程（千米）	产品种类	铁路运费（元）	上站费（元）	下站费（元）	保险（元）	铁路运费合计（元）	铁路（元/吨）	汽车（元/吨）
昆明	3 946	B	20 560	1 110	1 600	1 050	24 320	935	1 263
		X				1 350	24 620	947	
		Q				1 950	25 220	970	
成都	2 900	B	15 460	1 110	1 500	1 050	18 070	695	928
		X				1 350	19 420	747	
		Q				1 950	20 020	770	
南宁	3 065	B	16 835	1 110	2 100	1 050	21 095	811	981
		X				1 350	21 395	823	
		Q				1 950	21 995	846	
广州	2 850	B	15 883	1 110	3 840	1 050	21 883	842	912
		X				1 350	22 183	853	
		Q				1 950	22 783	876	
包头	1 718	B	11 488	1 110	1 450	1 050	15 098	581	550
		X				1 350	15 398	592	
		Q				1 950	15 998	615	
武汉	1 650	B	8 615	1 110	780	1 050	11 555	444	528
		X				1 350	11 855	456	
		Q				1 950	12 455	479	
西安	1 766	B	9 120	1 110	1 700	1 050	12 980	499	565
		X				1 350	13 280	511	
		Q				1 950	13 880	534	
大连	630	QBX	N	N	N			4 300（包干）	

从表4-5的运费对比及实际情况看，送往武汉、成都、西安、包头各RDC，可以采用铁路运输的方式；送往大连、广州的RDC，考虑到地理位置的影响和运输可得性，可以采用海运集装箱运输方式；由中央仓库满足的需求点则可以采用公路运输方式。

（2）单点直送

昆明、南宁两个单点直送点，铁路运输成本低于公路运输，因此，采用铁路直送的方式。

（3）协同配送

对于东北三省、广东省采用海运方式的客户，在满足服务时间要求的同时，如果需求恰好是一个整箱或整车的可以直送。

采用铁路运输方式的西安、成都、包头、武汉的RDC，也要承担个别客户的小批量、个别即时需求规格的运输任务。

（4）RDC配送

对RDC所覆盖区域内的客户，根据需求量可采取直送与配送相结合的方式。对客户需求量较大、达到起运批量的，可采取直送的形式；而对客户需求量较小、单独客户需求不能满足起运批量的，则可以选择配送的方式。

就目前的具体情况来说，在各RDC所覆盖区域范围内，需求量较小需要到直属仓库提货的客户，可以选择配送的方式予以满足，提高客户的服务效率。

3. 方案实施对S集团物流系统的影响分析

本方案所设计的S集团产成品分拨运输模式与目前所采取的分拨运输模式有所不同，必将对分拨运输的效果及成本产生一定的影响。

（1）方案实施对服务效率的影响分析

S集团物流中心目前所采取的分拨运输模式以直送为主，即接受客户实际需求后即时发货的模式。对距离中央仓库相对较近的客户，采用公路运输的方式，基本上可以满足客户对服务质量的要求。但对于相对距离较远的客户的需求，根据经济里程只能采取铁路或海运的方式满足，这会大大降低客户对运输服务效率和时间上的满足程度，使得分拨运输的效率比较低。而本方案所设计的分拨运输方案与以前的运作模式最大的区别在于，利用区域物流中心（RDC）/单点直送仓库，根据区域覆盖的客户需求规律，预先存储客户需求中规格较为集中、数量比较多的货品，然后对这部分客户的需求由RDC/单点直送仓库来满足，使供货的出发点到需求点的距离缩短，从而缩短满足客户需求的时间，提高运输服务效率。

采取分拨运输模式的优势是，干线运输的单位成本低于支线运输的单位成本，因此在干线运输路段会取得较低成本支出的效益。对S集团的具体情况而言，对于相对距离比较远的需求点，目前采用的运输方式是公路运输，而方案中这部分需求将采用干支结合的运输模式，在干线部分采用铁路运输，即由中央仓库通过铁路运输将需要的产成品运至RDC或单点直送仓库，从RDC至客户需求点则采用短途公路运输的方式，由此会在干线运输这一部分节约一定的成本。

另外，S集团中央仓库采取周期性向各RDC/单点直送仓库补货的形式，可以使中央仓库的发货活动更有规律，减少发货的波动性，容易形成固定的物流作业计划。从中央仓库向RDC/单点直送仓库主要采用铁路和海运的方式进行大批量货物分拨，减少自有车辆的使用，减轻了中央仓库运力不足的压力。根据客户需求采取提前存储产成品在RDC的方式，也缓解了本地仓储的压力。

综上所述，采取干支结合的分级分拨运输模式的最大优势是使客户服务时间缩短，对大部分客户的需求送货周期可缩短至1~2天，干线运输的成本会有一定程度的下降。另外，随着世界经济的发展，买方市场逐渐形成，供应商不但注重产品质量以满足客户的需要，而且越来越注重客户对服务水平的需求，为此，越来越多的生产商、供应商更多地采取配送的物流模式来满足客户的需要。本方案设计的干支结合方式，为S集团进一步提高对客户的物流服务水平奠定了基础。

（2）方案实施对成本的影响分析

本方案的实施对S集团物流运作的成本会产生一定的影响。物流服务的最终目标都是在合适的服务效率、服务水平和服务成本条件下满足客户对产品的需要，服务效率、服务水平和服务成本之间的关系符合效益背反和边际效益递减的规律，即服务效率、服务水平的提高会以增加服务成本为代价，反过来，服务成本的节约则会影响服务水平、服务效率提高的程度。

①对运输及装卸成本的影响

实施本方案所设计的分拨运输模式，对各RDC/单点直送仓库及由其所辐射送货的需求点来说，由于满足需求的方式不同，带来了整个运输路段的变化。为分析新的模式所引起的运输成本的变化，有必要对这些需求在新、旧模式下的分拨运输成本的构成进行详细的分析对比。

为了单纯比较模式变化带来的成本变化，除东北区的需求外，我们在比较过程中均采用现时的运价水平来计算，东北区按与第三方物流谈判的价格计算，统计过去一年的需求量，以此为基础来对比各RDC分拨运输成本的变化状况。

②对仓储成本的影响

本方案设计的模式是采取RDC提前存储货物用以满足区域内客户的需求，存储的规格与数量根据计算结果确定，这与原来S集团在当地的直属仓库模式有所不同。

通过以上分析我们可以看出，实施本方案有利有弊，在现时市场的供求关系所带来的企业需要不断提高物流服务水平作为保持市场份额手段的形势下，S集团适宜采取本方案所设计的分拨运输模式。

③对配送成本的影响

由RDC覆盖的需求中，有一部分是直属库的需求，而这种直属库的需求体现的是直属库本地的需求及周边地区的需求。对到直属库提货的这部分需求，如采取配送方式满足客户的话，则可以撤销直属库，这样会带来配送成本的变化。

④综合成本影响结果

综合以上对运输与装卸费用、仓储费用影响的分析，方案设计的分拨运输模式与现行模式成本对比见表4-6。

表4-6 方案设计分拨运输模式与现行模式成本对比

地区	运输及装卸费用增减（元/年）	库存成本增减（元/年）	配送成本增减（元/年）	合计（元/年）
成都	991	77 749		78 740
武汉	335 956	609 863	−52 091	893 728
包头	151 072	71 146		222 218
昆明	−176 491	−36 002		−212 493
南宁	63 336	88 858		152 194
大连	−218 300	804 982		586 682
广州	−674 815	206 703	−62 155	−530 267
西安	−707 368	465 738	−114 597	−356 227
总计	−1 225 619	2 289 037	−228 843	834 575

⑤车辆需求分析

随着模式的改变，对于大连、广州的RDC，以海运方式发运，减少了公路运输的车辆需求；对于其他的RDC/单点直送仓库，通过公路运输方式送达铁路场站，然后采用铁路运输方式发送到各点，运输频率增加，减少了公路运输的车辆需求；W市辐射的需求点主要以公路运输方式来满足，保留了原来的运输车辆需求。总体上看，经推理计算出的运输车辆需求为65~87辆。

4.3.4 S集团产成品运输方案实施要点

根据以上方案中选择的产成品分拨运输模式，以及确定的重要参数，由S集团物流中心计划部门负责实施本方案。方案实施的要点为：

（1）保持现有各直属仓库不变，将目前的直属库也看作一个需求点，在选定的区域物流中心/单点直送仓库所在城市，根据上述各RDC所需存储规模选择合适的仓储设施；各RDC/单点直送仓库需要根据企业自身经营管理策略和战略发展需要，选择由S集团物流中心自己运作或外包给第三方物流企业运作。

（2）发货计划按照图4-4所示的作业流程操作。

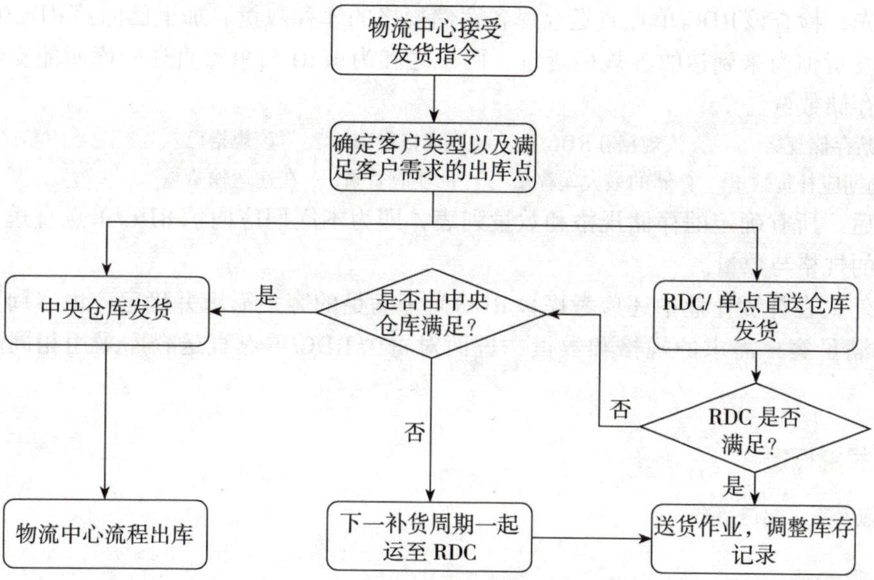

图4-4 RDC管理运作过程图

流程说明：

物流中心计划部门在接到确认需要发货的客户需求后，首先要判断该由哪个点（中央仓库还是RDC/单点直送仓库）来满足客户需求。

流程中“确定客户类型以及满足客户需求的出库点”的含义是在明确需要发货满足客户需求的前提下，根据客户所在的地理位置，根据方案中的表4-2来确定是由中央仓库发货还是由某个RDC/单点直送仓库发货（不在表4-2所列的RDC/单点直送仓库覆盖范围内的地点由中央仓库发货）。

由于RDC/单点直送仓库所存储的产成品规格是区域内需求量大且集中的规格，而不是全部，因此，对客户的随机需求，如RDC持有该品种且数量足够，即可由RDC发货满足，如RDC没有该规格产品或该规格产品存储数量不足以满足客户需求，则需要在两种不同的处理方式间进行选择——或即时由中央仓库满足该客户的需求，或将该客户的需求并入下一周期中央仓库向RDC的补货一并运往RDC，再由该RDC满足客户的需求。

为使RDC/单点直送仓库运作顺畅，需要S集团物流中心计划调度部门实时掌握RDC各预先压货储存的各规格库存数量。RDC在每次入库和出库作业后要及时更新库存数据。

S集团物流中心仓库发货按目前发货作业流程操作即可。

（3）补货作业。

S集团物流中心计划调度部门按方案所设计的补货周期定期向各区域物流中心补

货。对某一区域物流中心（RDC）/单点直送仓库补货的具体做法如下：

首先，检查该RDC/单点直送仓库各存储规格的库存数量，加上已向该RDC/单点直送仓库发货但尚未到达的各规格货量，两项之和为该RDC/单点直送仓库所能支配的各规格的存储数量。

$$\text{某存储规格本周期应补货数量}=\text{该规格在RDC应存储的最大库存量}-(\text{该规格在RDC的实有货量}+\text{该规格已在途运输货量})$$

然后，所有确定的存储规格和数量列表，即为本周期应向该RDC/单点直送仓库周期补货的规格与数量。

另外，在补货作业中还应考虑该RDC尚未满足的客户需求并确定应由本周期补货运输来满足客户需求的规格和数量，进而对每个RDC/单点直送仓库采用相同的方式补货。

关键概念

运输方案　配送方案

思考题

1. 运输与配送方案设计的主要内容与方法有哪些？
2. 运输与配送方案论证的主要内容是什么？

第5章 仓储方案设计

学习目标

掌握仓储方案设计要素分析的内容；了解PQRST要素分析的内容；掌握EIQ分析的方法和内容；了解布局面积的计算方法；重点掌握SLP的方法和应用；了解仓储作业流程设计。

5.1 仓储方案概述

仓储管理是物流系统中除运输之外的另一个支柱性功能要素和环节。在进行仓储方案设计的时候，必须认识到，它虽然具有一定的独立性，但与运输环节尤其是与后续的配送环节联系紧密。仓储决策中很多问题都是由末端配送对象的物流服务需求来决定的，因此在很多物流方案的设计中，仓储方案设计是与配送方案设计结合在一起的。

5.1.1 仓储服务体系设计

物流系统的规划与运作模式设计所形成的某个特定的物流系统具有一定的空间网络结构，不同的物流网络结构中各层次的物流节点发挥的作用各不相同，其所包含的物流作业活动也有差别，但总体上来说，货品在网络中流经节点的过程是“进”“存”“销”的活动，即流入节点的活动、节点内的作业活动以及流出节点的活动。仓储服务体系是指货品流经物流节点的各种作业活动的有机组合，是由节点在物流网络中的地位和发挥的功能，以及需要满足的整体物流系统的仓储子系统的物流服务目标决定的，也是物流系统整体服务体系的组成部分。

进行仓储服务体系的设计，首先需要明确物流系统构建的目标，然后在提出的物流总体运作模式基础上，对物流服务的目标和环节进行分解，确定仓储服务的目标，提出仓储服务体系设计的范围和内容。之后，在满足系统化要求的基础上，将服务体系进一步分解为一系列的仓储服务活动。因此，仓储服务体系设计就是将问题分解为一系列可具体操作的满足物流整体目标和仓储具体目标的各种作业活动的组合。

5.1.2 仓储资源整合

仓库是仓储管理中最主要的资源。仓库的类型很多，企业不但要根据自身生产所需的原材料、零配件及产成品的物理化学特性，选用具有合适保管条件的仓库，还要根据生产和销售的规模及入库出库作业要求选择合适的仓库。企业须根据产品周转率、运输与配送的批量与频率以及仓储定额等参数来确定仓储规模。但企业的生产和销售具有一定的波动性和不确定性，如何根据进出仓库的货品的周转规律来获得仓库资源，需要做出决策。一般而言，企业会拥有一定的仓库资源，但能否满足目前及未来仓储规模的需要，是否需要租用或新建仓库等，都要在方案设计中根据实际情况进行计算和论证。而对所能控制的仓库资源，也要进行内外资源的整合，本着经济原则筹措内外仓储资源，必要时可将部分业务外包出去，满足企业对资源的需求。

5.1.3 仓储策略规划与设备配置

所谓仓储策略选择，就是对在仓库内各类货品的存储区域的分配方式做出选择，是采取定置存储还是随机存储，或者选择分类随机存储，需要根据方案要求的仓储管理模式确定。库内作业选择直线形还是L形或U形，也需要根据仓库本身的结构和作业要求来决定。另外，根据各种货品的平均在库时间和周转率来确定在库内是尽可能靠近出入库口摆放还是可以适当远离出入库口摆放等，也都是方案设计中进行仓储策略选择时需要考虑的问题。

另外，库内配置的机械设备也需要在推算装卸搬运量的基础上，根据作业的性质、自动化程度的要求等进行认真论证和计算。仓储设备类型繁多，在配置库内机械设备时，不但要考虑设备种类的匹配，还要考虑各种设备的配置数量与能力的匹配，以及完成提升、平移和传输等不同作业活动的设备类型的匹配。

5.2 仓储方案设计要素分析

5.2.1 仓储布局的基本要素分析（PQRST分析）

仓储布局的基本原始资料主要是关于产品及其生产过程的相关资料，以及其他一些支持生产的辅助服务和时间安排的资料。这些原始资料构成了仓储布局的基本要素，对这些基本要素的分析就是PQRST分析，要素分析是一切仓储方案设计的前提和基础，其分析的要素包括：

1. 产品（product）

存储货品的自然特性要素，指工厂生产的商品、原材料、加工的零件和成品等。这一要素主要影响各作业功能的构成以及相互之间的关系等。

2. 数量或产量（quantity）

存储货品的数量或产量特性，指生产、供应或者使用的商品量。这一要素影响着作业的规模、设备的数量、装卸搬运量、功能区域面积大小等。

3.生产线路或工艺过程（route）

存储的货品在入库、在库和出库管理过程中的路线特性，可用工艺路线图、工艺过程图等表示。这一要素影响着各存储与作业区域之间的联系、搬运路线及库区作业功能区划分等。

4.辅助服务（supporting service）

辅助服务要素是指对存储的货品进行物流增值或流通加工等作业活动，如职能管理、生产辅助、生活服务及仓储等。这些活动直接影响着库内作业区的划分及货品在库内的不同联系方式等。

5.时间安排（time）

时间安排就是时间要素，即各种作业活动从开始到结束所耗用的时间，指在什么时候、用多长时间生产出产品，包括各工序的操作时间、更换批量的次数。其主要影响仓储设施的设备配置、作业人员数量等。

5.2.2 EIQ分析

1.EIQ分析简介

EIQ分析是在PQRST分析的基础上，进行EIQ图表分析，配合交叉分析及其他相关资料做出综合判断，其中，E是指“entry”，I是指“item”，Q是指“quantity”。EIQ分析从客户订单的品项、数量、订货次数等方面出发，进行配送特性和出货特性的分析。

EIQ分析的分析项目主要有EN分析（单张订单出货品项的分析）、EQ分析（单张订单出货数量的分析），IQ分析（单一品项出货总数量分析）及IK分析（单一品项出货总次数分析）。EIQ分析是根据以上四个分析项目的结果进行综合考量，为配送中心提供规划依据。各类分析项目的内容、目的见表5-1。

表5-1　EIQ分析中各类分析项目的内容、目的

分析项目	分析内容	目的
EN	单张订单出货品项的分析	研究订单对拣选设备及作业能力的要求
EQ	单张订单出货数量的分析	研究订单对货物搬运作业能力的要求
IQ	各单一品项出货总数量分析	研究出货的拆零比例
IK	各单一品项出货总次数分析	对拣选作业频率的统计，主要决定拣选作业方式和拣选作业区的规划

2. EIQ分析的一般步骤与图表分析的方法

EIQ分析的步骤大致为：一是资料收集、取样；二是各项分析图表的制作；三是解读EIQ分析资料；四是EIQ分析资料的应用。

其中步骤二各项分析图表的制作，是量化资料分析过程中最重要的步骤。常用的有三种分析方法，分别是：柏拉图分析法、次数分布图法和ABC分析法。

（1）柏拉图分析法

将订单或单品品项出货量排序后绘图（EQ、IQ图），并将其累计量以曲线表示出来，即为柏拉图（如图5-1所示）。

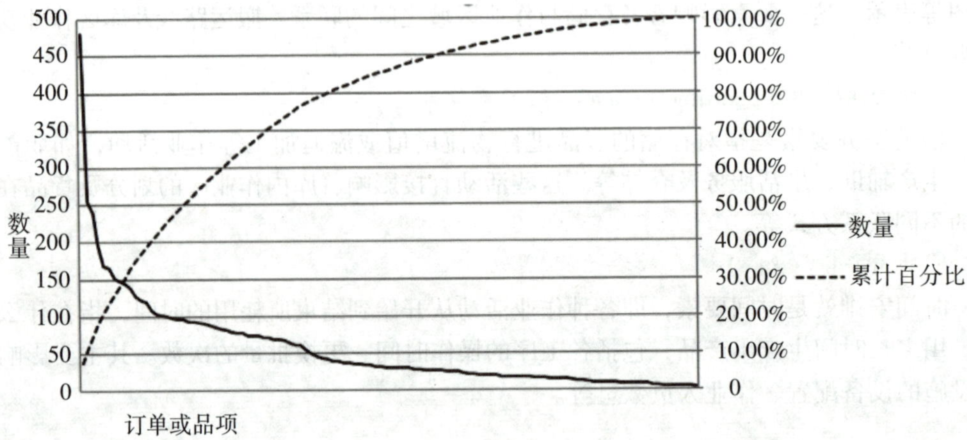

图5-1 柏拉图分析示意图

（2）次数分布图法

为了进一步了解产品出货量的分布情形，可将出货量范围作适当的分组，并计算各产品出货量出现于各分组范围内的次数，形成次数分布图（如图5-2所示）。

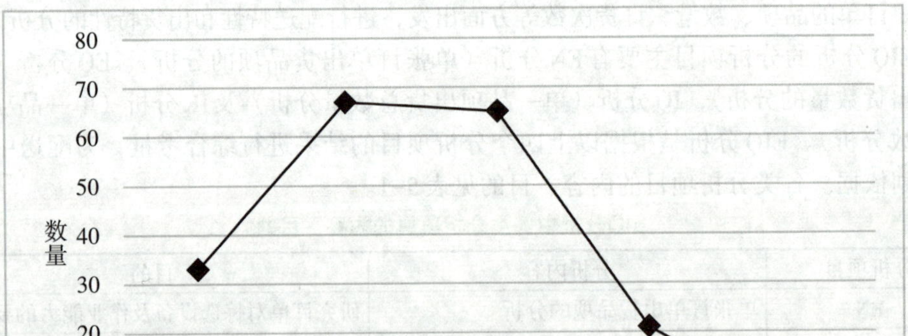

图5-2 次数分布示意图

（3）ABC分析法

在制作EN、EQ、IQ、IK等统计分布图时，也可用ABC分析法进一步将特定比例的主要订单或产品找出来，以作进一步分析及重点管理。通常先以出货量排序，根据占前

20%及50%的订单件数（或品项数），计算出所占出货量的百分比，并作为重点管理的依据。ABC分析示意图如图5-3所示。

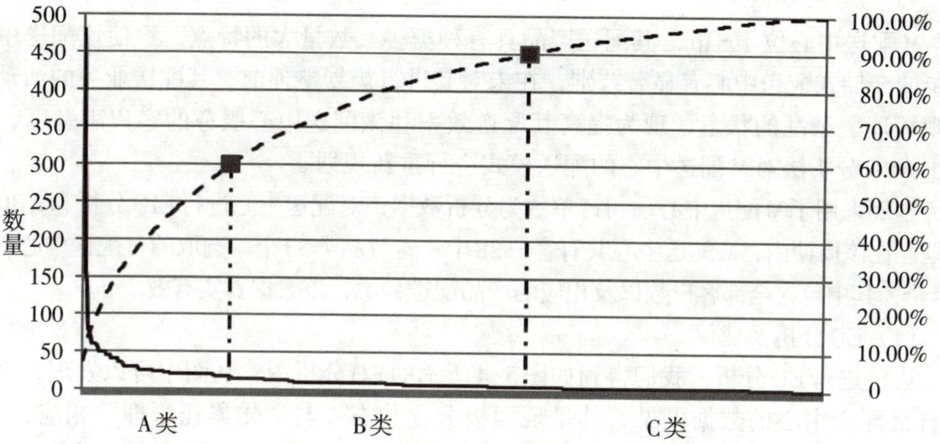

图5-3 ABC分析示意图

3.资料的收集和取样

EIQ资料的分析，既有一天、一个月的分析，也有一年的分析。若EIQ的资料量过大不易处理，通常可依据物流中心的作业周期性，先取一个周期内的资料加以分析，若有必要再进行更详细的资料分析。不管采用何种分类、抽样方式进行资料取样，皆须注意所取样的资料是否能代表全体的状态。

4.各项分析图表的分析和应用

（1）EN（单张订单出货品项）分析

EN分析主要分析订单订购品项数的分布，对于订单处理的原则及拣货系统的规划有很大的影响，并会影响出货方式及出货区的规划。通常需配合总出货品项数、订单出货品项累计数及总品项数三项指标综合进行分析。

（2）EQ（单张订单出货数量）分析

EQ分析主要分析单张订单订购量的分布情形，可用于决定订单处理的原则、拣货系统的规划，并会影响出货方式及出货区的规划。

（3）IQ（单一品项出货总数量）分析

IQ（单一品项出货总数量）分析主要分析各类产品出货量的分布状况、产品的重要程度与运量规模，可用于仓储系统的规划选用、储位空间的估算，并会影响拣货方式及拣货区的规划。

（4）IK（单一品项出货总次数）分析

IK（单一品项出货总次数）分析主要分析产品类别出货次数的分布，对于了解产品类别的出货频率有很大的帮助，其主要功能是配合IQ分析决定仓储与拣货系统的选择。

当储存、拣货方式已决定后，有关储区的划分及储位配置，均可以将IK分析的结果作为规划参考的依据，进而确定储位配置原则。

5.EIQ分析实例

M配送中心位于S市，其配送产品具有种类多、数量大的特点，致使该配送中心同传统的仓储式配送中心有显著差别，在未对其进行规划整理前，其配送业务的活动模式呈现烦琐、杂乱的状态，现为提高其配送效率和该配送中心服务的客户满意度，通过EIQ-ABC分析法对M配送中心的配送模式进行重新规划。

本例采用了M配送中心一旬订单数为分析数据，对配送中心进行EIQ分析和ABC分类规划，在该周期内，M配送中心共有客户28个，送货品类33个。选取的M配送中心数据达434个，其中包含全部客户数以及相应的产品配送种类，该数据真实有效。

(1) EQ分析及建议

通过进行EQ分析，我们得到如图5-4所示的EQ分析图，从图中可以发现，由这组来自M配送中心的数据可见，其呈现两极分化状态，与“帕累托原理”相应，因此，我们可以建议该配送中心将占据八成订单量的两成客户分划为A类客户，对其进行重点管理，剩余部分划分为B、C两类，管理力度可相应降低。

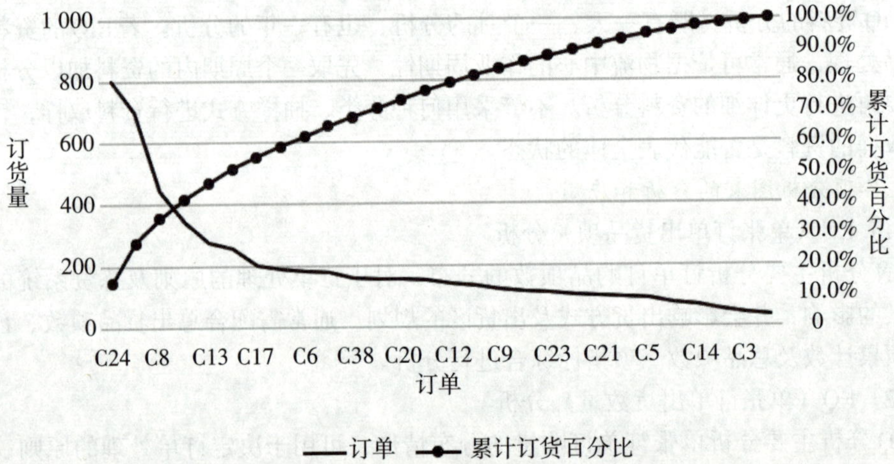

图5-4 EQ分析图

(2) EN分析及建议

EN分析图的趋势和EQ分析图基本重合，与“帕累托原理”相符，因此建议在进行货物配送时，采用批量订单处理（播种式）法，有效减少货物的拣选次数，从而提高该配送中心的拣货效率。

(3) IQ分析及建议

从IQ分析图（图5-5）可以发现，C20、C25、C19、C6、C11这几种货物在该配送中心配送数量极大，可以将其定位为配送中心的A类货品，因为其配送量、货运量都很大，所以应该将它们安排在接近配送中心出口的位置或易于作业的位置，从而提高配送中心的拣货作业效率。其余货品则可依次划分为B、C类，进行相应的分拣作业。

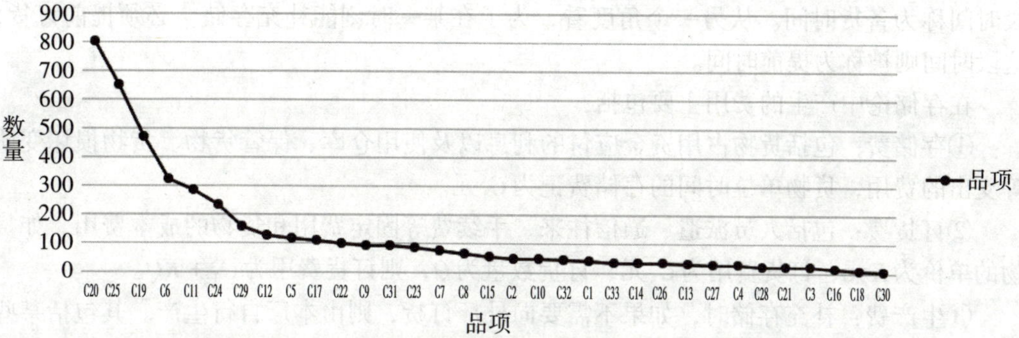

图5-5 IQ分析图

（4）IK分析及建议

从IK分析图（图5-6）可以得知，货品C11、C6、C24、C19、C20、C17被客户选订的频率最高，M配送中心出货次数也最高，这几类货品经手频繁，若其订货数量同样繁多，则可将其定义为A类货品，重点对待。

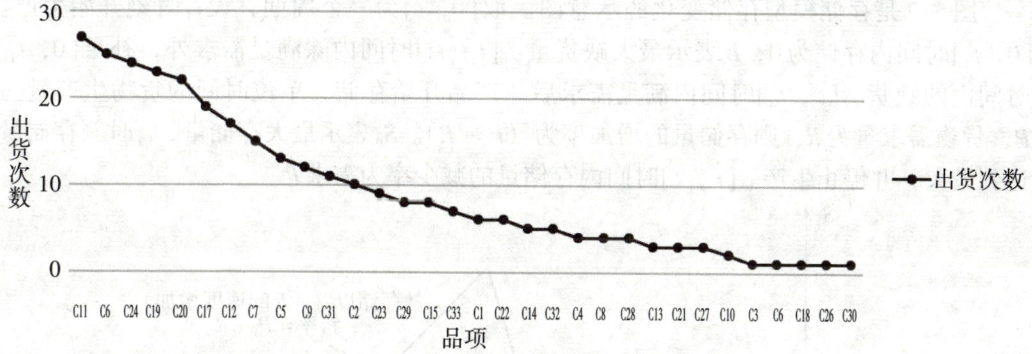

图5-6 IK分析图

5.2.3 仓库存储决策优化

在上一小节中，我们基于订单信息，对仓库设备作业能力、仓库的进出库规则以及拣货顺序与配送路径等要素进行了分析，并基于柏拉图分析、次数分析、ABC分析等方法，确定了仓库主要的订单与产品。本小节将介绍基本的存储模型，以便于为仓库确定不同产品的存储规模提供决策支持。

存储论需要解决的问题是：多长时间补充一次库存，每次补充的数量应该是多少。决定多长时间补充一次以及每次补充数量的策略被称为存储策略。存储论中的需求指的是运营者每经历一定时间，需要从存储中取出的一定数量。有些需求是间断式的，有些需求是连续均匀的；有些需求是确定性的（合同客户），有些需求是随机性的（现货市场）。

存储由于需求不断减少，必须加以补充，补充就是存储论的输入，补充的办法可以是工厂生产也可以是向其他工厂购买，从订货到货物进入存储往往需要一段时间，把这段时间称为备货时间。从另一个角度看，为了在某一时刻能补充存储，必须提前订货，这段时间则被称为提前时间。

在存储论中产生的费用主要包括：

①存储费：包括货物占用资金应付的利息以及使用仓库、保管货物、货物损坏变质等支出的费用，货物单位时间的存储费记为C_1元。

②订货费：包括人员派遣、通信往来、手续费等固定费用和货物的成本费用。如货物的单价为K元，订货费用为C_3元，订货数量为Q，则订货费用为C_3+KQ。

③生产费：补充存储时，如果不需要向外厂订货，则由本厂自行生产。其包括某些专用设备使用的固定费用C_3，以及与生产产品数量有关的材料费、加工费等可变费用。

④缺货费：当存储供不应求时所引起的损失。如失去销售机会的损失、停工待料的损失以及不能履行合同而缴纳的罚款等，货物单位时间的缺货费记为C_2元。

本小节主要介绍需求确定情况下，允许缺货（需补足缺货）、生产需一定时间的存储模型。

图5-7是存储模型存储变化的示意图。取$[0,\ t]$为一个周期，设t_1时刻开始生产。$[0,\ t_2]$时间内存储为0，B表示最大缺货量。$[t_1,\ t_2]$时间内除满足需求外，补足$[0,\ t_1]$时间内的缺货。$[t_2,\ t_3]$时间内满足需求后，产品开始存储，单位时间的货物生产量为P，货物需求量为R，则存储量的增加率为（$P-R$）。S_0表示最大存储量，t_3时刻存储量达到最大，并停止生产。$[t_3,\ t]$时间内存储量的减少率为需求R。

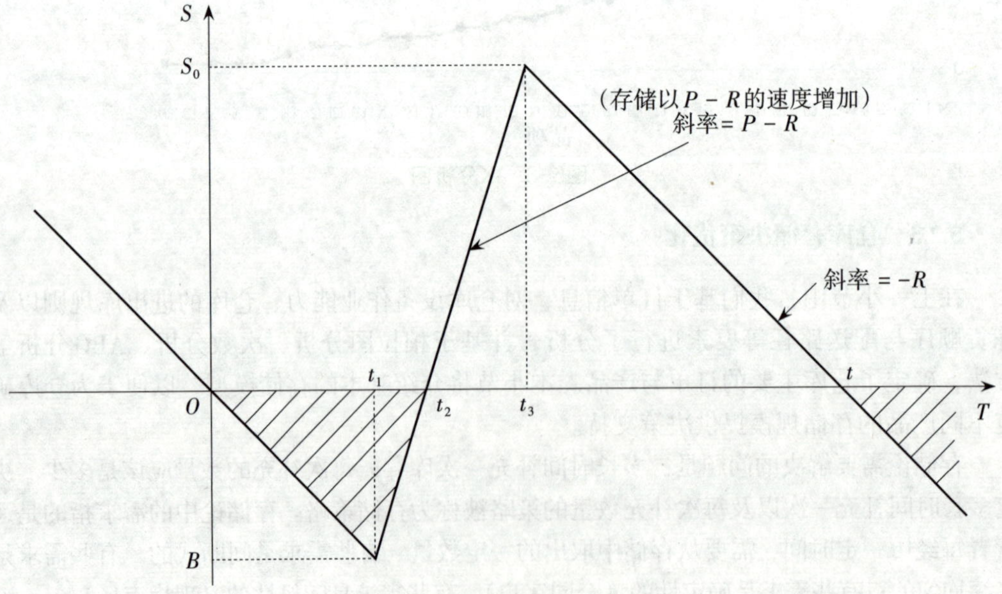

图5-7　存储变化示意图

由图5-7可知：最大缺货量$B=Rt_1$，或$B=(P-R)(t_2-t_1)$。即$Rt_1=(P-R)(t_2-t_1)$，得：

$$t_1=\frac{P-R}{P}t_2 \tag{5.1}$$

最大存储量$S=(P-R)(t_3-t_2)$或$S=R(t-t_3)$，即$(P-R)(t_3-t_2)=R(t-t_3)$，得：

$$t_3=\frac{R}{P}t+(1-\frac{R}{P})t_2 \quad 或 \quad t_3-t_2=\frac{R}{P}(t-t_2) \tag{5.2}$$

在[0，t]时间内所需费用：

存储费：$\frac{1}{2}C_1(P-R)(t_3-t_2)$，将（5.2）代入消去$t_3$得$\frac{1}{2}C_1(P-R)\frac{R}{P}(t-t_2)^2$。

缺货费：$\frac{1}{2}C_2Rt_1t_2$，将（5.1）代入消去t_1得$\frac{1}{2}C_2R\frac{(P-R)}{P}t_2^2$。

装配费：C_3。

在[0，t]时间内总平均费用为：

$$C(t,t_2)=\frac{1}{t}\left[\frac{1}{2}C_1\frac{(P-R)R}{P}(t-t_2)^2+\frac{1}{2}C_2\frac{(P-R)R}{P}t_2^2+C3\right]$$

$$=\frac{1}{2}\frac{(P-R)R}{P}\left[C_1t-2C_1t_2+(C_1+C_2)\frac{t_2^2}{t}\right]+\frac{C_3}{t}$$

$$\frac{\partial C(t,t_2)}{\partial t}=\frac{1}{2}\frac{(P-R)R}{P}\left[C_1+(C_1+C_2)t_2^2(-\frac{1}{t^2})\right]-\frac{C_3}{t^2} \tag{5.3}$$

$$\frac{\partial C(t,t_2)}{\partial t_2}=\frac{1}{2}\frac{(P-R)R}{P}\left[-2C_1+2(C_1+C_2)t_2\cdot\frac{1}{t}\right] \tag{5.4}$$

令$\frac{\partial C(t,t_2)}{\partial t}=0$，$\frac{\partial C(t,t_2)}{\partial t_2}=0$，

由（5.4）得：

$$t_2=\frac{C_1}{C_1+C_2}t \tag{5.5}$$

由（5.3）得：$\frac{1}{2}\frac{(P-R)R}{P}\left[C_1+(C_1+C_2)t_2^2(-\frac{1}{t^2})\right]-\frac{C_3}{t^2}=0$，将（5.5）代入上式消去$t_2$得：

$$\frac{1}{2}\frac{(P-R)R}{P}\left[C_1-(C_1+C_2)\frac{C_1^2}{(C_1+C_2)^2}\right]-\frac{C_3}{t^2}=0$$

$$\frac{1}{2}\frac{(P-R)R}{P}\left[\frac{C_1^2+C_1C_2-C_1^2}{C_1+C_2}\right]-\frac{C_3}{t^2}=0$$

$$t^2=\frac{2P(C_1+C_2)C_3}{C_1C_2(P-R)R}$$

$$t=\sqrt{\frac{2C_3}{C_1R}}\sqrt{\frac{C_1+C_2}{C_2}}\sqrt{\frac{P}{P-R}}$$

可记作t_0。

由（5.5）可得：

$$t_2=\frac{C_1}{C_1+C_2}t_0=\frac{C_1}{C_1+C_2}\sqrt{\frac{2C_3}{C_1R}}\sqrt{\frac{C_1+C_2}{C_2}}\sqrt{\frac{P}{P-R}}$$

依数学分析的知识可以断定$C(t, t_2)$在$t=t_0$，$t_2=\frac{C_1}{C_1+C_2}t_0$时有最小值。

相应地得到：

$$t_0=\sqrt{\frac{2C_3}{C_1R}}\sqrt{\frac{C_1+C_2}{C_2}}\sqrt{\frac{P}{P-R}} \tag{5.6}$$

$$Q_0=Rt_0=\sqrt{\frac{2C_3R}{C_1}}\sqrt{\frac{C_1+C_2}{C_2}}\sqrt{\frac{P}{P-R}} \tag{5.7}$$

$$\begin{aligned}S_0(\text{最大存储量})&=R(t_0-t_3)=R(t_0-\frac{R}{P}t_0-\frac{P-R}{P}t_2)\\&=R(t_0-\frac{R}{P}t_0-\frac{P-R}{P}\cdot\frac{C_1}{C_1+C_2}t_0)\\&=R\frac{P-R}{P}\frac{C_2}{C_1+C_2}t_0\\&=\sqrt{\frac{2C_3R}{C_1}}\sqrt{\frac{C_2}{C_1+C_2}}\sqrt{\frac{P-R}{P}}\end{aligned} \tag{5.8}$$

$$\begin{aligned}B_0(\text{最大存储量})&=Rt_1=\frac{R(P-R)}{P}t_2\\&=\sqrt{\frac{2C_1C_3R}{(C_1+C_2)C_2}}\sqrt{\frac{P-R}{P}}\end{aligned} \tag{5.9}$$

$$\min C(t_0, t_2)=C_0=\sqrt{2C_1C_3R}\sqrt{\frac{C_2}{C_1+C_2}}\sqrt{\frac{P-R}{P}} \tag{5.10}$$

综上所述，企业在进行仓储方案设计时，可依据此模型，为每一种货物或订单做出订货计划和存储方案的决策，并为后续仓储服务区面积规模与服务能力的估算提供前置条件。

5.2.4 仓储服务区面积规模与服务能力估算

仓储服务区主要用于货物的存放保管和分拨配送，其所需用地面积主要由货物存放占用面积、库内通道、货架之间间隔、装卸作业区、配货区等组成。其面积估算模型为：

$$S=\frac{katQ}{pT}$$

式中：S——仓储区面积；

k——仓储配套系数；

a——日均仓储配送作业不均衡系数；

t——货物平均堆存期；

Q——年度货物周转量；

p——单位面积处理量；

T——年工作天数。

根据对仓储作业量的预测以及结合仓库有关数据推算出的上述参数取值，可以估算仓储功能区所需的用地面积。

5.3 仓储布局规划方法

5.3.1 系统化布局（SLP）概述

SLP方法是系统化的仓储设施布局方法，以物流距离分析为基础，分析仓储设施内各功能区域间的物流相关性和活动相关性，根据分析结果进行仓储设施作业区域的空间规划和平面规划。

系统布局设计流程图如图5-8所示，从分析原始资料开始，然后按图中所示的10个步骤逐步进行。

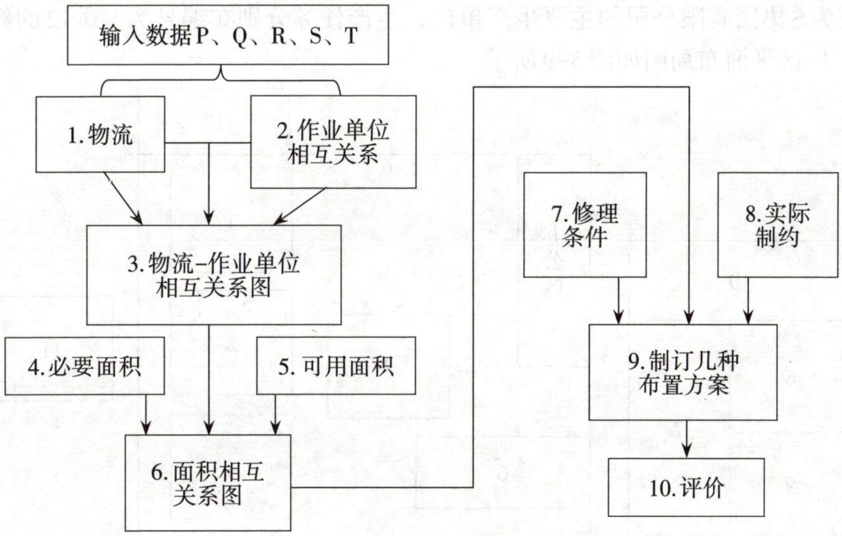

图5-8 系统布局设计流程图

原始资料的分析，主要是PQRST分析。这对实际的布局设计而言是重要的准备工作。

在设施布局中，物流是布局设计最重要的方面。按照物料移动的顺序，可以得到一个流程图，来表明生产部门之间的物流关系。将其和作业单位相互关系结合起来，可以构成一个“物流和作业单位相关图”。这个相关图只分析了位置上的关系，没有涉及实际面积。结合可用面积的分析，得出允许采用的面积。把它附在作业单位相关图上，形成面积相关图。这是一个基本布局图，而不是有效的布局图。

在综合考虑各种修正因素和限制条件以后，要对基本布局图进行修正，经过筛选，形成若干个可供选择的方案。

最后，对备选方案进行比较和评定，选出一个方案，即完成了阶段的工作。

5.3.2 经济单元相互关系分析

经济单元相互关系分析，是从物流量着手，分析工厂内各个经济作业单元的相互关联程度，是设施布局的前提。其目的是，通过记录零件在生产过程中在整个工厂中的移动路径，尽力使零件的移动距离、返回次数、交叉运输、生产费用等最小。

经济单元相互关系分析可采用从至表法（from-to chart）或相互关系图法（relationship chart）。

1.从至表法

当产品或零件非常多时，可以用从至表进行分析。从至表通常用以表示建筑物之间、部门之间或机器之间的物流强度，如计入作业单位之间的距离，可以表示作业单位之间的物料搬运总量。运用从至表，可以一目了然地进行作业单位之间的物流分析。举例如下：

A厂为S集团有限公司的主要生产单位，生产任务分别在编号为1到12的经济单元内完成，厂区平面布局图如图5-9所示。

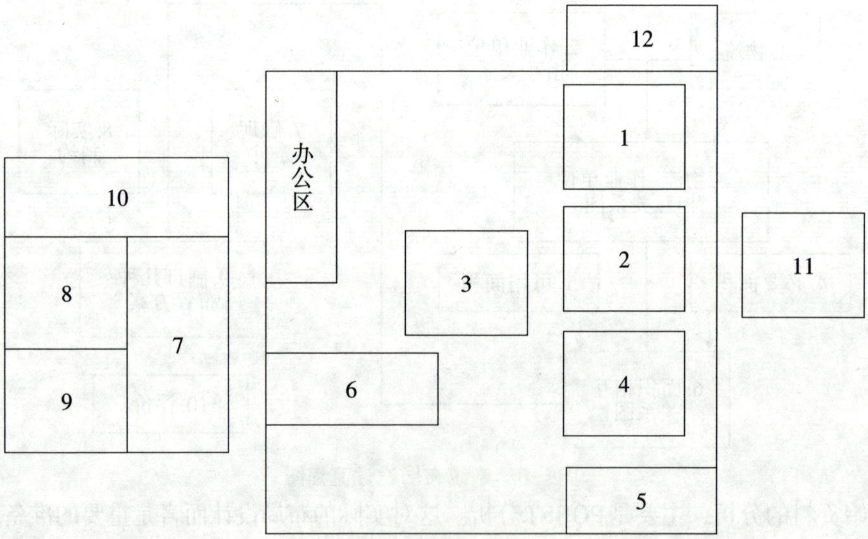

图5-9 A厂厂区平面布局图

（1）制成从至表

表5-2为物流强度F_{ij}从至表，表5-3为作业单位距离D_{ij}从至表，表5-4为系统量距积和$S(F \times D)$。

表5-2 物流强度F_{ij}从至表

序号	1	2	3	4	5	6	7	8	9	10	11	12
1				25							24	
2			5								4.5	
3				24.5		20						
4						30	27.5					
5						30						
6												
7								27				
8									26.5			
9												26
10												26
11												
12												

表5-3 作业单位距离D_{ij}从至表

序号	1	2	3	4	5	6	7	8	9	10	11	12
1				20							30	
2			5								15	
3				5		5						
4						15	30					
5						10						
6												
7								5				
8									5			
9												60
10												40
11												
12												

表5-4 系统量距积和S

序号	从至	物流量 F_{ij}	距离 D_{ij}	$S_{ij}=F_{ij}\times D_{ij}$
1	11-1	24	30	720
2	1-4	25	20	500
3	11-2	4.5	15	67.5
4	2-3	5	5	25
5	3-4	24.5	5	122.5
6	5-6	30	10	300
7	6-3	20	5	100
8	6-4	30	15	450
9	4-7	27.5	30	825
10	7-8	27	5	135
11	8-9	26.5	5	132.5
12	9-12	26	60	1 560
13	12-10	26	40	1 040
S				5 977.5

（2）物流强度和作业单位距离分析

根据表5-4，绘制物流距离图如5-10所示。图中处于Ⅱ、Ⅲ区域的搬运是不合理的，因为物流量大、距离长。这样的搬运为9-12、12-10、4-7、1-11、1-4。

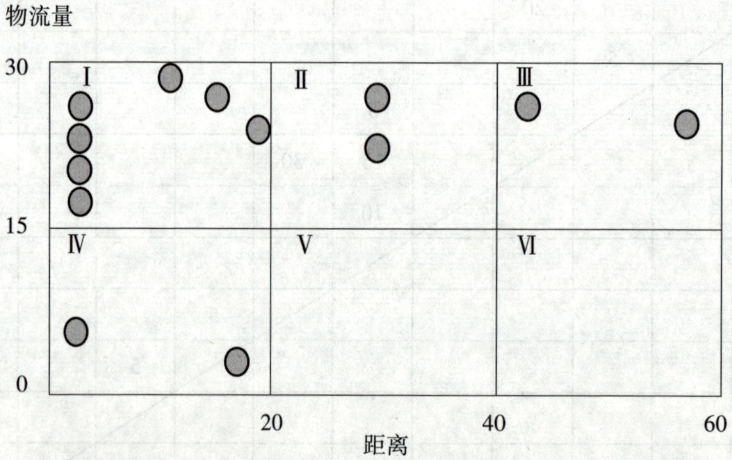

图5-10 F-D图

（3）改进流程图

对上述位置不合理的作业单位进行布局调整，使物流量大的作业单位尽量靠得近些，由此得到图5-11。

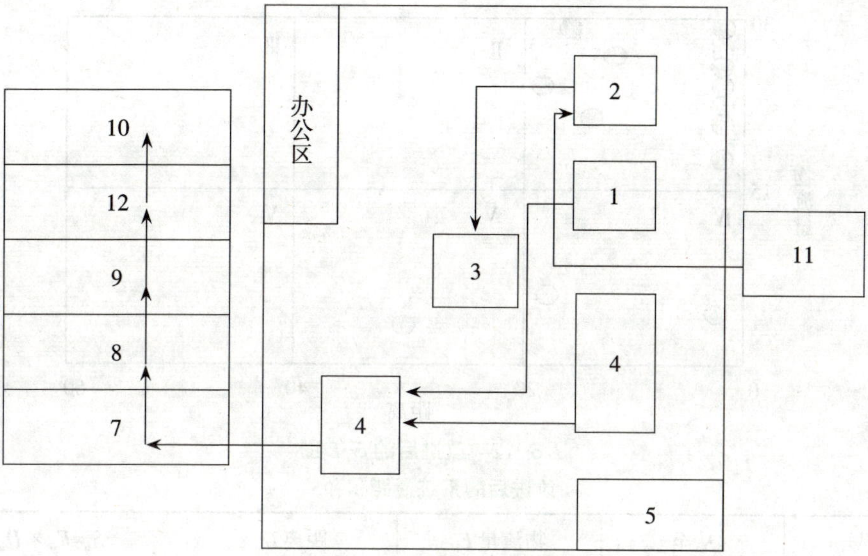

图5-11 改进后的平面布局图

改进后，各个作业单位之间的距离从至表见表5-5，改进后的物流量-距离图如图5-12所示。改进后的系统量距积和S见表5-6。

表5-5 改进后的距离D_{ij}从至表

序号	1	2	3	4	5	6	7	8	9	10	11	12
1				20							15	
2			20								30	
3				5		5						
4						15	10					
5												
6												
7								5				
8									5			
9												5
10												5
11												
12												

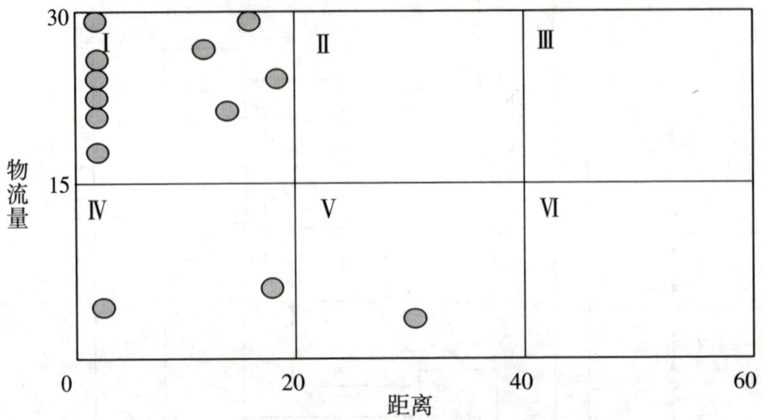

图5-12 改进后的F-D图

表5-6 改进后的系统量距积和S

序号	从至	物流量F_{ij}	距离D_{ij}	$S_{ij}=F_{ij}\times D_{ij}$
1	11-1	24	15	360
2	1-4	25	20	500
3	11-2	4.5	30	135
4	2-3	5	20	100
5	3-4	24.5	5	122.5
6	5-6	30	5	150
7	6-3	20	5	100
8	6-4	30	15	450
9	4-7	27.5	10	275
10	7-8	27	5	135
11	8-9	26.5	5	132.5
12	9-12	26	5	130
13	12-10	26	5	130
S				2 720

从改进后的F-D图（图5-12）可以看出：改进后再没有搬运作业处于Ⅱ、Ⅲ区域内，这样的物流系统是合理的。经过改进后系统量距积和S从5 977.5当量吨米下降到了2 720当量吨米，下降了3 257.5当量吨米。如果按每单位1元计算的话，可节约成本

3 257.5元。由此可见物流作为第三利润源的重大意义。

2.相互关系网格图法

对于布局设计，还可以运用相互关系图进行经济单元间相互关系的分析，即将各经济单元相互的关系结合在一张网格图上。

相互关系图（relationship chart）简称相关图，其列出所有的作业单位，每个菱形框格表示相应的两个作业单位之间的关系，关系重要程度分类及代号、分值见表5-7。

表5-7 关系重要程度分类及代号、分值

重要程度分类	代号	量化分值
绝对必要	A	6
特别重要	E	5
重要	I	4
一般	O	3
不重要	U	2
不能接近	X	1

下面以B厂为例，其经济单元相关关系图如图5-13所示。

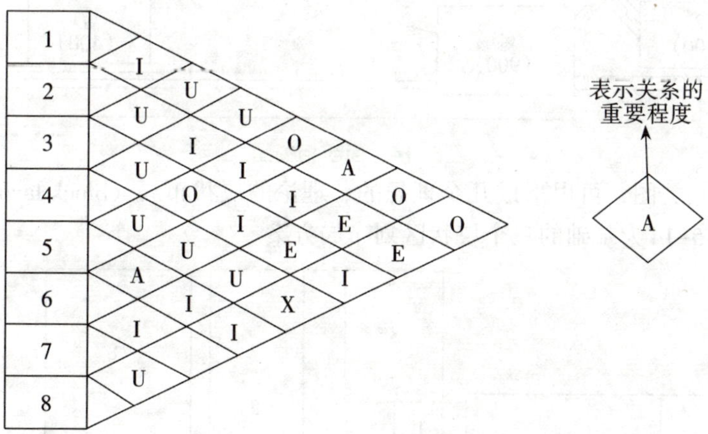

图5-13 作业单位相互关系图

计算出每一经济单元的合计分值，如1号经济单元的分值计算方法为：“A”级分值×1+“E”级分值×0+“I”级分值×1+“O”级分值×3+“U”级分值×2+“X”级分值×0=6×1+5×0+4×1+3×3+2×2+1×0=23分，同理计算出其他所有经济单元的合计分值，分别为：6——32分、2——28分、5——26分、7——25分、8——25分、3——22分、4——15分。

据此，就可以进行布局。评分值最高的单元一般应尽可能地安排在中心区域，再按积分高低和相关重要程度顺序在它的周围布局其他单元。

本例中，6号单元评分最高，应安排其在中心区域，返回相互关系图中发现，与6号单元关系最密切的是1号和5号两个单元，同时评分第二高的是2号单元，所以这三个单元应综合考虑，将其安排在6号单元周围。

5.3.3 面积相互关系图解

在作业单位的相互关系确定以后，需要按它们的面积进行位置安排。把面积和物流结合起来，在图上把每一个经济单元用合适比例画出，并标明面积，绘制出面积相互关系图（space relationship diagram），简称面积相关图（如图5-14所示）。

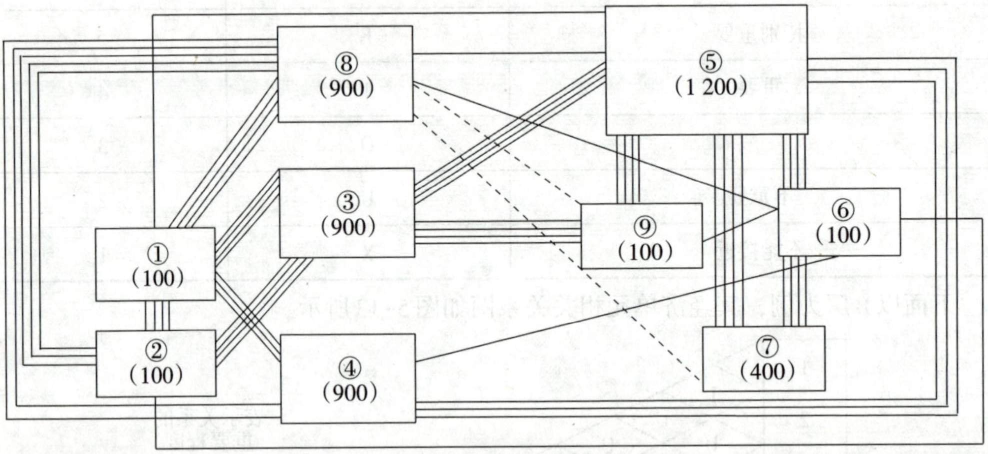

图5-14 面积相关图

根据面积相关图，可以形成几个理想的、理论的块状布局（block layout）方案。图5-15就是以图5-14为基础的三个块状区划布局方案。

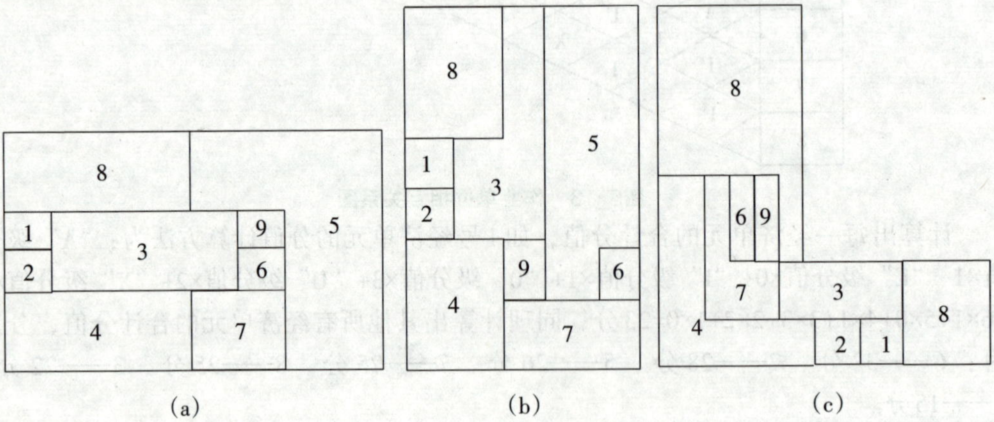

图5-15 块状区域布局方案

5.3.4 调整与修改

要使面积相关图成为合格的方案，还需要考虑实际条件的限制并进行调整和修正。调整和修正需要考虑以下几个方面的情况：

①场址条件或周围情况，包括地面坡度、主导风向、朝向，铁路、公路的出入口等。

②搬运方法，包括与外部运输的连接、搬运的总体方案、搬运方式、搬运设备等。

③仓库设施。

④建筑特征，包括建筑立面、门窗形式、高度、地面负荷等。

⑤公用及辅助部门，包括公用管线、维修等部门所需办公面积等。

⑥人员的需要，包括工厂出入口的分布，更衣室、休息室的位置，以及安全、方便、通信问题等。

在考虑系统布局时，常常遇到一些对设计有约束作用的修正因素，这些因素叫作实际条件的限制。例如，原有的建筑、现有的搬运方法、不宜变动的管理方法等，限制了理想布局的实现。企业方针、建筑规范、资金不足等，也是影响布局的重要限制条件。在处理这些修正因素时，会产生重新安排面积的考虑。例如，在布局中希望设置一条高度同步化的自动输送带系统，但实际条件可能是它阻断了车道，这就抵消了其具有的优点，因此要考虑舍弃这种布局方案。

5.4 仓储作业流程设计

不同的物流网络结构所要实现的目标不尽相同，节点设施在物流网络中所处的地位和发挥的作用也不相同，因此，由物流网络整体运作模式、节点在物流网络中的位置以及仓储管理的目标决定的仓储作业活动的模式和内容也各不相同。尽管如此，一般来说，仓储作业流程一般都可以归结为："进"（入库管理）、"存"（在库管理）和"销"（出库管理），相应地在方案设计中体现的是入库作业流程设计、在库作业流程设计和出库作业流程设计。

在经过基础资料的分析与基本条件设定之后，即可针对物流节点的特性作进一步的分析及讨论，并制定合理的作业流程，作为后续设备选用及空间规划的参考。仓储作业分类的原则，是以货品储运单位的转换与否及作业特性的分类为主。作业流程的分析程序可利用作业流程分析图来进行，逐步将操作、搬运、检验、暂存、储存、保管等不同性质之工作加以分类，并将各作业阶段的储运单位及作业数量加以整理统计，标示该作业所在区域，即可得出各项物流作业之物量大小及分布。

完成各项作业流程的基本分析后，即可进行作业流程的合理化分析，找出作业中不合理及不必要的作业，如果能精简在仓储作业中可能出现的计算、处理单位，则可以提高实际作业与运转的效率，减少重复堆栈搬运、翻堆、暂存等作业。如果储运单位过多而不易规划，可将各作业单位予以归并及整合，避免内部作业过程中储运单位过多的转换。在规划过程中，除了进货与出货作业受上下游厂商需求及送货特性限制外，内部储运单位通常可由规划设计者决定，而其他方面如容器的流通与标准化，则需要与相关的企业协商开发。

完成作业流程规划后即可针对仓储管理的特性规划各作业区域的功能及具体物流活动。仓储作业流程设计就是根据某个特定仓库的仓储和作业规划的要求，以及其所涉及的各种作业活动的类别、特性，设计操作性强的标准化作业流程。仓储管理涉及的主要作业活动如下：

1.一般物流作业活动

车辆进货：货品由运输车辆送入仓库并停靠于卸货区域。

进货卸载：货品由运输车辆卸下。

进货点收：进货货品清点数量及品质检验。

理货：进货货品拆箱或堆叠以便入库。

入库：货品搬运送入仓储设备区域存储。

补货：货品从仓储区域移送至拣货区域或调整储存位置。

订单拣取：按订单需要内容与数量拣取出货品。

分类：在批次拣选作业下按客户将货品分类搬运输送。

集货：在订单分割拣选之后集中所需货品。

其他：品质检验、流通加工、出库理货与配载、送货等。

2.在库管理作业活动

盘点：按照盘点制度定期或随时对库内货品进行盘点。

到期货品处理：对即将到期或已经到期的货品作分类标示及处理作业。

移库与储位调整：按照需求变动与品项变化调整仓储区域与储位分配。

3.流通加工作业活动

拆箱作业：在有单品需求的时候进行拆箱及批量分割作业。

包装：按照客户需求将货品另行包装，可以是同种多个，也可以是多种多个。

出库称重：送货配送等活动如需按重量计费，则对出库货品进行称重。

条码及标签打印贴附：根据需要对出库货品外箱或外包装贴附条码或标签。

4.退换货、补货作业

退货处理：退货卸载点收，按照退货时货品的状况（优良品、瑕疵品、废品）进行分类处理，然后根据客户要求进行换货、补货处理，或取消与客户的交易订单。

误差责任确认：对产生退换货的责任进行认定，作相应的处理。

零星补货：对少量订单需求或零星补货进行拣选、包装及送货。

5.其他辅助仓储作业活动

这些活动包括车辆和货物的出入管制、装卸车辆停泊、容器回收与暂存等辅助作业。

5.5 仓储方案设计实例

5.5.1 S集团产成品存储策略概述

为了实现前述产成品分拨运输方案，需要中央仓库及周边仓库在一定程度上调整存储的策略及方式，改变只按产品类型规格存储的方式，采取按照不同地区、不同RDC预先存储的要求，根据产品的未来流向及存储的方式确定中央仓库及周边仓库的存储类型和规格，以达到顺畅衔接下一步分拨运输的目的。

S集团产成品存储策略：在确定合理库存规模的基础上，考虑产成品需求的特点和流向，确定产成品的各种类型、规格需求的区域相关性，配合产成品分拨运输方案，将产品需求区域相关性强的类型和规格进行集中储存，然后按照产成品分拨运输方案设计的方式向各需求点或RDC/单点直送仓库进行分拨运输。

存储策略及仓库整合方案设计的具体方式是，根据自建立物流管理信息系统以来的出入库记录，统计中央仓库及周边仓库每日各种类型和规格的产品的入库、出库数据，计算各种类型产品库存持有量的变化趋势，根据产品库存持有量的变化确定合理的库存规模，采用回归的方法计算出合理的库存面积，再根据目前S集团物流运作及目前所拥有的仓库的具体情况，对现有仓库进行整合，选择符合方案设计中产品存储需要的适当规模的仓库。在选定仓库的基础上，根据不同区域客户需求点的需求及RDC预先压货存储要求及模式，指派具体仓库存储的主要产品类型和对应的主要服务区域，存储下线的产品。

5.5.2 合理仓储规模的确定

S集团的存储设施从生产地到需求地的层级库存结构中，包括中央仓库、周边库、直属库和配套库等，按照方案实施的要求还包括处于中间位置的区域物流中心，这些仓库在保证产品顺畅流通的过程中起着不同的作用。从产品的流动过程来看，产品从生产线下来后都需要经过中央仓库或周边库的集中存储，区域物流中心实质上是集中区域在周期内的需求，发挥库存集中存储以提高对客户的满足率的作用，此外，由于其相对接近客户的地理位置，也能满足客户对服务时间的要求。而直属库和配套库由于处于需求点的位置，因此，能够直接满足客户的需要。方案设计的这一部分内容的主要研究对象是W市的中央仓库和周边仓库，根据入库和出库的变化趋势来确定合理的存储规模和仓库面积。

1.仓库的存储规模及面积

S集团在W市使用中的自有及租用的各类仓库设施有15个，通过表5-8可以看出仓库的总容量达972 500套，总面积达139 921平方米。根据历史数据，仓库的存储量大约在70万套。

表5-8　现有周边库存储规模及面积

仓库名称		面积（平方米）	容量（套）			
			X	B	Q	合计
中央库	四号	6 000			20 000	20 000
	五号	2 000		22 000		22 000
	北库	18 600	68 000			68 000
岛字库		40 000	50 000	40 000	50 000	140 000
海字库		14 400		120 000	41 000	161 000
		12 437		100 000	33 000	133 000
埠字库		7 408		120 000		120 000
港字库		13 946	18 000		75 000	93 000
曲字库		3 450			3 000	3 000
天字库		5 100 2 080	2 500	20 000		22 500
岛字二库		2 500	10 000			10 000
废次品库		12 000				180 000
合计		139 921	148 500	422 000	222 000	972 500

2.合理存储规模及仓库面积确定

合理确定存储规模及仓库面积对节约物流运作成本有非常重要的作用。而仓库的容量受到存储周期、单位存储量变化的影响，因此，我们建立如下仓储模型确定仓库的存储容量：

最大仓库存储容量模型：

$$Q_{\max} = \sum(D_i \cdot T + |U_i - L_i|)$$

式中：Q_{max}——最大库存保有量；

D_i——第i种类别的产品的平均每天出库量；

T——补货周期；

U_i、L_i——第i种类别的产品出入库变化的最高值和最低值（i=Q，B，X，G）。

图5-16至图5-19给出了17个月的Q、X、B和G持有库存变化情况，表5-9给出了各类产品的平均出库量和库存持有量变化的最高值、最低值。

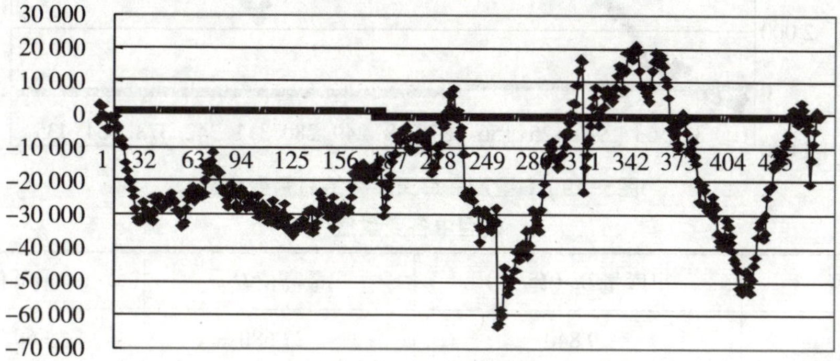

图5-16 Q型产品每天库存持有量变化图

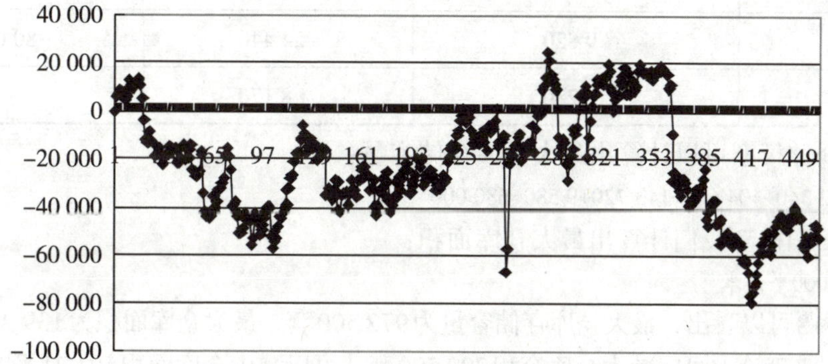

图5-17 X型产品每天库存持有量变化图

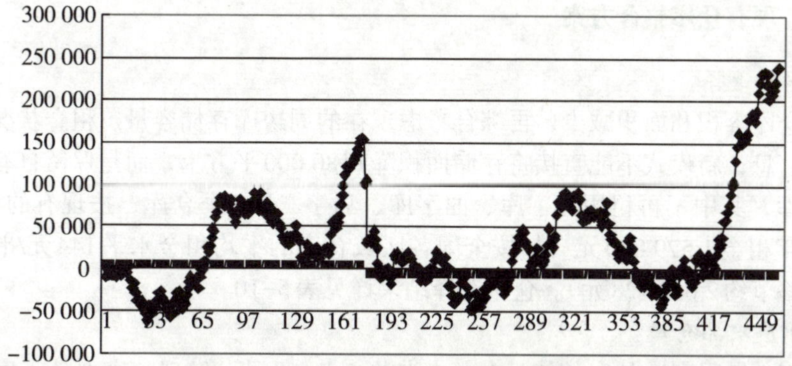

图5-18 B型产品每天库存持有量变化图

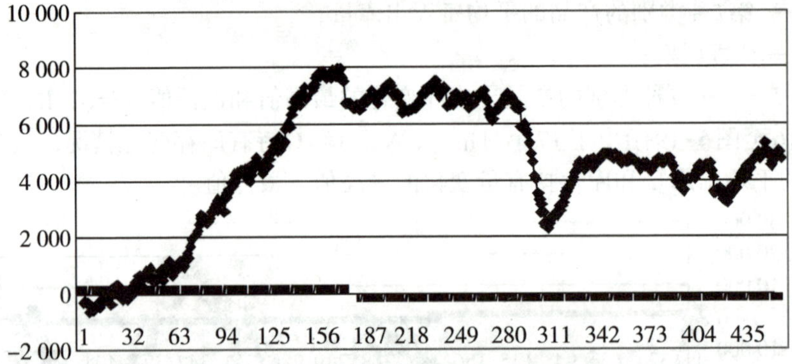

图5-19　G型产品每天库存持有量变化图

表5-9　模型中各变量值

类型	出库量D_i（套/天）	最高值U_i	最低值L_i
Q	9 840	22 680	-60 300
B	25 850	249 000	-52 210
X	9 820	24 440	-80 000
G	280	8 170	-290

利用仓储模型可以计算出最大仓库存储容量：

Q_{max}=122 340+404 610+143 720+9 580≈680 000（套）

利用回归模型我们计算出最大仓库面积：

S_{max}=80 000平方米

从表5-8可以看出，最大仓库存储容量为972 500套，最大仓库面积为139 921平方米，在新模式下，理论上可以减少仓库容积292 500套，可以减少仓库面积59 921平方米。

5.5.3　现有仓库整合方案

1.仓库的选择

由于仓库容积和面积减少，再综合考虑现在的周边库存储容量、租金状况和物流部门提供的信息，新模式不能直接将存储面积降到80 000平方米，而是保留自有库和一部分租用仓库，其中不再租用海字库、曲字库、岛字二库3个仓库，按现有的租金水平，可以减少年租金1 579 880元（如按全国各区域仓库的平均租金水平144元/平方米·年计算，能够节约2 647 728元）。仓库选择结果详见表5-10。

2.关于废次品仓库

通过对S集团废次品库的统计分析（如图5-20所示）发现，废次品入库、出库很少，导致存储量逐渐升高，达到17万套左右，堆存成本达到每年80万元，因此，从降低堆存成本角度，应该对废次品给出合理的销售策略，以降低堆存成本。

表5-10 保留周边库一览表

仓库名称		面积（平方米）	容量（套）			
			斜交	半钢	全钢	合计
中央库	四号	6 000			20 000	20 000
	五号	2 000		22 000		22 000
	北库	18 600	68 000			68 000
岛字库		40 000	50 000	40 000	50 000	140 000
海字库		14 400		120 000	41 000	161 000
		12 437		100 000	33 000	133 000
埠字库		7 408		120 000		120 000
港字库		13 946	18 000		75 000	93 000
曲字库		3 450			3 000	3 000
天字库		5 100	2 500	20 000		22 500
						2 080
岛字二库		2 500	10 000			10 000
废次品库		12 000				180 000
合计		121 534	138 500	322 000	186 000	826 500

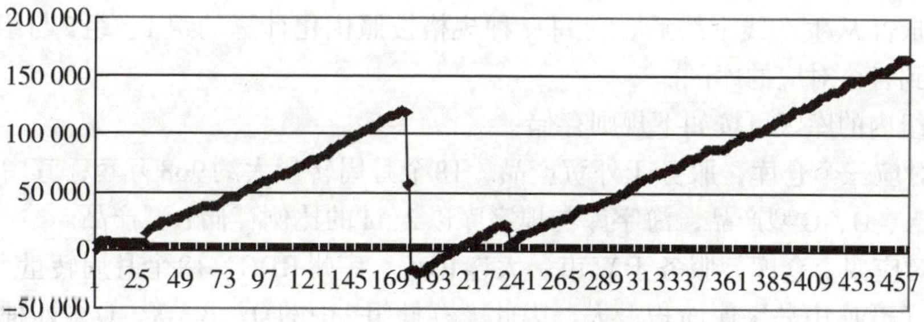

图5-20 废次品库存持有量变化

3.仓库整合后的分配

S集团的存储策略是以Q、B、X等产品类别进行存储，这样的存储方式容易导致周边库存在备货中往返运输现象较多的情况。例如，因为卸货地点的不同要求装货顺序必须合理，遵循先卸后装的原理，因此，车辆在装货过程中要重复往返相同的地点；还有，因为客户需求种类、规格不同，要求司机在不同的周边库备货。

为了解决上述问题，就要按照需求地的方式进行存储，每个仓库存储不同规格的产成品，如表5-11所示。由于每个周边库存储着各个需求点的产品，因此，可以减少运输车辆在不同仓库重复装车的现象。

表5-11 保留周边库服务范围

仓库名称		面积（平方米）	对应的服务范围
中央库	四号	6 000	W市服务区域（Q）
	五号	2 000	W市服务区域（B）
	北库	18 600	W市服务区域（X）
岛字库		40 000	W市服务区域、大连RDC、广州RDC
海字库		14 400	外贸（B2）
埠字库		7 408	外贸（B1）
港字库		13 946	外贸（X、Q、G）
天字库		5 100	包头RDC、成都RDC、武汉RDC、西安RDC、昆明、南宁
废次品库		12 000	废次品

4. 下线产成品的存储

首先将S集团的服务范围分为三组。组1为外贸，对应存储库为海字库、埠字库、港字库；组2为W市、大连RDC、广州RDC，对应存储库为中央库和岛字库；组3为包头RDC、成都RDC、武汉RDC、西安RDC、昆明、南宁，对应存储库为天字库。

当产成品从生产线下线后，对每一种规格按照优化计算的组1、组2与组3的存储比例存储到各个对应的库区。

对每组内的库区可按如下规则存储：

组1对应三个仓库，服务于外贸产品，18个月周转量大约968万套，其中，港字库存储外贸X、Q、G型产品，海字库与埠字库以2：1的比例存储B型产品。

组2对应四个仓库，服务于W市、大连RDC、广州RDC，18个月周转量大约在850万套。各个仓库中岛字库面积最大，因此，存储组2中的Q、B、X、G全四种类型的产品；根据3个中央库的位置特点，四号库存储B型产品、五号库存储Q型产品、北库存储X型产品。组2的存储原则是：各类产品首先存放于岛字库；当岛字库满后，再根据规格分别存放于中央仓库的3个库。

组3对应天字库，存储包头RDC、成都RDC、武汉RDC、西安RDC、昆明、南宁需求的产品，18个月周转量大约212万套。

关键概念

仓储服务体系　EIQ分析　系统化布局（SLP）

思考题

1. 仓储方案设计的主要内容是什么？
2. EIQ分析的主要内容和流程是什么？
3. 如何进行系统化布局？

第6章 企业物流方案设计

学习目标

掌握企业物流运作模式的特点，掌握企业物流中的供应物流、销售物流、生产物流和逆向物流方案的特点，掌握企业物流方案的策划和设计原则、步骤及设计要点，了解企业物流方案报告的形式和内容。

企业物流是指制造业企业针对本企业的采购、生产和销售而开展的物流活动。由于制造业企业种类繁多，产品各具特色，物流模式众多，因此其物流方案必然多种多样。

6.1 企业物流方案概述

企业物流是指制造业企业从原材料供应地取得原材料开始，经过运输、仓储、物料管理等一系列过程，将原材料配送至工位，再对产出的产品进行存储、运输、保管，最终送到用户这一全过程的组织和管理，其中还涉及废旧物料回收、退货回收和信息流通等相关内容。企业物流与企业采购、生产、销售及财务之间的联系十分紧密，物流方案的合理化需要得到企业其他部门的支持和配合，因此，在进行方案策划与设计时，必须与其他部门进行沟通和交流，以促进方案的顺利实施。

目前我国处于贯彻新发展理念、着力推进高质量发展、推动构建新发展格局、实施供给侧结构性改革的关键阶段，经济实力实现历史性跃升，制造业规模稳居世界第一。但我国的制造业物流尚存在许多问题，主要表现在运输效率偏低、库存过多、库存物流周转期较长、物流成本较高等方面，在物流方案设计时必须加以注意。

制造业物流一般可分为供应物流、生产物流、销售物流、逆向物流四部分，这四部分虽然存在区别，但都可以通过物流信息系统联结起来。制造业物流的组成如图6-1所示。

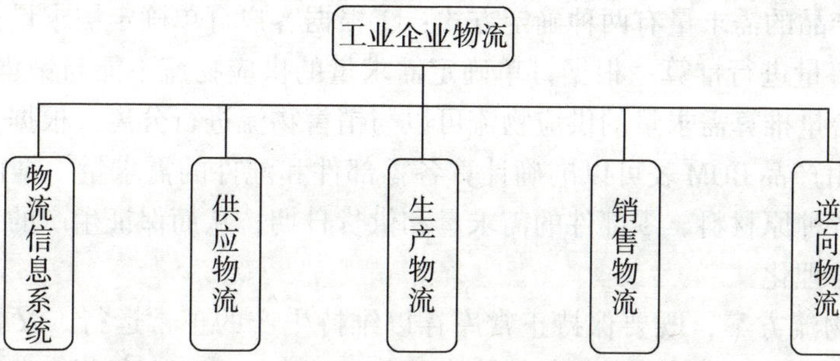

图6-1 制造业物流组成

6.1.1 供应物流方案概述

企业为保证生产的需要，针对原材料、元器件、零部件、附件和燃料等物料进行的采购、进货运输、仓储、保管和用料配送到工位等一系列物流活动，称为供应物流，或供应生产的物流。

1.供应物流的基本内容

（1）采购运输

采购是根据企业的供应采购计划而外购生产物料的活动。有的企业把采购作为供应物流的一个重要组成部分，不仅进行采购活动，还负责市场资源分析、供应商管理以及物资质量信息收集和反馈等工作。但大多数企业在管理上会把采购从物流中分离出来，与生产、销售、物流并列为企业的四大“支柱”，将采购运输作为供应物流的重要组成部分。

采购运输是把采购的物资组织运送到厂的物流活动，由于供应商数量众多、地域分散，因此，采购运输物流活动的组织颇为复杂，必须做好相关工作。

（2）仓储与库存管理

仓储是指把采购的物资暂时存放在仓库中的物流环节。库存管理是指物资的接收、装卸、搬运、堆码、发货和按要求进行简单加工等活动。由于大型企业的产品复杂，其原材料、零部件等物资种类成百上千、数量成千上万，并且有许多零部件需要特殊保管，所以其库存管理的难度非常大。

（3）厂内配送

厂内配送就是把零部件和原材料按要求运送到生产线的工位或生产场地。很多企业采用了准时制（just in time，JIT）配送方式，JIT配送方式是指“在需要的时间和地点配送需要的零部件”，即完全按照生产计划或随机要求，在规定的时间和地点配送准确的零部件。

2.供应物流方案的目标

（1）准确的需求预测

需求预测是根据企业生产计划进行的，而生产计划是根据市场对该产品的需求量测定的。市场对产品的需求量有两种确定方式：①根据客户订单确定需求量；②根据产品在市场上的销售量进行推算。根据订单确定需求量的供应物流不能与销售物流分离开，而根据市场销售量推算需求量的供应物流可以与销售物流进行分离。根据生产计划下达的生产要求，由产品BOM表可以准确计算各零部件和配件的需求量，据此可以做出供应计划，包括各种原材料、零部件的需求量和供货日期，从而保证生产的正常进行。

（2）库存合理化

设计供应物流方案，既要保持正常库存以维持生产的正常运行，又要不断降低库存，减少物流成本。现代物流业提倡零库存或柔性库存，零库存是指企业把库存转移给物流企业，达到自己没有库存的目的；柔性库存是指完全无库存，根据生产需要准时把供应商的原材料、零部件供给到工位。生产制造企业一般追求合理减少库存，以降低运营成本。

（3）供应模式符合企业物流目标

供应模式包括运输方式、配送方式和保管方式。采用合理的运输方案，能够做到运输线路短、环节少、费用省和效率高。配送方式可根据企业生产线的实际情况和工位的数量、位置进行确定，保证JIT配送方式，做到在准确的时间、把准确数量的物料送到准确的工位上。供应物流的关键在于配送到工位这一过程的合理化。

6.1.2 生产物流方案概述

生产物流是指原材料、零部件投入生产后以在制品的形式，按照一定的工艺流程要求，借助相应运输装置，从一个生产工序流入另一个生产工序，在流动过程中按照规定的生产工艺过程进行加工，最后进入企业成品库的转移过程。如果流动过程结束，生产过程也就结束了。

生产物流与企业生产组织密切相关，其形式和规模取决于生产的类型、规模、方式和专业化水平，最大的特点是与企业生产密不可分，如果生产物流出现问题，将会导致企业生产的混乱。

1. 生产物流的基本内容

生产物流的表现形式包括流向、流量和流速等，整个物流过程从原材料库开始到成品库终止，需要经过许多加工站点，其中既有流动又有停顿。生产物流方案设计应尽量避免物流的倒流和停滞。生产物流流量和流速根据生产工艺的生产节拍确定，应当均匀，在移动中不要积压、短缺或停滞。瓶颈资源的限制是造成物流波动的主要原因，在策划生产物流方案时，要注意对瓶颈资源的管理。

物流信息系统是生产物流管理的主要工具，可促进生产物流的顺畅运行，对物流起导向作用。物流信息的有效控制和利用是生产物流优化的根本途径。

生产物流方案要考虑生产工序和存货之间的协调，使它们与市场需求保持一致。设计生产物流方案时，要有利于企业内部物流合理化，缩短在制品在生产阶段的流转时间，从而缩短生产周期；要有利于加速资金周转，节约产品费用；此外，由于生产物流的畅通与否直接影响着产品的质量和数量，进而制约着产品的流通和销量，因而，生产物流方案还要有利于企业开拓市场，实现销售目标。生产物流过程主要由三部分组成：

（1）生产物流计划

为保证生产物流的连续性、节奏性和适应性，必须科学地制订生产计划。生产计划也是保证生产物流能否满足生产需求的基础。生产计划是根据一定时期内市场对产品的需求而确定的品种、数量、期限及发展等客观情况，以及根据该客观情况制订的各阶段生产进度和生产任务计划。科学制订生产计划需要对生产工艺和生产过程具有深刻的认识和理解，对这方面保密的企业，会自己完成生产计划的制订工作或交给自营物流公司，绝不会委托给第三方物流企业。

（2）在制品管理

保持在制品、半成品的合理储备是生产物流通畅的必要条件。在制品不足会使物流中断；反之，在制品过多，会延长生产周期。因此，为了保证在同等时间内完成等量产品，使各阶段的物流保持一定比例性，使生产计划具备合理的节奏，如何均衡地执行在制品管理是需要考虑的关键问题。

（3）生产物流的控制

在生产计划执行过程中，由于各种因素的干扰，实际与计划之间会产生偏差，为使偏差最小，必须对生产物流进行有效控制。因此，在制订生产物流方案时，需要设计大量的控制指令，以便在发现偏差时下达控制指令予以纠正。生产物流的控制既要保证生产要求，又要减少在制品库存，还需要考虑对应急情况的处理。因此，生产物流的控制十分复杂。

通常有两种类型的控制方法：一是物流推进型控制，即根据生产产品的种类、数量计算出各个工序或工位的物流需求量，在确定各工序的生产提前期之后，向各个工序发出物流指令。二是物流拉动型控制，即在计算出各个工序或工位的物流需求量之后，根据最后工序的物流需求量，向前一工序提出物流要求，以此类推，各工序都接受后一工序的物流需求指令。

生产物流控制的特点是：必须建立统一完善的数据采集系统，及时掌握生产物流和生产工艺中的各种信息；必须由管理人员参与控制决策，以保证控制指令的顺利执行；必须设计高水平的生产物流控制系统，以保证控制的科学性。

2. 生产物流方案的目标

（1）生产物流过程的连续性

应保证设计的生产物流使物料在生产过程中的移动是连续不断的，缩短不合理的生产停留时间，消除生产物流过程中的迂回往返移动。为此，在设计生产物流方案时一定要画出物流的流向图，据此可清晰地看出生产物流是否合理。

（2）物流过程的均衡性

生产物流的均衡性一方面是指生产过程中的物流能够按计划进度有节奏地进行，并在相同的时间间隔内保证产量大致相同，避免忽高忽低或前松后紧的现象；另一方面是指应保持生产作业活动的同步性，即互相平行的生产环节间物流节奏同步进行，避免物料积滞，做到每一环节物流量的流入和流出相互平衡。

（3）物流过程的计划性

计划性是指从合理化的角度在数量和时间上对物流过程进行统筹安排，做出计划，并保证物流活动按计划要求准时完成。在计划生产物流时，应注意生产物流过程的经济性，尽量减少搬运费、装卸费、保管费、简单加工费、包装费和信息费等各项成本。

（4）生产物流的模块化

模块化是指零部件进入生产线之前，将零部件组装成功能模块，按装配要求包装进入生产线。如果生产线较长，可以在生产线以外进行模块组装，这样会大大缩短生产线长度，降低产品的生产成本，简化管理流程。

6.1.3 销售物流方案概述

1. 销售物流的基本内容

销售物流是企业将产品的使用权转移给用户的物流活动，是产品从企业到用户在时间和空间上的转移，是以实现企业的销售利润为目的的。销售物流包括生产线上接收产品、入库存储、在库管理、包装出库、运输和配送到用户等诸多物流环节。

销售物流虽然存在不同的形式，但具有共同的特点：

（1）“客户第一”决定销售物流的模式

在企业产品销售中，为快速、有效地满足客户需求，要求销售物流能快速向客户提供物流服务，提供物流服务时要具有较高的稳定性、可信赖性和即时交易的库存保证量。

销售物流方案设计取决于客户需求的多样性和差异性。比如，对于需求量大的客户，采取从地区中转库直送的方式；又如，对于需求量较小的客户，采取建立区域配送中心和配送网络的物流形式。当一个中转库不能完全满足大客户的需求时，可以将数个地区的中转库进行统一使用。

销售物流的仓库布局和库存量也是由客户决定的。企业的销售部门可以对市场的需求状况进行预测，研究客户的分布和需求特征，决定在何处设立中转库和建立区域配送中心。为了保证客户的即时需求和市场份额的稳定，销售物流必须设定安全库存，库存量与物流速度成正比例关系。对于大客户可设计在其附近建中转库，库存量越大，仓库点越分散，则物流成本越高，物流效率越低。设计销售物流方案，既要保证满足客户需求，又要提高物流效率、降低物流成本，这是一件困难的工作，往往需要建立数学模型，并通过计算机模拟仿真的方式予以实现。

（2）企业的销售方式影响物流模式

企业的销售可以由企业自己的销售部门完成，也可以委托中间商完成。前者的销售物流必然与销售部门有紧密的联系。当市场和客户需求发生变化时，厂家的销售方式将随之改变，销售物流也必然发生变化，进而导致销售物流成本增加，产品价格升高，削弱产品的竞争力，缩小市场份额，给企业带来损失。

因此，把销售物流从销售部门分离出来，充分发挥销售物流的自身优势是当前销售物流的发展趋势。有两种分离模式：一是专门成立销售物流公司，独立运作销售物流。这需要设计高水平的销售物流方案，开发销售物流信息系统，从而保持销售物流的经济性。二是把销售物流交给中间商运作，这样可实现产品物流、商流和资金流的统一，中间商不仅能够承担销售物流的仓储、运输、保管、配送，还能够承担本地区的市场分析、订货发货、收取货款及与生产企业结算等工作，使销售物流上升为供应链物流，这是销售物流发展的高级阶段。

（3）企业的产品线对销售物流模式的影响

若企业的产品线非常长，会使生产、订货、在库管理、运输配送等相关物流变得十分复杂。不断扩大产品线，创造新产品是当今企业经营的重要手段。但是，产品线的无限扩大会直接影响物流效率，从而对企业的利润增长造成不利影响。

2.销售物流方案的目标

企业销售物流的目标是：以最短时间、最少成本把商品运送到客户。

客户满意度与销售物流成本之间是矛盾的，销售物流方案的目标就是要在二者之间找到最佳结合点。例如，客户要求及时不定量地供货，则销售物流系统必须有充足库存，这就增加了库存费用，且满足即时不定量运输还会增加运输成本；如果降低销售物流成本，则不能保证即时不定量要求。因此，需要对客户需求商品量的概率分布进行研究，利用各种定量分析方法，寻找最佳结合点。

（1）追求销售物流成本最低

销售物流成本是指销售物流各环节成本的总和，包括库存成本、保管成本、运输成本、配送成本和包装成本等。如果单独降低个别环节的成本而不考虑各环节的相互协调，那么系统的总成本不一定最低。因此，策划销售物流方案时应考虑整个物流系统的总成本。

（2）不同物流方案的合理化

直达方案的合理化：把产品从产地直接送到客户手中。这种物流模式会付出较高的物流成本，因为直达产品的数量一般不会太多，而其运送频率却往往较高。有时针对急需用户，不采用直达方案，则会丧失销售机会。当由此产生的机会成本大于物流成本时，从总成本最小的角度进行考虑，需采取直达方案。

中转运输方案的合理化：经过精心计算后，如果先将产品大批量运到中转库，再根据订单逐一送货给客户的成本（包括建设中转库费用和保管费用）少于直接将货物送至用户的成本，则可采用中转运输方案。

配送方案的合理化：合理的配送方案使企业、配送中心（物流公司）、客户三家分享销售物流所节约的利益。

库存控制合理化：库存控制合理化是用经济方法实现库存控制，包括库存合理数量、库存合理结构、库存合理时间和库存合理空间。

（3）销售物流方案的原则

①规模化。通过增加运输量实行规模运输，从而降低物流成本，提高配送的装载效率。规模化是通过延长备货时间来实现的，对定时配送的情况非常适用。

②稳定化。通过一定的技术方法控制客户订货的波动，如按路线配送、按时间表配送、混装发货、返程配载，从而提高运输效率。

③商流和物流的分离。订单与物流活动分开，可以委托专业运输商承运，节省运输费用，使物流渠道更加畅通。独立的商流可使企业集中力量到销售活动中，对于降低库存起着重要的作用。

④个性化。根据产品流转速度和规模，把仓储地和配送区分开，即周转快的产品群分散保管，周转慢的产品群尽量集中保管，做到压缩流通阶段库存，有效利用仓库面积，库存管理简便化。供货量大的客户从企业直送；供货量小的客户通过配送中心配送，使配送形式个性化。

（4）销售物流方案的标准

销售物流方案的标准是：准确地向客户运送产品；减少产品的缺货或脱销；合理设置仓库和配送中心；保持合理库存；使运输、仓储、配送等总费用最低；使订单和发货信息畅通无阻；将销售信息迅速反馈给企业等。这需要合理利用库存优化、运输优化、合理配载等量化模型技术和网络技术、计算机模拟等现代优化方法，从而使销售物流更加合理。

6.1.4 逆向物流方案概述

1.逆向物流的基本内容

企业在加工生产中必然会产生一些废弃物和可回收物，在销售过程中也会产生退货现象。这些货品的流动方向与供应物流、生产物流和销售物流的流动方向相反，称之为逆向物流。逆向物流方案的重点是解决废弃物资的回收和处理。

废弃物资的产生有如下几种可能：在制造过程中产生的废品和边角余料；在加工过程中产生的废渣和废料；在辅助供应过程中产生的废旧零件和废旧包装材料；在成品库和在制品库中产生的废品和陈旧物料等。

2.逆向物流方案的目标

（1）建立逆向物流管理部门

在企业物流管理组织中应设立专业逆向物流组织，人员精干、专业化和专门化，负责废弃物资的回收管理工作，组织内可设有回收作业、回收销售计划以及监督和协调等具体工作部门。

（2）做好回收计划

不同材质废弃物料的回收利用有不同的特点，针对这些特点制订回收利用计划，确定废旧物资的合理流向。制订计划要抓住重点，对于能产生高使用价值的废弃物料，应认真加以研究开发。

（3）提出实际处理方法

对钢铁、铜、铝等旧物料可进行适当分类和简单加工，作为新料；对能拆解的旧零部件可进行维修保养和整修后，再次使用；对于大批量且有价值的废料而言，可进行认真分拣，设法利用或对外出售，其余的销售给废品回收公司；对于无利用价值的废料，则要采取各种处理方法，做好环境保护工作。

（4）做好退货物流的回收计划

本书在此不做赘述，可自行查阅资料学习。

6.1.5 制造业物流模式概述

制造业企业需根据企业自身的特点和物流需求，采取不同的物流模式。总体而言，制造业企业物流模式可分为三类：自营物流、委托物流（外包给物流企业）和合作物流（包括合资）。

1. 自营物流模式

自营物流是指企业建立自己的物流系统管理自己的物流活动。自营物流必须建立自己的物流管理部门，在组织上该部门是企业管理组织机构中的一部分，直接接受企业的领导。自营物流必须有足够的物流资源，必须建立自己庞大的物流运作团队和领导机构。

（1）企业采用自营物流的原因

企业采取自营物流模式是出于多方面的考虑。有的企业认为国内还没有一家物流公司可以让其满意，不放心把自己的物流业务委托出去。有的企业认为物流行业有很高的利润，不愿意将这部分利润拱手让人，而且认为采用第三方物流在物流业务控制上不及自营物流，将物流业务外包意味着失去了对物流活动的控制，若第三方物流商完全介入企业物流，可能会对企业造成潜在威胁。

（2）自营物流模式的优点

首先，自营物流完全在企业自己的支配和控制中，与企业的生产计划、销售计划相衔接，而且统一在企业整体的战略目标之下。

其次，企业对自己的产品和客户非常重视，且完全掌握产品各方面的物流特性，采用自营物流可以使自己的物流链条形成网络，更好地满足客户需求。企业往往认为对于物流方案中所涉及的物流中心选址、生产需求预测、生产进度衔接、综合性物料需求计划、整体物流系统的JIT操作，以及仓储、包装、装卸、订单处理、采购、运输配送、客户服务、退货、废物回收等各方面，还是由自己做才能更好地满足需要。

最后，自营物流可以充分盘活自己的物流资源，降低物流运作的门槛，充分安置自己的员工，解除企业发展的后顾之忧。

（3）自营物流模式的不足

自营物流模式最大的不足是成本控制难度较大。自营物流方案设计得再好，在实施中也会因为种种原因而使成本无法降低。具体原因主要有以下三个方面：第一，企业自营物流没有走向市场，没有参与市场竞争，只是自己跟自己比较，容易产生满足感；第二，自营物流管理部门与企业管理部门是一个整体，无法不断要求降低成本；第三，自营物流本质上是企业“产、供、销”的一条龙形式，这种小而全、大而全的经营管理模式是计划经济的产物，实践证明这种形式并不符合专业分工的原则，因而，物流成本居高不下实属意料之中。自营物流最大的问题是“效率”，其中包括物流资源的利用效率、人员运作效率、物流网络的运作效率、物流信息系统的利用效率等。自营物流在开始运作时，集成了企业物流的多个环节，显示出了一定的效率（比没有采取自营物流之时），但运作一段时间后，要想进一步提高物流运作效率将非常困难。目前有的大型国有企业已开始放弃自营物流而采取委托物流的模式，在物流市场中选择优秀的物流企业，促进物流效率的不断提高。

2.委托物流模式

委托物流又称合同物流、外包物流，指企业将自己的物流服务外包给第三方物流企业进行运作。随着国际上第三方物流商在规模上和实力上的增强，物流外包的趋势越来越明显。跨国公司的核心竞争力是有研发优势、制造能力强、市场销售和服务水平高，它们愿意把自己的物流委托给专业的物流企业，并且逐渐形成一种长期、稳定的合作伙伴关系，双方互相分享信息资源。第三方物流商的核心竞争力是拥有物流方案设计团队和物流运作团队，可根据企业的具体要求设计物流解决方案，并且能够跟随跨国企业的业务拓展而跟进物流服务。我国的大型国企有一部分采用委托物流的模式。

（1）委托物流模式的形式

企业在寻找物流企业时通常采取三种形式：

其一是采用招标方式寻找满意的物流服务商，经过投标和评标的程序，中标的物流企业和招标企业签订物流服务合同。

其二是经过企业的多方考察，内部评定，选定物流服务商作为物流合作伙伴；或者某物流企业是伴随企业一同成长起来的，完全熟悉企业的物流需要，企业可以直接将自己的物流业务委托给该物流企业。

其三是企业采取部分物流业务外包的形式，比如只将自己的销售物流业务外包或只将自己的厂外供应物流业务外包。对于物流企业来说，虽然只是承包了企业物流的一部分，但这是切入企业物流的良好开端，只要抓住机会，展示自己高水平的物流服务能力，将会逐渐取得企业的信任，进而促使企业采取上述第二种形式。

（2）委托物流模式的优点

物流企业的专业是经营物流，具有一系列的物流服务优势，这方面是企业自营物流所不能比的。企业把自己的物流业务委托给物流服务商，所获得的最大利益是可以降低物流成本，提高物流运作效率，提升客户满意度。物流企业要有能力策划和设计高水平的企业物流方案，把降低成本、提高效率作为企业物流服务的宗旨。

面对激烈的市场竞争，企业要想生存和发展，就要有核心竞争力。所谓核心竞争力是指企业所独有的能力，其他企业必须花费相当长的时间才能具备该能力。物流并不是制造业企业的主业，也不是其核心竞争力，在某种意义上是一种“副业”，所以当企业把自己的物流委托给有经验、有水平的物流企业后，可以专心致力于打造和加强自己的核心竞争力，从而将自己的事业做大做强。国际上许多知名跨国公司采取的就是这种运作模式，经过市场的检验，这种模式被证明是正确的。

3.合作物流模式

合作物流模式是指企业与第三方物流商合作共同经营管理企业物流，主要是指由双方共同组建合资物流公司运作企业物流。

（1）合作物流模式的产生

大型企业一般都有自己的物流资源，在设计物流方案时，首先想到的是利用自己的物流资源。但由于缺乏经验，缺少丰富的物流专业知识，自己运作物流存在困难，而如果全部委托给第三方物流商，企业又不完全愿意。在这种情况下，可以选择既能够充分利用本企业物流资源，又能够以第三方物流商的服务水平来运作企业物流的方式，这种方式就是合作物流。

合作物流的主要特点是：第一，企业物流方案由第三方物流商策划，企业物流也由第三方物流商运作；第二，在企业的控制下，利用企业现有的物流资源，任用原有的人员（经过第三方物流商的培训竞聘上岗）；第三，合作物流获得的利润由双方共享。合作物流解决了企业和第三方物流商的关系问题，能使双方共同发展。

（2）合作物流模式的形式

在合作物流中，企业主要付出的是物流资源和物流市场，第三方物流商主要付出的是物流知识、经验和技术，若双方合资成立物流公司，按《公司法》规定还存在一个投资比例的问题。

合资物流公司首先要保证精心运作企业物流，全心为企业物流服务。为使合资物流公司的产权明晰，有如下四种投资方式可供选择：第一种，以企业的全部物流资源入股（如仓库、车队等），经资产评估后，第三方物流商以相等的资金注入；第二种，以企业的全部物流资源入股，经资产评估后，第三方物流商收购其资产的一半，然后双方再注入启动资金；第三种，选择企业的优良资产入股，经资产评估后，第三方物流商注入相同的资金；第四种，由双方组建物流公司，双方投入相等的注册资金，对企业的原有物流资源进行租赁或买断。这四种模式，可由双方协商选择。合资物流公司的人员组成，除高级干部由双方委派以外，其余人员一律在原企业从事物流业务的人员中招聘，经系统培训后上岗，上岗后必须与原企业脱钩。

6.2 企业物流方案策划和设计

企业物流方案策划和设计主要指根据企业的行业状况、核心竞争力、产品特点、发展目标及外部环境等因素，制定企业物流规划，并设计其实现措施和办法的过程。策划合理的企业物流方案，是企业物流成功的一半。

6.2.1 企业物流方案策划设计的原则与程序

1.物流方案策划设计的原则

合理的企业物流方案是建立在低成本、高效率、高效益基础之上的，需要遵守以下原则：

（1）以客户为中心的原则

策划的企业物流方案不但需要满足企业物流服务的要求，更应该能提出许多有益于企业物流发展的建议。设计企业物流方案的指导思想是全心全意为企业物流服务，实现企业物流低成本、高效率的目标。为此，需要对企业产品的物流特性有深刻的理解，对企业物流的各组成部分和环节有清醒的认识，进而设定合理的目标，组建高水平的物流方案策划团队，精心设计出满足企业需要的物流方案。

（2）物流优化原则

物流优化原则可以分为以下若干个原则：

①近距离原则。策划设计的物流方案应尽可能使货品流动距离最短，减少运输和装卸搬运量（运输和装卸会增加成本），减少迂回和倒流。

②搬运便利化原则。使用合理的搬运设备，达到集装单元化和搬运标准化。

③保持合理库存原则。以最少的库存量，保证生产的顺利进行。

④提高自动化和计算机应用水平原则。装卸搬运自动化和计算机的应用程度是物流现代化的重要标志，在条件具备时，应尽量提高自动化和计算机应用水平。

⑤系统化和柔性化原则。企业物流在满足生产工艺和生产管理的要求下，既要重视个别环节的机械化、节约化、标准化，又要保持企业物流系统整体性能和效益最优，还要适应产品的不断调整和变动的需要。

⑥环境保护原则。策划设计的物流方案，应符合可持续发展战略和绿色物流的要求，与自然环境相协调，绝不能以损害环境为代价来追求企业的物流效益。

（3）物流方案发展原则

一个完善的物流方案，既能解决企业物流目前面临的问题，又能着眼于企业物流未来的发展。企业物流发展战略是：整合企业内外物流资源，联合其他物流企业组成物流联盟，走低成本、高扩张的规模发展道路；构筑开放式物流及信息平台；健全物流功能；提供以市场营销为核心的全过程物流服务；走品牌化发展道路，同时融合先进技术。

2.企业物流现状诊断

（1）企业物流现状分析

对企业现有物流的体系结构给出一个清晰明确的描述，包括企业物流各组成部分和业务环节的业务范围、操作过程、操作规则、物流资源状况、运作水平、物流技术应用状况、业务流程、成本费用构成及物流效率等，描绘出现有业务的流程图，再经过认真分析、测算，指出各个环节中存在的问题，并给出解决问题的办法。

（2）企业物流需求分析

企业物流需求分析就是收集企业物流特征和物流信息，在描述现有物流状况的基础上确定具体的物流服务需求，全面了解和分析企业的经营状况，包括企业产品的销量状况和发展趋势、企业的市场与行业竞争、企业的管理现状、企业的政策环境对企业物流需求的影响等。确认企业物流需求发展的可能性和机会，通过新的方案设计带来潜在利益。

（3）明确改进意见

在企业物流现状和需求分析的基础上，明确企业物流存在的问题，把这些问题和引发这些问题的原因逐一列明，研究解决办法和改进意见，最后在总体上给企业物流方案一个清晰的说明，包括如何满足企业物流的需求和未来的发展要求、适应未来技术竞争的方法、物流新理论与新技术的创造和应用等。

3.企业物流方案策划的步骤与关键环节

（1）企业物流方案策划基本步骤

在完成企业物流现状分析和需求分析的基础上，应按如下步骤完成方案策划：

①确定企业物流方案所要达到的总体目标和水平。

②确定企业物流方案各部分和各环节的物流业务标准，如业务流程、涉及人员、设备、时间、成本、绩效等。

③确定企业物流的技术标准和技术水平，如仓储、保管、配送、运输的优化等，还包括物流信息系统的设计和开发标准。

④确定企业物流方案的投资可行性，对投资回收期、投资回报率、现金流量状况进行分析，包括风险分析、敏感性分析、改进机会分析等。

⑤确定和选择最优方案，设计企业物流方案。

（2）企业物流资源整合和流程再造

对大型国有企业进行物流方案策划时，对于企业原有的物流资源应加以研究，提出物流资源整合的建议，其目的是充分发挥现有物流资源的作用，避免重复投资。对企业原物流业务进行再造，以流程环节少、时间短、成本低、效率高为标准，进行创新性研究，从而制订出高水平的物流方案。

（3）企业物流管理组织重组

在明确企业物流的功能、作用及所要完成任务的基础上，进行企业物流管理组织重组，重组的原则包括：系统效益原则、优化原则、标准化原则和服务原则。应确定企业物流管理机构，设计企业物流部门的工作职责。企业的物流部门代表企业对企业物流进行监管、控制、协调、组织，如果是自营物流，则其主要职能是管理。物流部门是保证物流方案顺利实施的关键部门，其组成人员要有较高的素质，岗位设置要有一定的条件限制。海尔集团1999年组建的物流推进本部就是一个很好的范例。

6.2.2 制造业物流方案设计要点

1.供应物流方案设计要点

供应物流方案设计中，核心问题是根据不同的供应物流设计出合理的物流供应模式。从供应物流的特点出发，主要应解决仓储保管、运输方式和工位配送模式的优化问题。

供应物流中的运输环节有厂外运输和厂内运输。厂外运输是指货品由供应商运送到企业仓库的整个过程。对厂外运输进行设计时，应首先明确运输的业务流程和环节。厂内运输是指在企业内部发生的货品运输。厂内运输根据货品的特性选用适当的工具，在保证运输安全的前提下合理安排和组织，使物料能够准确地运输至使用现场。

工位配送是按照生产的要求进行备货、送货到生产工位上的一种一体化物流活动。根据配送时间间隔、数量和配送路径的不同，配送模式包括按规定的时间间隔进行配送，每次配送的品种和数量按生产计划执行的准时配送；按规定的批量或数量在一个指定的时间范围内进行配送的定量配送；按照规定时间和规定数量进行配送的定时定量配送；在规定的运行路线上制定到达时间表，按运行时间表进行配送的定时定路线配送；完全按生产提出的配送时间和数量随时进行配送的即时配送。

设计配送方案时，要求供应库随时待命进行配送，配送方案具有很高的柔性，但须考虑配送成本问题。

2.生产物流方案设计要点

生产物流方案设计的关键是物流计划系统和物流控制系统。对于大型企业而言，由于产品的种类、规格型号和数量各不相同，生产物流方案相当复杂。因此，在策划生产物流方案时，宜选择适宜的计算机商业软件系统，并加以认真实施。

（1）物料需求计划系统（MRP）

MRP（Material Requirement Planning）是在全面分析制造业企业生产物流的特点后建立和发展起来的，是一种将企业采购物流、生产物流、销售物流集成在一起的“一体化”系统。

MRP从物料需求计划起步，成功解决了根据最终产品计划确定零部件需求量的问题。MRP能算出为完成产品生产计划需要生产哪些零部件、生产多少、什么时候下达零部件的制造任务（或采购任务），以及何时完成。MRP有两种结构，即闭环MRP（如图6-2所示）和开环MRP（如图6-3所示），两者的区别在于开环MRP没有考虑物料需求计划是否有可能按时完成。

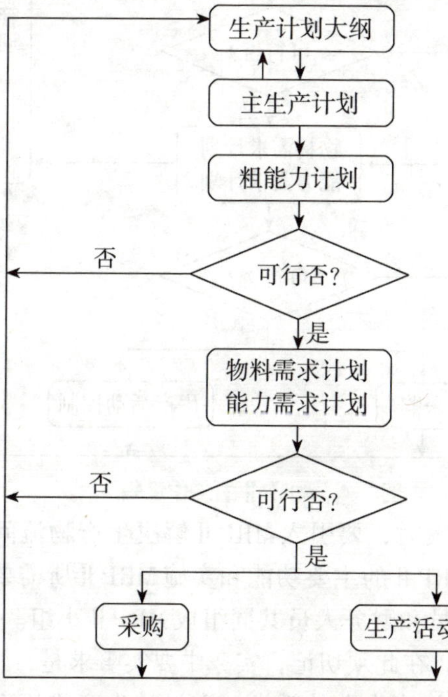

图6-2 闭环MRP的工作逻辑

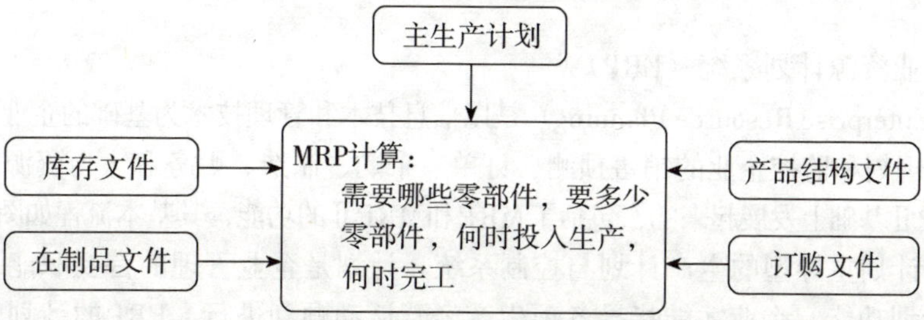

图6-3 开环MRP的工作逻辑

MRP实现了对资源的计划和控制，但由于生产活动与销售、财务活动有密切关系，因此MRP的进一步发展就是把生产、销售和财务结合起来形成了MRPⅡ。MRPⅡ的工作逻辑如图6-4所示。

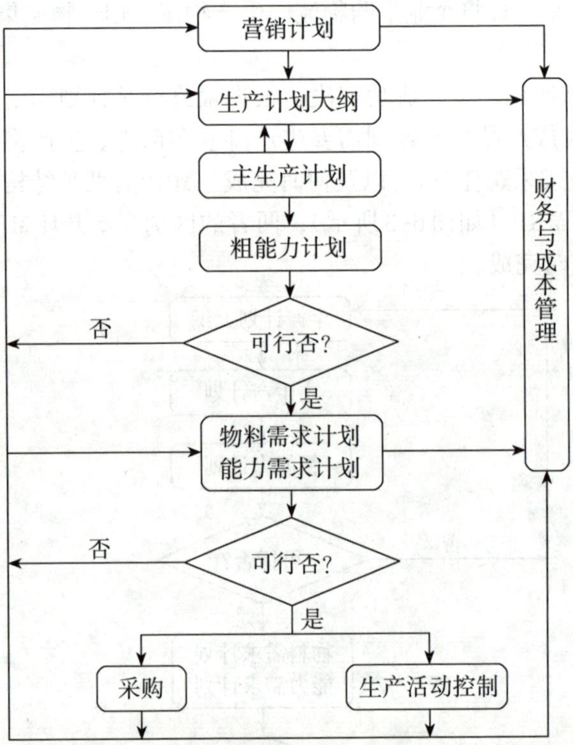

图6-4　MRPⅡ的工作逻辑

在策划设计生产物流方案时，要引入MRPⅡ解决生产物流问题，首先必须全面掌握MRPⅡ的工作原理以及MRPⅡ的主要功能和实施MRPⅡ所需要的环境条件，然后再会同生产计划人员、销售人员和财务人员共同组成MRPⅡ小组。在有关领导的支持下，有计划、有步骤地向前推进。在此须切记，实务中要实事求是，不可贪大求洋。我国制造业企业在实施MRPⅡ中有许多失败的教训，在设计生产物流方案时应总结教训、汲取经验。

（2）企业资源计划系统（ERP）

ERP（Enterprise Resource Planning）是以信息技术和管理技术为基础的企业资源规划系统，它能够规划和监控企业的销售预测、订单、采购、制造、财务和人力资源。ERP是在MRP和MRPⅡ基础上发展起来的，包括了MRP和MRPⅡ的功能，其基本流程如图6-5所示。

ERP是计划主导型的生产计划与控制系统。计划是企业管理的首要职能，只有具备强有力的计划功能，企业才能指导各项生产经营活动顺利进行。ERP的计划管理中包括两个方面的计划：一是需求计划；二是供给计划。两方面的计划相辅相成，从而实现企业对整个生产经营活动的计划与控制。ERP的计划和执行过程如图6-6所示。

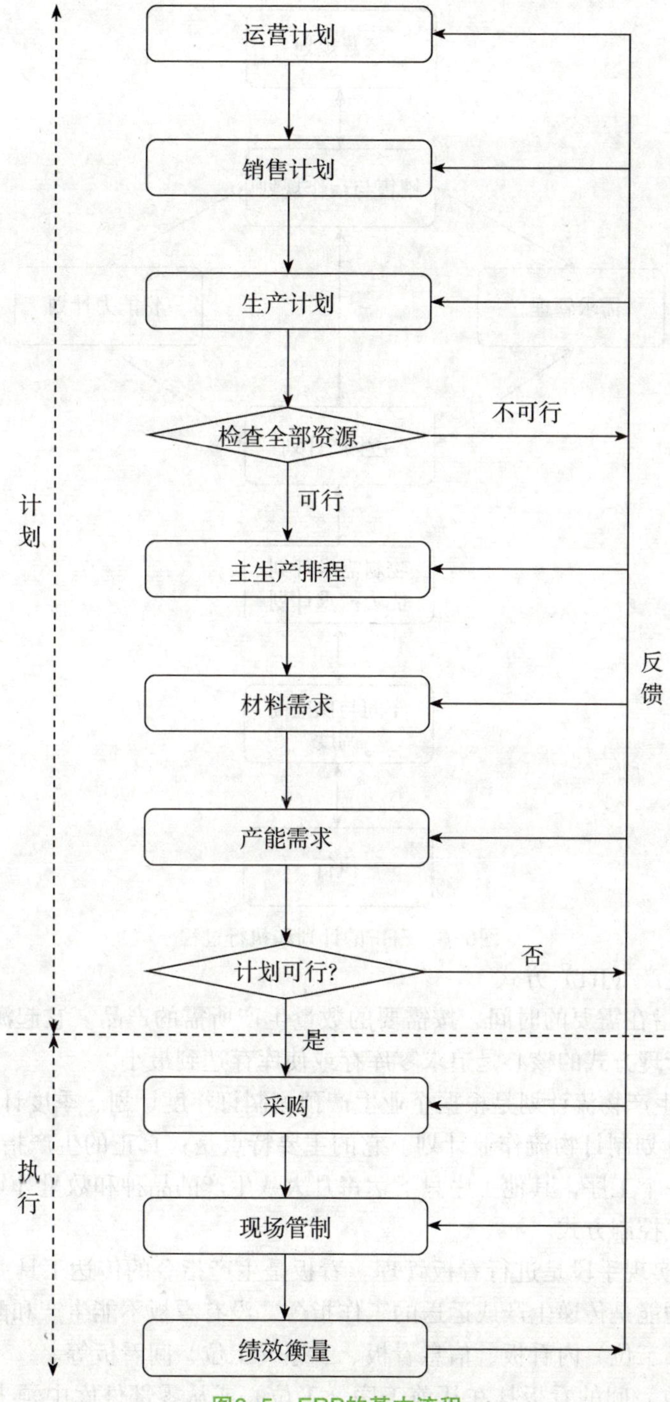

图6-5 ERP的基本流程

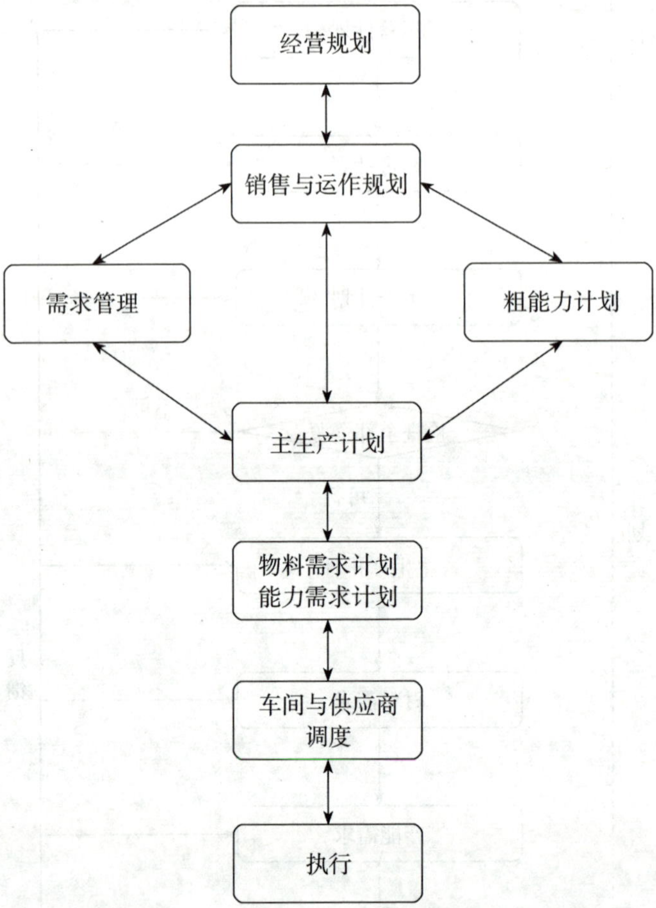

图6-6 ERP的计划和执行过程

(3) 准时生产 (JIT) 方式

JIT方式是指在需要的时间，按需要的数量生产所需的产品。它起源于日本丰田公司，这种生产管理方式的核心是追求零库存或使库存达到最小。

JIT方式的生产物流计划是根据企业生产预测制订年度计划、季度计划、月度计划，最后根据月度计划制订物流作业计划。它的主要特点是：真正的生产指令（需求物料）只下达给最后一个工序，其他工序只下达每月大致生产的品种和数量计划。这是一种典型的物流拉动式控制方式。

JIT方式的实现手段是进行看板管理。看板是生产指令的传达工具，形式可以多种多样。看板的功能是传递生产或运送的工作指令，没有看板不能生产和配送。看板的使用方式有工序（工位）内看板、信息看板、工序（工位）间看板等。

工序（工位）间的看板挂在从前工序（工位）或从零部件库中领来的零部件箱子上，当该零部件被本工序（工位）使用后，取下看板放到看板回收箱内，由现场工作人员定时回收看板并送到相应工序（或零部件库）。看板的回收和分发有时工作量很大，必须借助计算机进行管理。

（4）最优生产技术（OPT）

OPT（Optimized Production Technology）也是一种用于物流调度的计划方法。

对于小批量生产企业来说，产品种类多、产品结构复杂、零部件过于繁多，OPT提供了一种适合上述情况的生产计划和控制方法。

OPT的基本原理是：面对产品，找出影响进度的最薄弱环节，集中力量保证其满负荷工作，以缩短生产周期，减少在制品库存。最薄弱的环节被称为生产瓶颈，它可以是人、设备、运输或物料等。

OPT生产计划的设计主要分两层，首先编制解决瓶颈问题的生产计划，然后编制非瓶颈生产计划。可按如下步骤进行：①估算零部件的交货期和工序交货期；②确定瓶颈；③编制解决瓶颈问题的生产计划；④编制非瓶颈生产计划；⑤编制零部件的月计划。

3.销售物流方案设计要点

（1）仓库设置原则

销售物流的中心仓库是必不可少的，无论是建立物流中心还是建立配送中心，都是以仓储为据点开展的，所以仓库的选址和类型是物流方案设计首先要解决的问题。

销售物流中心仓库——物流中心是面向社会、面向市场的。仓库应尽可能接近主要客户，使干线运输距离长而配送距离短。仓库的大小取决于物流中心所服务客户的需求量。物流中心仓库为众多的制造商服务，作为不同制造商的产品集中地。销售物流中心仓库为众多的客户服务，由于仓库贴近客户和市场，能迅速把市场和客户对产品的需求反馈给工厂，使库存得到快速补充。

销售物流中心仓库的类型是由产品的储存特性决定的。

为特定制造商服务的仓库——这种仓库一般必须坐落在生产工厂附近，产品从生产工厂转移到仓库，再从仓库运送至客户。这类制造商一般不自建仓库，而是由物流公司选建。这种仓库的优点是为个别制造商专用，所以仓库的类型完全符合制造商产品的要求，因而具有较高的使用效率和良好的质量保证。

配送中心仓库——配送中心为一定区域的客户服务，因而配送中心仓库选址应该位于该区域的物理中心，这样会使配送的总距离最短。配送中心仓库可以为一个企业服务，也可以为多个企业服务，产品的种类往往很多。产品的流转速度较快，所以这种仓库属于流通型。

（2）库存管理原则

库存是产品在物流过程中形成的停滞，起缓冲、调节和平衡的作用，克服产品在生产与消费时间上的“间隔”，创造了时间价值。

库存管理包括仓库的库区规划，产品入库、出库、仓库质量和库存量的控制等管理活动。产品特征不同，库存管理的要求也不相同，在设计销售物流方案时应加以关注。

库存管理业务流程的标准化——现代库存管理的作业流程包括接货、保管、盘点、库内加工和发货等。每个环节的业务范围和规则都必须清楚而明确地设计，使其简便、清楚，具有可操作性。

设计合理的库存控制方法——实行ABC分类管理，建立库存合理化的数学模型，应用预测技术正确估计产品的销售量；另外，还要综合考虑各种因素，如降低库存总成本、减少流动资金、降低盘点误差、提高服务水平、防止缺货等。

建立科学的库存管理系统——包括建立产品代码、实行条形码管理、库存预警和自动补货管理、流通加工管理、盘点作业管理、库存作业管理、仓库维护及结算管理。

（3）运输管理原则

设计销售物流的运输方案时，要遵循整个运输系统的合理化和最优化原则，作为销售物流中的重要环节。设计时应注意以下几点：

运输方式——现代企业的运输方式有五种基本形式，即铁路运输、公路运输、水路运输、航空运输和管道运输。这五种运输形式有不同的适用范围和优缺点，在选择时应根据运送产品的安全要求和运输费用，首先使运输合理化。不合理的运输方式有对流运输、倒流运输、迂回运输、重复运输、过远运输、车船空载运输、无效运输等。另外，在选择运输方式时要考虑自有运输资源和社会运输资源的合理运用，自运和委托各有其优缺点，而未来的发展趋势是委托运输。

运输工具和装载技术的选择——在方案设计中选择的运输工具要适合运输货品的运输保管要求。以公路运输为例，运输车辆种类繁多，包括集装箱车、厢式车、敞篷车、平板车等，选择的车型一要保证运输货品安全，二要保证运输货品无破损，三要保证运输成本低，四要保证运输的及时性。货品的装载技术要经过反复试验，确保其在运输中不变形、不损坏，又能使车辆达到满仓满载，最大限度地提高运输车辆的使用效率。

多式联运/综合运输——在运输中使用两种以上运输方式的组合。多式联运是优化运输的一种方法。如海-铁-公联运或海-公、海-铁、铁-公联运等。选择多式联运的方式时除了要以效率和成本作为主要因素外，还要考虑多式联运的协调性。现在，有许多运输优化模型可供选用以解决运输合理性问题，如运输线路选择模型、运输组织优化模型、车辆调度模型、运输整合模型、复合运输选择模型等。

运输流程设计——运输流程包括制单、托运手续和交接、运输信息查询、应急处理等环节。制单是指缮制货品的运单和交接单，它们也是承运的依据和计费的原始凭证，一经签订便具有法律效力；设计托运手续和交接过程要保证数量准确、质量完好；设计运输信息查询要简便实用；设计应急处理过程应注意交通事故处理、紧急抛锚处理和货物短缺处理。另外，还应有客户投诉的处理流程。

现代运输管理系统——现代运输管理系统是集运输工具、运输技术和管理手段于一体，以计算机网络技术和IT为基础的信息化管理系统，它能提供各种运输信息以便决策者参考使用。整个运输管理系统强调低成本、快速响应和高质量运输服务，根据运输货品的特征和要求，自动调度适配车辆，选择最佳的运输方式和线路，实现装卸自动化。可以设计多种形式的为特定客户服务的运输管理系统，满足客户的个性化需求。

运输分包管理——为进一步降低运输成本，并保证运输服务质量，合理整合社会运力资源十分重要，须选择合适的运输分包商，加强运输分包管理。

6.3 企业物流方案设计应用案例

本案例是由某大型制造企业与某物流企业合作完成的。由双方组成的工业物流方案项目组共同设计了此企业物流方案，属于合作物流模式。

6.3.1 总论

1.公司甲-公司乙物流合作的必要性

(1) 公司甲-公司乙物流合作背景

公司乙是一家汽车制造企业。近期，公司乙认识到本公司物流存在的问题，邀请具有丰富物流管理理论和实践经验，且实力雄厚的物流公司甲对其物流进行诊断，提出整合公司物流资源的模式，设计其物流运作方案。

(2) 公司乙物流现状

公司乙物流可分为供应物流、生产物流、销售物流和回收物流四大部分。公司乙的生产物流目前比较先进，其利用MRP Ⅱ将生产物流提升到了一定高度，保证了产品的质量和生产效率。但其他三部分物流相对落后，阻碍了公司乙生产力的进一步提高。

公司乙的供应物流、生产物流和销售物流之间彼此相互独立，缺乏有效的沟通和联络，由所属子公司分别管理，各子公司对与自己业务相关的物流进行分段管理，即把销售物流和供应物流切成若干段，各自为政，且运作模式落后，管理粗放，导致物流资源和人力资源得不到充分合理的利用，物流成本居高不下，服务质量不高，极大地影响了公司乙的产品竞争力。

在公司乙的回收物流中，废旧物料主要来源于汽车、航空、机电等部门，基本上是由各部门自行处理，缺少统一的指挥和调度，总公司没有发挥职能作用，无法控制各子公司的废料回收及销售，废旧物料的再利用和增值也无法实现，给企业带来了很大的浪费。

(3) 公司乙物流存在的问题

公司乙现有的物流模式落后于其发展现状，目前的分段管理模式使物流渠道不畅，管理方式复杂；公司乙没有统一的物流管理部门，对集团物流资源和生产资料不能进行合理配置，效率不高。

供应仓储未实行规模化管理，管理技术落后，没有实行信息化的条码管理，各供应商在公司乙周围设置若干个小仓库，各自向生产线供应零件，管理杂乱、效率低下，运输管理也不规范；物流平台太小，在全国未形成健全的物流网络，致使物流成本过高，并且本公司的运输资源得不到充分利用，社会上的运输资源用得过多，造成浪费。

在回收物流方面，各子公司自行处理造成对废料回收管理的失控。各子公司无力对废旧物资进行加工利用，不利于集团推行统一的利废原则。各子公司过于看重自身的利益，缺乏大局观念，削弱了公司乙整体的竞争力。

公司乙目前没有设立专门部门对集团的物流进行统一管理和协调，对物流成本没有核算、没有比较，对购入的原材料和零部件的库存数量、规格、品种、型号不能实施有效的优化配置，造成了较大的浪费。

2.两公司关于物流合作的意向

公司甲物流项目组凭借先进的物流管理技术和物流管理经验，结合对公司乙物流资源的整合，组建新的物流公司，全面提升公司乙的物流管理水平，加快公司乙的企业改革步伐。

新物流公司的组建，可以实现公司乙主辅业务的分离，使公司乙集中财力、物力和人力提高产品的技术含量，增强其产品的市场竞争力。

物流公司的精心运作，可以降低公司乙物流费用的20%以上，为公司乙提供新的利润空间。物流公司的现代化管理，可以从根本上改变目前物流管理的落后局面，提高物流效率和服务质量，提升公司乙的企业形象。

鉴于上述原因，在4个多月的调查研究基础上，两公司签订了委托公司甲运作公司乙物流的意向书，双方组成了联合调研组，整合公司乙的物流业务，组建新的物流公司。根据物流合作意向书，在新的物流公司中双方各占50%的股份，公司甲具体负责公司乙物流的运作，并明确对公司乙的物流服务范围如下：

供应物流：到供应商处取货、在途运输、库存管理和配送到工位。

销售物流：公司乙的产品经过厂检接货、在库管理，长途运输至用户。

回收物流：废料的收集、挑拣分类、加工和出售。

大宗货物物流：统计采购货物的规格与数量、商定采购合同和安排运输。

进出口货运代理：接受委托、安排运输工具、报关报验和出具单据。

3.经济效益初步估算

公司甲与公司乙携手开展的物流整合，将对公司乙今后迈向更高的目标产生积极的推动作用，同时为合作双方带来可观的经济效益。物流整合所带来的经济效益主要表现在三个方面：一是供应、生产、销售部门的物流成本节约；二是废旧物资综合利用的收益；三是新创收的效益。根据公司乙各子公司之前的年销售情况，可以初步估算公司甲与公司乙物流合作正常运营以后的经济效益和物流成本的节约情况。

(1) 供应物流收益分析

汽车供应费用年发生额达50亿元，该部分费用在汽车厂中只体现供货价格和成本总额，不体现管理费用和运费的额度，这是由汽车厂的物流管理模式决定的，各种管理费用和运费必然要发生，供应商也绝不可能替工厂承担该笔费用。物流公司承担了该部分业务后，通过合理科学的运作，将节约大约20%的物流费用，这是物流公司在供应物流上的收益。

(2) 销售物流收益分析

销售物流的收益主要体现在降低成本上，因飞机销售、汽车储运等部分成本下降的空间较小，节约成本的主要渠道在商品车长途运输和配送上。

①公司乙销售物流成本可以下降的依据：

第一，与社会上的运价相比较，公司乙的运价偏高，存在着一定的下降空间。

第二，解决回程货源问题，提高运营效率。公司甲具有覆盖全国的物流网络平台，具有解决回程货源问题的基本条件，在该平台的基础上稍加运作，回程货源问题将有望得到解决。

第三，提高了经济效益。一般来说，运输价格下调后，运营者的利益肯定会受影响，但这只是表面现象，物流公司的运作方式与一般意义的价格下调有着本质的区别。回程货源问题解决后，无须等待配货，运行效率提高了，每月可多运行4 000千米，从而增加了收入。另外，因为车辆返回时的拉货次数增加，还可以增加一部分收入。

②销售物流费用下降后，物流公司在该项目上的获利：

销售物流费用下降后，物流公司可以通过优化物流网络提高物流效率，提升运费的利润空间；通过健全物流网络平台，形成回程货源，在回程配货环节上可收取一定比例的管理费；广开货源，开发新的利润源。

(3) 废旧物资物流收益分析

废旧物资物流效益分析预估，新增收益在500万元以上。

(4) 大宗货物物流收益分析

大宗货物采购是公司乙可能降低成本的最重要领域之一，之前由于分散管理、价格不统一、质量不统一、暗箱操作等问题比较突出，长期以来，对集团造成了一定的损失。大宗货物物流整合的目的是强化管理、降低成本。

综上所述，公司乙物流经整合后将每年节约或创利8 000余万元。

6.3.2 物流公司经营管理模式

物流公司依据公司法的规定，实行董事会领导下的总经理负责制，独立行使法人权利，承担法人义务和责任，并实行自主经营、自我发展、自我约束、独立核算、自负盈亏。投资双方以各自的投资额为限，承担相应的法律责任和义务。

各自的投资都是以营利为目的的，力求投资回报的最大化，以实现资产的保值、增值和保证企业的健康、持续、稳定发展。

物流公司在做好公司乙物流方面的经营服务基础上，可充分利用物流公司的现有资源和能力，扩大经营物流服务的范围，开发新的物流项目，实现新的利润增长点。

针对物流市场开放度强的特点，为确保物流公司的健康发展，双方同意在原投资之外，组建社会物流部门；若公司甲和公司乙及其所属的子公司、分公司欲参与公司乙物流的运营或相关业务，须经董事会讨论决定。

6.3.3 公司乙物流方案设计

第一部分：供应物流方案设计

1.供应物流现状分析

（1）现有的供应物流流程

在公司乙全部的物流业务中，汽车公司物流业务量占据了90%以上的份额，为汽车生产服务的供应物流是物流业务的重点所在。目前汽车供应物流的一般业务流程如下：

①采购业务流程，参见图6-7。

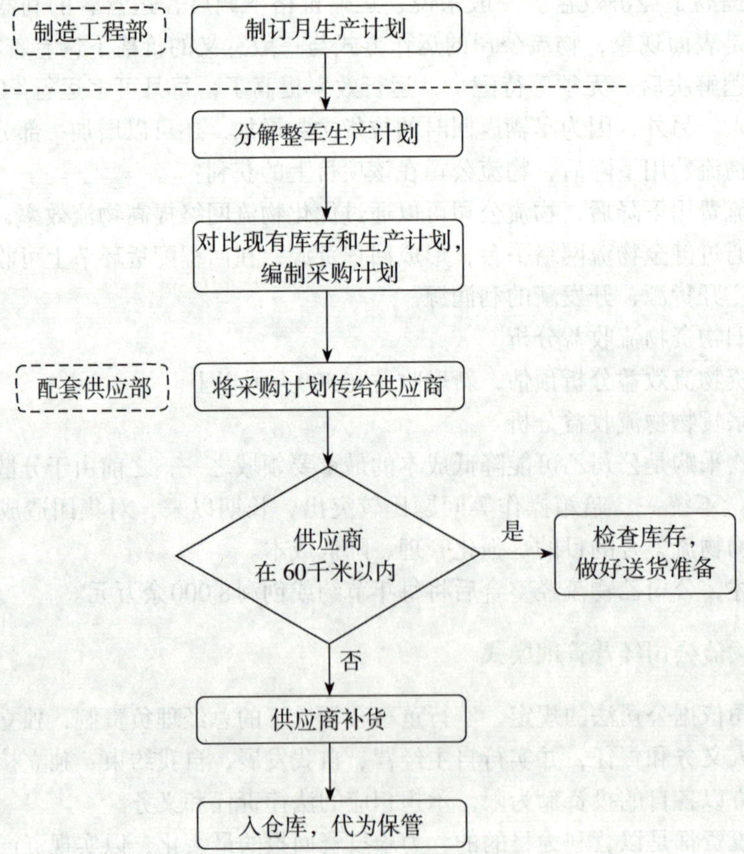

图6-7 采购业务流程图

汽车厂通过BPCS系统分解整车生产计划，供应商在指定的时间之前将货物运到公司乙指定的仓库。

②工位配送业务流程。工程制造部每日将配套单送交配套供应部，库管员将根据技术单将整车计划落实到所管仓库的配件供货计划中，根据组套单准备所需配件，经检验员抽检合格后登记出库，送往组套单中指定的工位。

(2) 现存问题分析

由于供应物流系统庞大，覆盖地域广阔，加之供求双方信息交流不便，物流作业环节繁复落后，因此，公司乙现行的采购供应物流体系已经不能满足市场竞争的需要。主要存在以下问题：

① 配送公司管理混乱，效率低下。为了满足汽车生产需要，配件生产供应商几乎都要在工厂周围设置配送仓库，配送仓库再根据公司乙的指令进行工位配送。在配件配送到生产线之前，全部由生产供应商负责，它要面对许多仓库，其配送管理难度很大，配送效率和及时性存在很多问题。

② 物流信息流转不畅。由于配件生产供应商分散且距离较远，供求双方信息交流困难，生产计划的调整和变化不能及时沟通，而且采购供应物流系统信息不畅，对市场的反应速度迟滞，造成了生产与市场需求的脱节。

③ 整车生产企业的零库存，实际上是以增加配件生产供应商库存为代价的。因此，整个供应链的效率不但没有提高，反而在很大程度上削弱了其竞争力。

④ 运输任务由各子公司完成，其运输成本居高不下。

⑤ 物流业务缺乏统一管理。公司乙没有统一的物流管理部门，许多通用物资和大宗货物也分散采购，由于渠道多样，同质不同价、同价不同质的情况频频出现，没有发挥出集团统一采购的成本优势，对集团造成了损失。

⑥ 不能合理配置物流资源。不能对全集团的供应物流和销售物流进行有机整合、协调，仓储、运输业务中的人、财、物力资源得不到合理利用，造成了资源上的巨大浪费。

⑦ 库房管理落后。库房管理基本上是手工方式，模式几十年不变，这种管理方法使仓库超负荷运作。要提高产量必须进行仓库管理改革，在采购供应物流各个环节实现全面的条码管理和计算机网络控制。

2.供应物流业务范围及业务流程

(1) 业务范围

供应物流是企业物流的源头，是社会物流的节点。供应物流管理范围是指从原辅材料的进货运输、仓储、库存管理到用料管理和供料配送的全过程。

(2) 总体业务流程

根据供应仓储部的职能和业务范围，制定总体业务流程，如图6-8所示。

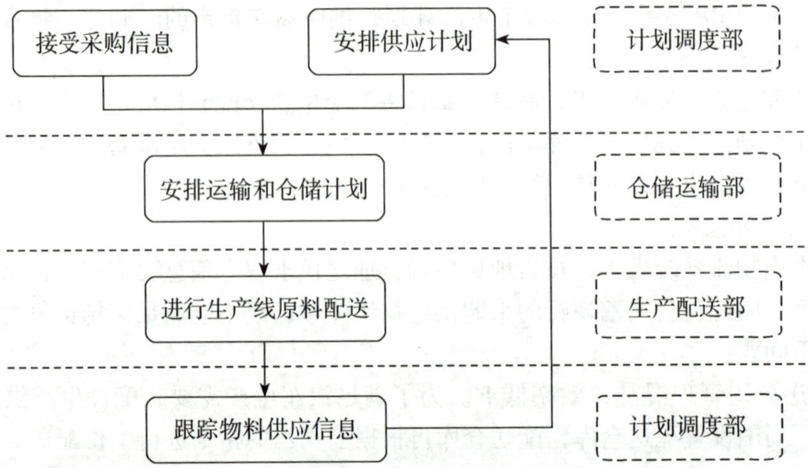

图6-8　总体业务流程图

（3）详细业务流程

公司乙的供应物流业务可以细分为采购运输管理、入库业务管理、在库业务管理、配套供应管理、工位配送管理五个环节。各环节业务内容如下：

①采购运输管理。

对公司乙供应物流进行全面整合以后，物流公司全面承担起公司乙对外采购和配件运输的任务，成为公司乙对外采购的唯一物流服务商，并根据公司乙供应商地理位置和生产能力的不同，采用不同的物流运作模式。

第一，60千米以内的供应商运输。60千米以内的供应商可以采取直送工位的配送模式。

第二，60千米以外的供应商运输，物流公司要先期将一定数量的物料运入物流仓库保管，再根据生产计划安排配送。

②入库业务管理。

•供应商送货。供应商根据物流公司计划调度部门下发的送货指令，在规定时间送货入仓，凭运输通知单和发货单与仓库交接。

•物流公司取货。车队司机按照运输通知单规定的时间完成取货并运回物流公司仓库，凭运输通知单和提货单与仓库交接。

载货车辆抵达物流公司仓库以后办理入库业务。入库业务流程如图6-9所示。

③在库业务管理。

物流中心在库业务主要是库存配件和原材料的日常保管、盘点，以及入库配件在库内不同库区之间的搬移作业。

④配套供应管理。

配套供应管理是供应物流中专业性较强、对物流公司要求较高的业务环节。配套供应业务流程如图6-10所示。

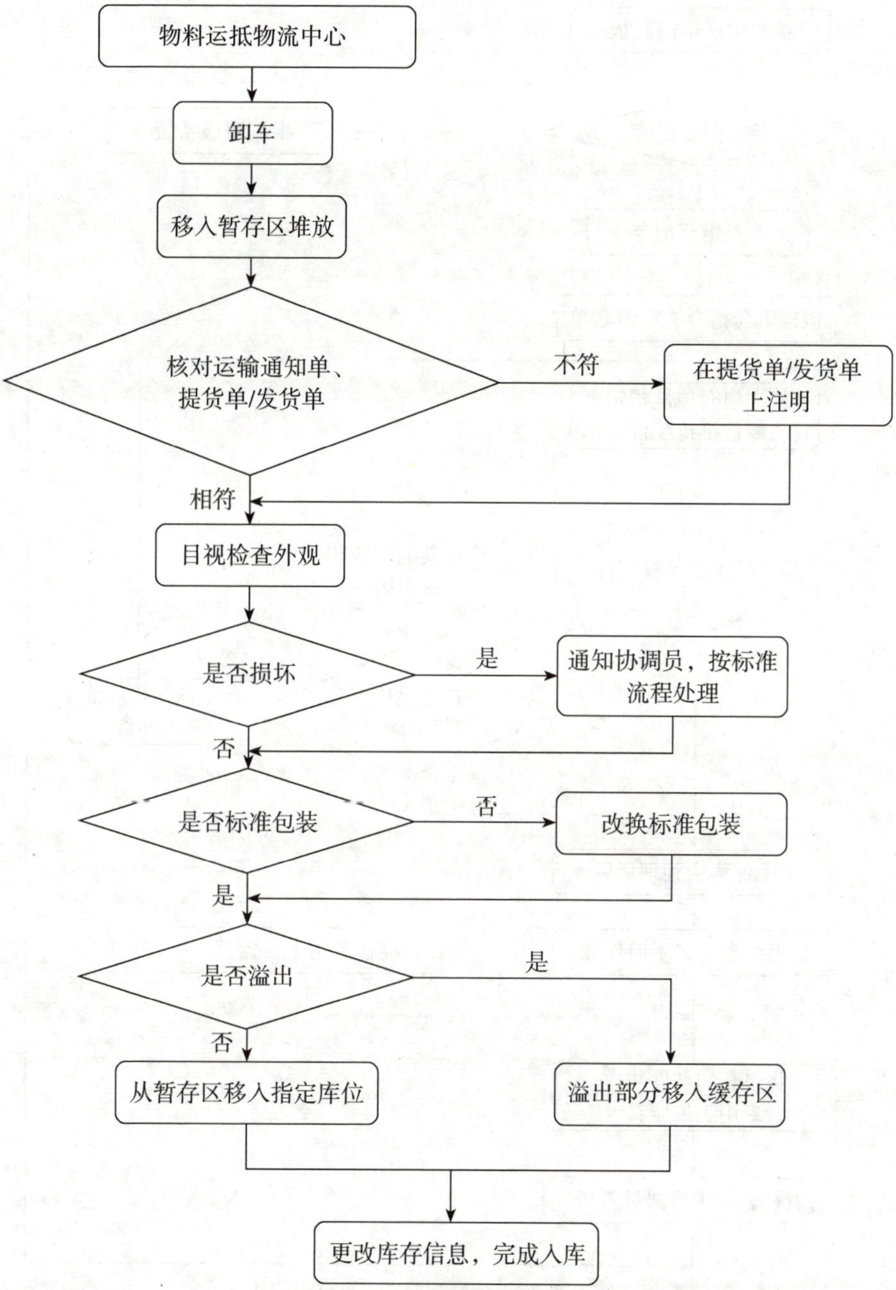

图6-9 入库业务流程图

配套供应管理中的重要单据是配套单，配套单列明需要组套的配件名称、代码、规格、数量以及组套需要的零部件名称、代码、数量、供应商、存放库位等信息。组套人员利用组套单备齐所需零部件，根据组套工艺手册完成组套作业。

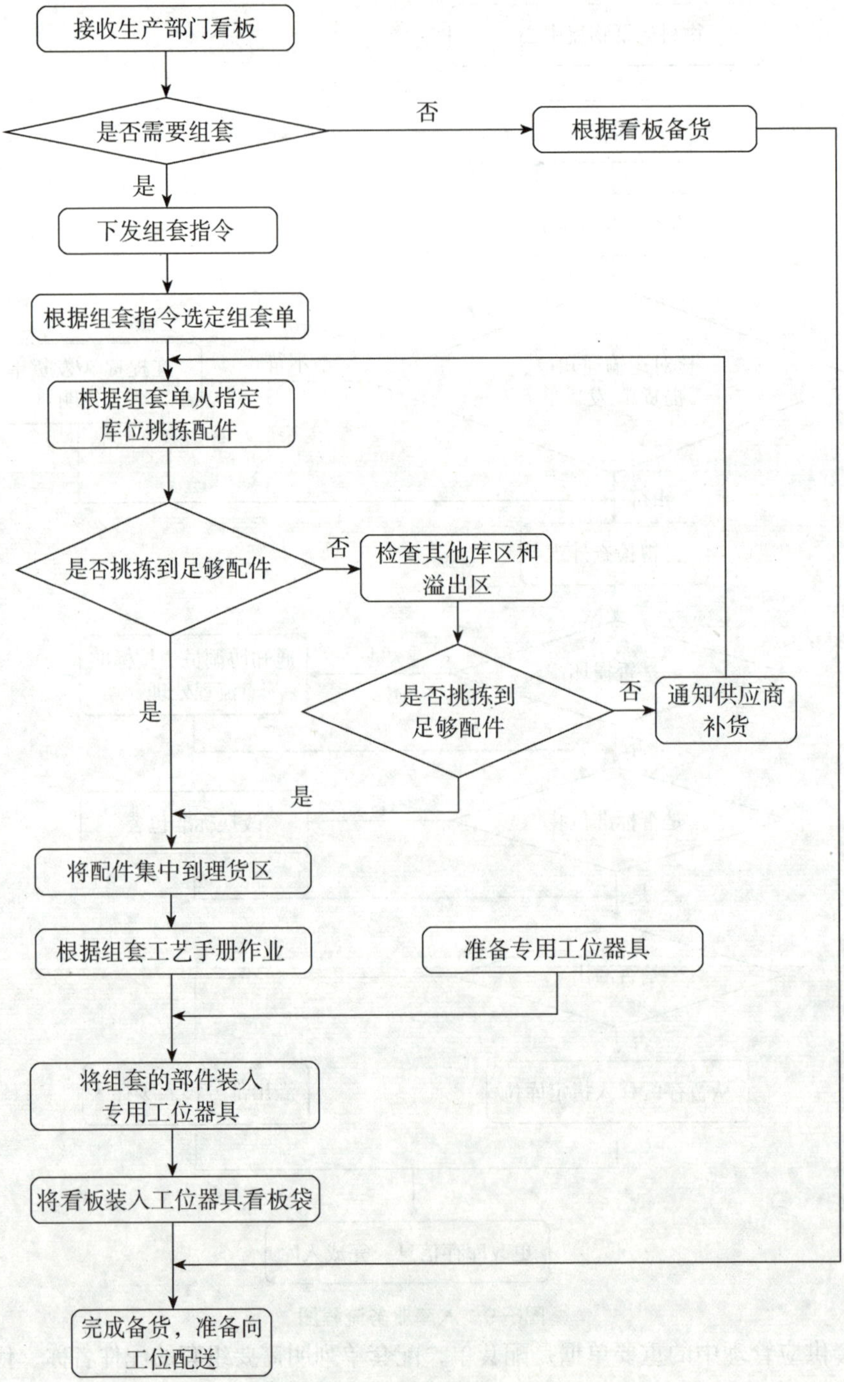

图6-10 配套供应业务流程图

应用看板技术的供应物流流程如图6-11所示。

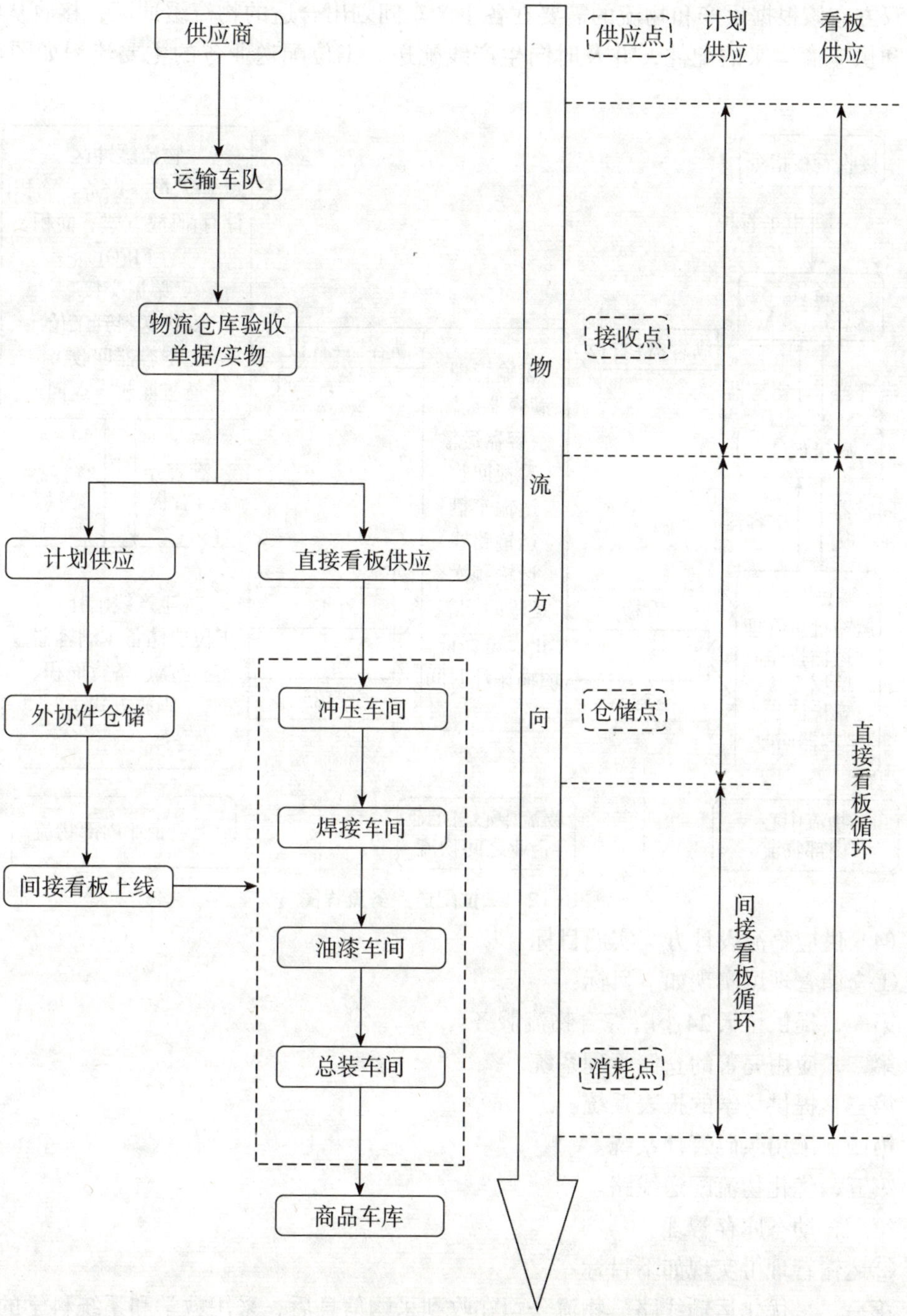

图6-11 应用看板技术的供应物流流程图

⑤工位配送管理。

双方应该根据生产和物流的需要在各生产车间划出合适的物流缓冲区，接收从物流中心和供应商运来的配件，并及时向生产线配送。工位配送业务的主要流程如图6-12所示。

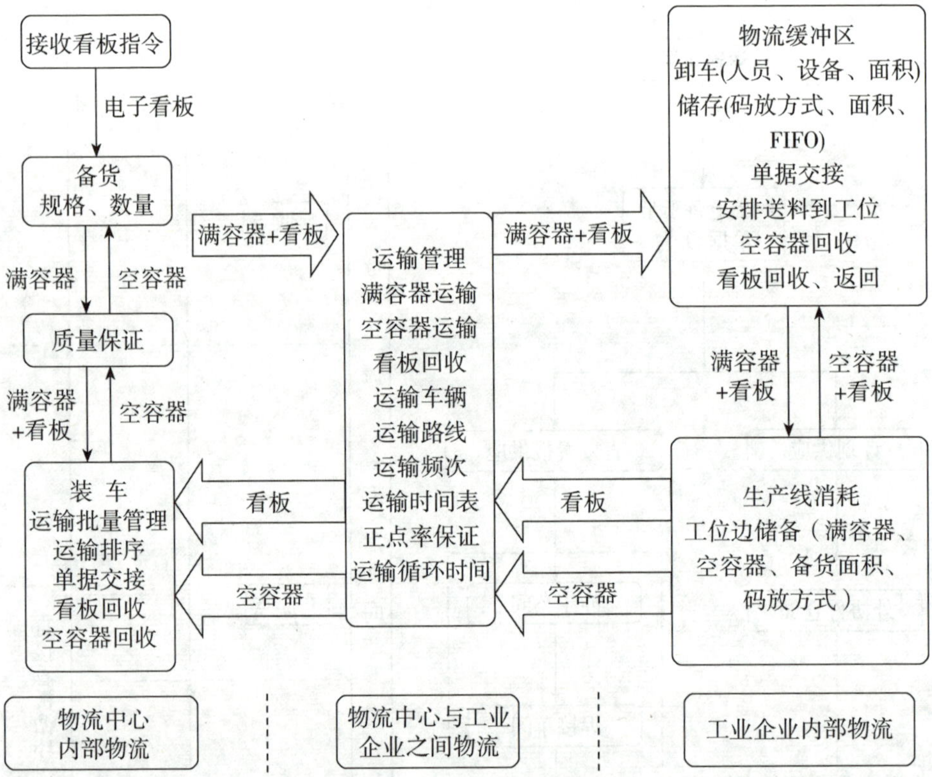

图6-12 工位配送业务流程图

(4) 供应物流设计方案实施目标

①仓储管理可实现如下目标：

第一，提供全天24小时综合物流服务。

第二，应用完善的仓储管理系统。

第三，提供科学的报表系统。

第四，采用条码管理系统。

第五，优化物流配送线路。

第六，动态库存管理。

②运输管理可实现如下目标：

第一，最优化运输线路。物流公司在收到采购信息后，采用数学和系统科学的方法（节约里程法等）制订具体的配车方案。

第二，配送过程信息实时反馈。物流公司信息系统将把货物采购信息实时反馈给供应商。

第三，按需采购，降低安全库存。

第二部分：销售物流方案设计

1.销售物流现状分析

（1）现有的销售物流体系结构

从整体上看，公司乙现有的销售物流，汽车公司相对来说物流量大、业务集中，其总体架构可以简单地用图6-13表示。

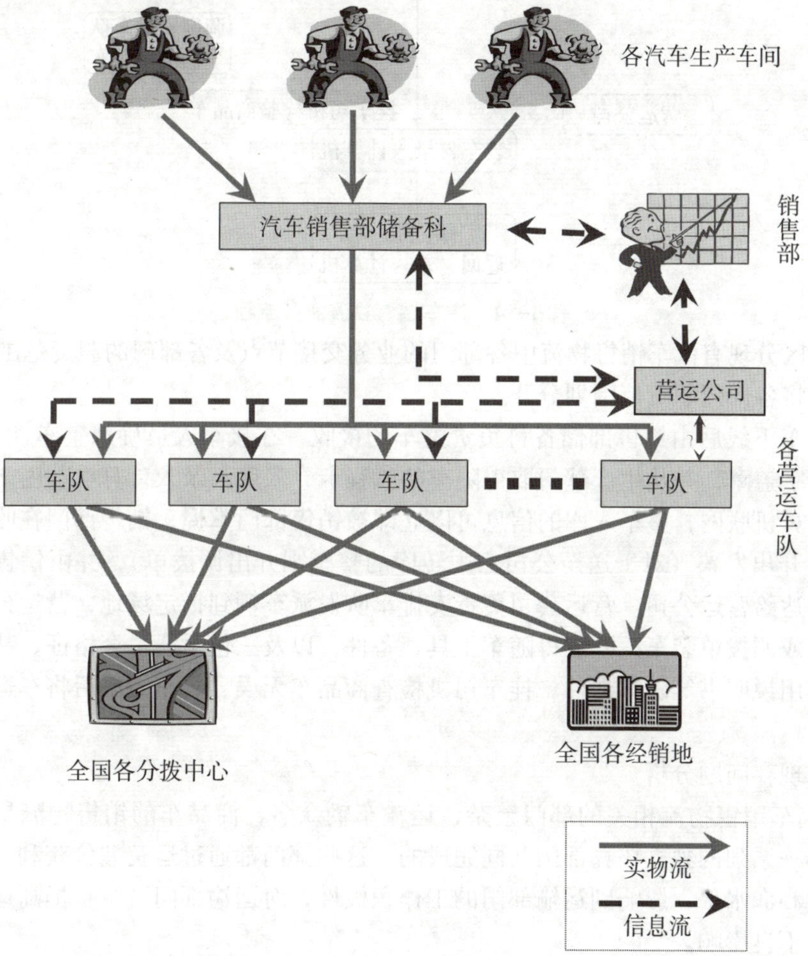

图6-13 汽车销售物流现有总体架构

（2）现有销售物流流程

公司乙的汽车销售物流并不是由一个部门独立完成的，而是由若干个部门经过若干次交接程序最终实现的。其业务流程如图6-14所示。

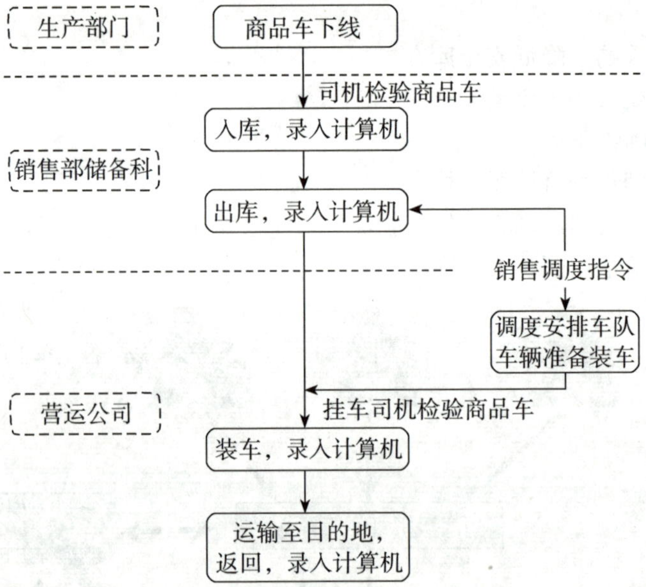

图6-14 汽车销售物流业务流程

为了区分现有汽车销售物流中各部门的业务交接节点及各部门的职责范围，图6-14中用虚线将各部门职责范围划分开。

商品车下线后由销售部储备科负责整车的接收，在接车人员确认整车性能完好后，由司机签字盖章，并从生产部门取得随车的流程卡，入库，录入计算机。由于储备科与销售部计算机联网，整车入库的信息可以立即被销售部门掌握，销售部门在收到客户预付款之后开出发票（对于送至公司乙中转库的整车则开出调拨单），并由销售部调度将其指令传达给营运公司。营运公司负责安排车队发派车辆到指定场地，营运公司现场调度凭发票或调拨单装车，并取得随车工具、备件，以及三包手册、合格证、技术服务手册以及使用说明书等随车文件。挂车司机检查商品车无误、装车完毕后将车运至指定经销地。

（3）现存问题分析

① 汽车销售物流相关的部门繁杂，运输车辆众多，商品车的销售物流是由企业内部和外部一系列的独立核算部门共同完成的，这些部门都通过运费差价获利，降低了运输部门的利润水平，影响到运输部门的工作积极性，对运输部门进一步提高运输服务质量产生了不良影响。

② 全集团现有的物流资源没有得到整合，资源浪费严重。

③ 大量采购社会资源，监督机制不健全。

④ 在物流运输方面没有网络优势，无法实现双向流动，对于汽车空返的现象缺少有效的控制手段，造成车辆利用率低、资源浪费，失去了很大的成本降低空间。

⑤ 管理方法落后。

2.销售物流方案设计的内容

（1）销售物流的初步设计

利用公司甲先进的物流理念和物流运作方法，有针对性地对公司乙现有的销售物流资源进行整合，制定出科学的管理方法和标准化的管理流程。

以条码为信息载体，实现整车仓储、派车发送的自动化和信息化，加强财务上的透明化和公开化，使现有资源得到有效利用和分配，降低销售物流成本，提高管理效率，充分共享和跟踪车辆信息，以满足市场快速变化对信息准确性、及时性的要求，确保根据客户需求的变化做出快速响应，缩短交货周期，提高售后服务水平，最终提高企业的核心竞争力。

（2）整合的内容

物流公司的销售物流将把公司乙原有关销售物流的各个部门进行整合和精简，取消冗余的组织机构，整合业务职能相近的部门和人员，进一步提高工作效率，节省成本。改进后的销售物流组织内部结构为：

销售部储备科负责按照接收到的指令，进行商品车下线以后的检验交接、入库、保管及必要的路试检查，做好车辆售前的安全检查和维修、保养，保证车辆的销售待发状态，以及直到装车运输之前的全部物流过程。

运输工作由供应链管理中心下的运输配送部统一负责，具体负责接受运输指令，对车辆进行及时调度和发配，进行装车现场管理和相关事件处理，对在途车辆进行监控和指挥调度。

协调运输及仓储的计划工作由供应链管理中心的一名经理承担。

接受客户投诉、对社会车队进行考评等的职能由市场客服部负责。

信息部门负责运输平台及网络的维护、更新，并及时将运输相关信息录入电脑，同时负责定期对运输的有关数据进行统计汇总、提交报告、归档。

整合后的物流中心将更加人尽其才、物尽其用。原有人员进行培训后竞争上岗。

公司乙通过把物流业务委托给整合后的物流公司，节省了物流设施和人员精力的投入，人员可以进一步把精力集中在核心技术上。改进后的销售物流业务体系见图6-15。

3.销售物流业务优化方案设计

针对公司乙销售物流存在的问题，物流公司对销售物流中以下几个部分进行优化：

（1）线路优化

公司甲可以依托其遍及全国的强大网络优势，在公司乙的主要经销站点，为配送车辆调配回程货。

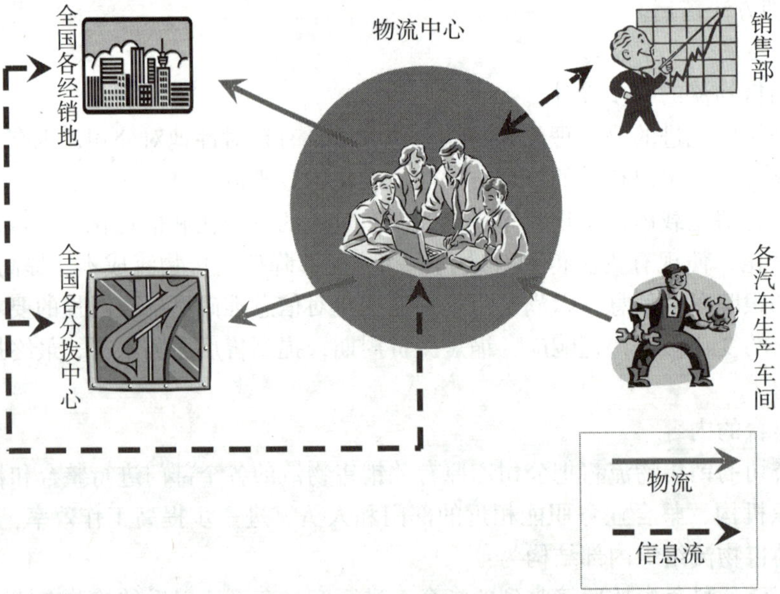

图6-15　改进后的汽车销售物流业务体系

另外，公司甲有丰富的海运服务经验，可以经过严谨的计算，对适当的线路采取海陆联运等运输方式，节省物流成本。

（2）网络优化

对公司乙的产品分拨网络进行系统优化，减少不必要的开销，提高分拨配送效率和客户服务水平。随着物流业务的发展，陆续设立地区性分拨中心，公司乙产品先行运到各分拨中心，根据周围市场销售情况及时调拨，一方面大大缩减成品车对流动资金的占用，另一方面可以缩短客户付款以后的等待时间，及时响应客户的需求，提高客户满意度。

（3）业务上的合理化

① 排车自动化。将营运车辆编号全部录入电脑，并实时对车辆的发车和返回情况进行记录，这样车辆的在途或可用等状况就可以轻松地从电脑中得知；调度时，对所有可用车辆进行电脑自动排号、自动分配线路，鼓励营运车辆减少在途时间、提高效率、公平竞争，也杜绝了管理上的漏洞。

② 整车条码化。在数据录入时，只需将有关单据上的条码扫描至电脑中，数据便可被完整正确地记录下来，节省了业务流程时间，减少了员工工作量，提高了工作效率。

③ 物流过程网络化。相关部门实现联网，信息更新时由系统自动提示。另外，发出指令的动作也在网上完成，节省了工作时间，提高了效率。

④ 推广GPS（全球定位系统）技术，实现商品车在途运输的实时监控和管理。

(4) 加强对运营车辆的管理

加大对车队和车辆的管理，签订有关协议和合同，并对其进行定期考查，实行优胜劣汰。

(5) 提高财务管理水平

做细致的市场调查，对实际情况进行分析和研究后决定运价。财务部门要根据实际发生的费用详细记账，并定期进行审核，杜绝坏账、假账的发生。

(6) 提高企业承诺水平

改进后的业务流程将更加简便，加之物流各部门之间网络的铺设和办公自动化程度的提升，公司销售物流效率大大提高，成本进一步降低。图6-16是公司乙改进后的汽车销售物流业务流程图。

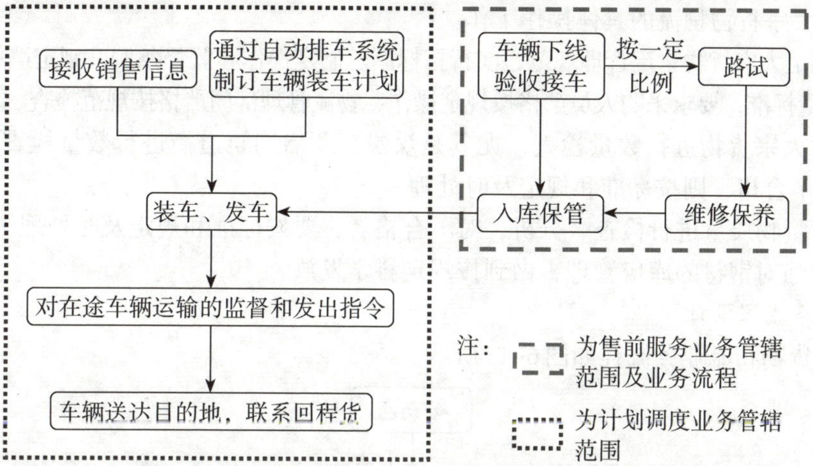

图6-16 改进后公司乙汽车销售物流业务流程图

第三部分：大宗货物物流方案设计

1. 大宗货物物流分析

(1) 现状

现在的公司乙大宗货物（如钢材、煤炭等）不是由公司乙统一调度和采购的，而是分别由几个不同的部门各自采购，各个部门有自己的采购权，而且采购的渠道各不相同，价格也存在差异，质量良莠不齐。

(2) 存在的问题及分析

公司乙的这套运作模式不利于其业务发展，表现如下：所采购的物资价格偏高，对公司造成了不应有的损失；公司乙对此无监控机制，不能实现统一的调度和指挥；有效的资源不能合理地利用，浪费现象比较严重，无人对此负责。

2. 大宗货物采购物流初步方案设计

(1) 方案要实现的目标

① 集中采购能够使采购部门目标明确，有效地降低成本，提高采购物资的资金利用率。

② 降低运输的费用，缩短运输的周期，提高效率。

③ 对所采购物资的质量能起到监督的作用，避免供应商以次充好的不正常现象。

④ 消除资源使用不合理、浪费严重的实际情况。

⑤ 杜绝暗箱操作这一普遍存在的问题，维护公司乙的利益。

⑥ 为公司乙创造一个人人自觉、相互监督的工作环境，有助于公司乙集中精力发展主营业务。

（2）方案实施建议

① 建议公司乙成立大宗货物采购委员会，委员会下设一个常设机构——物流管理部，由该机构负责大宗货物的日常采购业务。

② 物流中心成立大宗货物物流服务部，在公司乙物流管理部完成采购任务的前提下，负责大宗货物物流的具体操作工作。

③ 制定大宗货物物流管理规范，实行招标制。制定操作和监督条例，制定严格的价位、数量和质量标准，要求采购人员严格按规定操作，物流管理部门严格按规范检查、考核。

④ 对大宗货物进行数量检查，尤其是煤炭，要启用轨道衡进行数量检查。若数量检查指标不合格，则按标准和规定及时处理。

⑤ 对货物质量进行检查、分析，对不合格者，要按标准和规定及时处理。

⑥ 加强对钢材的库房管理，做到按规定科学发放。

3. 业务流程设计

大宗货物物流业务流程如图6-17所示。

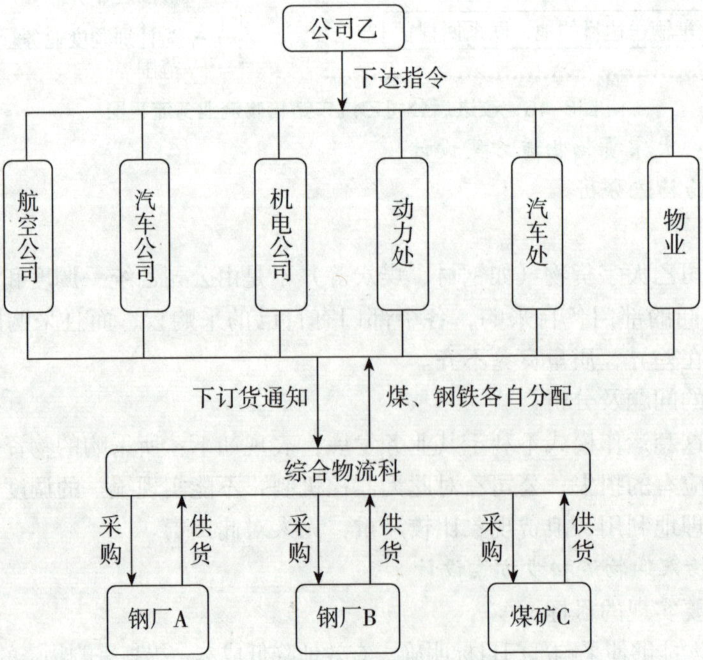

图6-17 大宗货物物流业务流程图

第四部分：废旧回收物流方案设计

1.公司乙废旧回收物流的现状分析

现有废旧回收管理其实是一种多头管理，其弊端集中体现在资源浪费和效率低下两个方面。效率低下又分回收效率低、成本高和影响生产效率几方面，具体表现在：

①综利公司不能有效地控制集团产出的所有废旧物料，部分废旧物料的流失造成了巨额的财产浪费。

综利公司的职能多样，是一个后勤公司，其不但要负责废旧物料回收，还要负责整个集团的卫生清扫等杂务。

各事业部不考虑集团的整体利益，仅从自身的利益出发，坚持自行处理废料。

综利公司对废料的集中管理功能体现在“出门条”上，但各事业部或个人偷换“废料”概念，把部分废旧物资冠以其他名义处理出厂，绕开了“出门条”的限制。

各事业部购入的原材料及零部件的包装物料没有纳入废旧物料回收管理中，被车间或个人自行变卖出去。

②各事业部生产作业与废料回收两个职能没有分离，机构设置小而全，造成资源的浪费。

③各事业部各自为政，缺乏沟通。一方面，部分边角余料本可以交由机电公司进行再利用，但也被当作废品出售；另一方面，各事业部分散寻找销售渠道，信息资源得不到共享，不能汇总成大宗废料集中招标从而获得更好的价格。

④缺乏合理有效的监督管理机制，集团不能控制废料的数量和销售情况，客观上容易为少数人谋取私利留下漏洞，影响员工情绪和生产积极性。

⑤多头管理下的废料回收管理方法落后，成本高、效率低。废料回收的流程不统一、环节设置繁杂，缺乏科学性。操作起来难度大、成效小。

2.废旧物料回收物流方案设计内容

（1）组织设计

新的回收物流管理部将以现有的综利公司为基础加以组建，它将是一个专门化的部门，其唯一职能是回收集团所有的废旧物料。

（2）业务流程设计

业务上的整合主要解决两个问题：一是财务上，废料如何对外销售，以及收入在回收物流管理部与三个事业部之间的合理再分配；二是流程上，如何科学有效地回收废料实物。

① 先分配再外销。整合后的回收物流管理部对三个事业部产出的废料按多方协商后的内部转移价格进行有价回收，取消现行的15%管理费。其优点是各事业部能够集中精力进行生产，回收物流管理部在承担市场风险的同时也有较大的利润空间，不再收取管理费的举措也很受欢迎。

② 外销后再分配。整合后的回收物流管理部无偿获得各事业部的废旧物料，外销后按自身成本状况在销售收入中抽取一定比例的管理费，剩余金额按废料来源退还给各事业部。

其整个业务流程如图6-18所示。

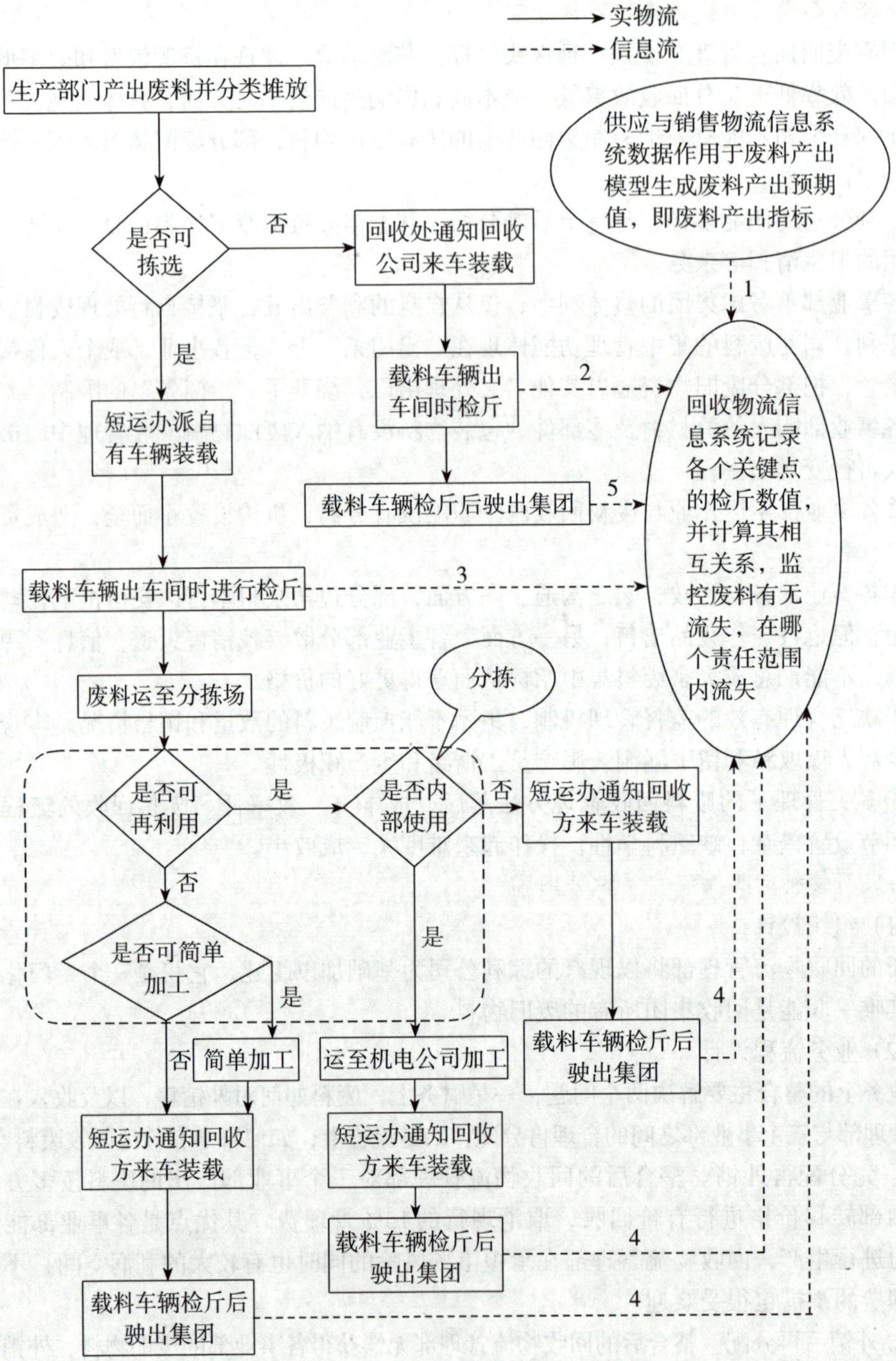

图6-18　回收物流方案设计业务流程图

第五部分：基于供应链的物流信息系统设计

1.系统目标分析

（1）物流全程业务管理。实现物流公司各办公室、零部件仓库、成品仓库及其他网络节点的互联互通和信息共享，为各环节提供信息支持与管理，促进物流信息功能对物流全过程的覆盖，实现信息流、工作流和物流的紧密结合，以提供快速、及时的物流服务。

（2）车辆动态管理。建立全公司统一的车辆监控管理系统，对公司遍布各地的车辆实现统一调配，查询动态的运输信息。以信息为依据指挥调度车辆，特别关注回程车的利用问题，为物流运输环节提供动态的信息支持，避免业务流程与信息的割裂。

（3）成本控制管理。通过对各个环节产生成本的深入分析，以及对运输线路和仓库选址的模拟优化，对仓库管理和配送管理功能加以完善，使物流活动趋于合理，尽可能降低运输成本，提高市场快速反应能力。

2.系统功能设计

为实现上述目标，物流信息系统设计的重点主要包括如何提高物流营运的响应速度，以及如何降低运输、配送和仓库管理的成本。系统总体功能模块如图6-19所示。

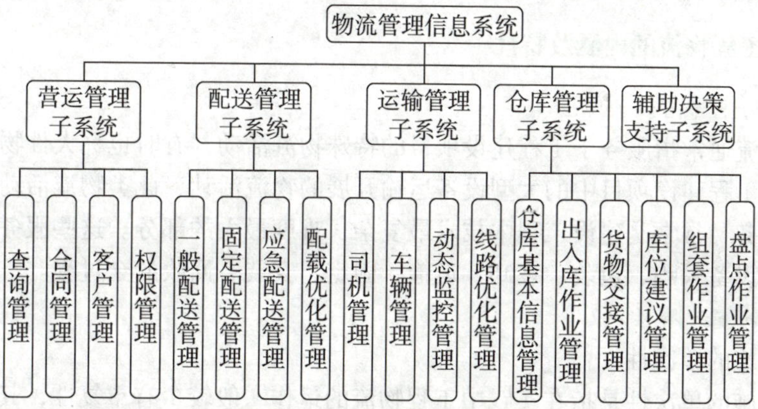

图6-19 系统总体功能模块图

关键概念

企业物流　供应物流　生产物流　销售物流　逆向物流

思考题

1.企业物流包括哪些环节？各环节的特点是什么？
2.企业物流有哪些模式？各有什么特点？
3.简述供应物流的设计要点。
4.简述生产物流的设计要点。
5.简述销售物流的设计要点。

第7章 工程物流方案设计

学习目标

了解工程物流的内涵及特性，掌握工程物流与常规物流的区别，深刻理解工程物流方案设计的目标，掌握工程物流方案设计的主要内容。

7.1 工程物流方案概述

7.1.1 工程物流的内涵及特性

1. 工程物流的内涵

工程物流通常指服务于工程建设项目的特殊物流活动，有时也称大件物流，即由物流企业针对工程建设项目中的大型设备运输开展的物流活动，此类物流活动属于一种特殊的专业服务，常常是建设工程中技术最复杂、难度最大的部分。这些服务有时还包括建设项目的设备采购、包装、装卸、运输、固定、安装、回收的全过程。

2. 工程物流的特性

（1）实施的单次性

所谓实施的单次性是指在实践中工程物流的运作一般较少有重复性，其物流方案通常仅适用于有明确针对性的物流作业。这一特点意味着已有的经验虽然很重要，但只能作为新项目在概念或程序上的参考。在这一意义上，每一个工程物流方案都离不开创新性筹划。

（2）整体的关联性

每个工程物流项目都由多个环节或多个部分组成，这些环节之间相互依托，往往牵一发而动全局。一个环节失误，便可能会导致整个项目停顿甚至失败，就如同一台大型机器中的每一个部件对整体都具有决定性意义一样，少一个也不能正常运转。

（3）工序的不确定性

完成工程物流的实施步骤及操作方法一般不是唯一的，可选择的方案会有多个，能够优化的空间很大。有的方案在开始前有较多选择，但一经选定开始实施就很难在中途进行调整或改变，有的方案则在实施过程中还存在诸多选择，可选择性越多，机动性越好。针对后一种情况，有经验的物流提供方在提供工程物流服务之前通常还要设计出多套应急方案，以应对意外情况的发生，使其增加灵活性。针对工序不确定性的特点，对每一种方案应尽可能地将各种问题都考虑周全，每一个细节都不能忽视。遇到紧急情况，还需要借助丰富的实践经验当机立断，利用其工序具有不确定性的特点，出奇制胜。

（4）技术的复杂性

工程物流往往需要专门甚至专一的设备和设施，需要专门的技术和专业训练，具有显著的探索性和创新性，作业难度大，技术要求高。因此，工程物流项目的实施往往离不开熟悉各种专用特种设备的操作，能够从事运输、吊装以及具有专业知识和丰富经验的各个方面人才，其常常会遇到前所未有的挑战。

（5）过程的风险性

工程物流支撑的项目往往投资较大，在客观上存在诸多限制、不可预见问题始终存在的情况下，出现操作失误是难以避免的。出于这一原因，工程物流一般具有比其他环节更大的风险性。因此，事前开展风险评估和风险管理，是制订工程物流实施方案的重要环节。

（6）解决方案对完成所服务的整体项目的关键性

这里所谓的整体项目，强调的是工程物流为之服务的建设、会展、搬迁、应急以及军事行动等项目内部所具有的高关联性质。尽管工程物流只是在上述服务项目中的一环，所花费的时间与整体项目相比并不是很大，但其解决方案的可行性和可靠性却决定着整体项目是否能够实现，或者说，实现整体项目的预期目标离不开工程物流的能力及实施效果。因此，工程物流实施的可行性和可靠性是所服务的整体项目在论证时最先考虑的关键内容之一。

7.1.2 工程物流与常规物流的区别

工程物流与传统意义的常规物流既有相同之处，又有着明显的不同，其最本质的区别是：工程物流具有“工程”和“非常规”的性质，而常规物流具有“流通”和“标准化”的性质，这些本质特征使得两者在方案制订和实际操作上都有很大的不同。为了更好地掌握工程物流的特性，应该深刻认识这些本质区别。

（1）供应链特征不同

这主要表现在供应链的环节和组成两个方面。一方面，工程物流形成的供应链较为单一，具有单次性和集成性，运作的重点主要集中在装卸、运输和安装等具有工程性质的物流功能上，其他物流功能如包装、流通加工、配送等服务环节相对淡化；常规物流通常是使其“物”在生产或消费系统中进行不间断的持续流动，包括原材料采购、生产、运输、包装、流通加工和配送等各个环节。另一方面，工程物流的供需双方一般仅限于物流服务的提供方和物流服务的需求方，随着物权的转移即意味着该阶段物流活动的完成；常规物流在供应链中属于较简单的环节，从商品制造、批发、运输、零售，到最终到达消费者手中，如此循环往复，能够持续较长的时间。需要指出的是，随着社会经济的发展和生产力的提高，工程物流有向供应链上下游延伸的趋势。向上，延伸到设备的采购、生产监督和质量验收；向下，延伸到设备的安装和调试，即所谓“交钥匙”工程，在我国又称“工程总包”。实际中，越是技术难度大、环节复杂、操作风险高的项目，越适宜工程总承包，这也是当前国际上通行的做法，在这一方面，我国尚有较长的一段路要走。

(2) 运作模式不同

常规物流的服务模式多样，一般有“第一方物流”“第二方物流”“第三方物流”“第四方物流”或各方物流的混合模式。尽管“第三方物流”是未来的发展趋势，并有着较快的发展速度，但目前市场经济下常规物流的运作主体模式仍然是“第一方物流”和“第二方物流”，“第三方物流”仅占很小的部分，其原因是常规物流较为简单、容易操作、规模较大或稳定，所以并不一定非要委托“第三方物流”。采取“第一方物流”和“第二方物流”，是生产过程的自然延续，加长生产链有利于提高企业的经济效益和市场的竞争能力。工程物流与此有所不同，由于工程物流需要的特种设备、工艺手段、操作经验等基本上是稀有资源，因此更需要依托社会化的专业性物流服务，其运作模式往往需要采用“第三方物流”甚至“第四方物流”，具有明显的专有化和专业化特征。工程物流的单次性特点导致了这类物流作业的实施不能照搬传统的常规模式，需要物流提供方具备资源整合和解决突发事件的能力。在工程物流发展的初级阶段，更需要借助“第三方物流”服务提供方获取特种技术和专有设备的支持，通过整合各种社会资源来完成这类复杂的物流活动。但是，随着市场的发展，在某些领域，“第三方物流”的“专”又会使其产生集聚性，容易形成专业垄断，反过来会对生产制造商构成制约。因此，对于超大型有足够市场容量的生产企业而言，利用工程物流的特殊性可以通过其供应链获取核心优势，尽管发展“第一方物流”代价较大，但从整体上看也不失为上策。从这一角度，各种物流模式均有的所谓混合模式更有其优势。

(3) 管理的核心内容和基本原则不同

工程物流的复杂性和技术内涵，通常能够使物流提供方获得比常规物流更加丰厚的利润，但高利润必然与高风险同时存在，因而需要有相应独特的管理规则。常规物流可以周而复始地操作，具有历史借鉴性和可重复性，出现失误时造成的损失通常可以由下一次物流循环弥补，供应链比较稳定，因而潜在的风险相对较小，这一背景下管理的重点是如何做才能用时更少、行驶的路径更短、付出的成本更低等。工程物流则不然，其通常是单次性完成，而且一般投资巨大，其服务对象有时有着浓厚的政治色彩和社会属性，对其安全性要求较高，尤其是从最初的方案设计、实施到任务结束的整个过程都存在诸多不确定因素，各种难以预料的困难随时都会出现，一旦失误后果严峻，因而保证安全和降低环境风险是第一位的，风险管理需贯穿全过程。

（4）决策的方法不同

在物流项目实施之前，制订运行方案是不可或缺的环节。尽管常规物流在运作之前也需要物流方案提供支撑，但因在时间、效益、成本、利润及采用的设备等方面较为明确，形成的方案具有很强的确定性和通用性，所以可采取常规思维和通行做法去解决。工程物流项目的方案则较为复杂，不仅可能需要多家不同专业的企业协作完成，这本身就存在多种不同方案，而且由于客观条件的约束，无法预知所有可能出现的结果，所以又有着很大的不确定性，需要在实施过程中具有更大的变化空间和更强的快速应变能力。例如，制订实施方案的方法不仅仅是使用横道图或网络计划法，还应考虑使用类似决策网络计划法（DCPM）进行决策。由于决策网络计划法在网络计划法的编制中加入了决策点和不同情况出现的概率，因而能够提供在不确定情况下讨论具有动态和概率特征的优化方案。有时，还需利用计算机仿真、模型试验、现场演练等验证方案的可靠性，综合决策后确定出最终实施方案。

（5）对特种设备和操作技术的要求不同

顾名思义，常规物流通常采用的是常规性设备，技术上也相对简单，或开始时可能不熟悉，但经过多次往复后逐渐积累了经验，运作效率会有所提高，失误也会迅速减少。工程物流则不相同，其最大的特点之一就是作业设备或工艺方法的非标准化。工程物流的操作往往需要使用特殊、超大型的专业设备，这些设备并不多见，专用性很强，有的甚至只使用一次，具体操作缺少实践经验；有时在操作技术上还需要突破常规的思维模式和已有客观条件的限制，利用超常规的工艺方法和技术手段才可能完成，因而具有很大的挑战性。

7.2 工程物流方案设计

7.2.1 工程物流方案设计的目标

工程物流本质上是服务于工程建设项目的物流活动，因此工程物流方案设计必须以工程建设项目的实际需要为前提，其目标主要包括货物安全目标、物流时间目标、节约成本目标三个方面。

（1）货物安全目标

在工程建设项目中，关键大件设备的制造成本高、生产周期长，其运输过程不允许产生货物的灭失或损坏。因此，在制订工程物流方案时，必须以货物的安全为首要目标，降低货物在装卸、运输、存储、吊装等环节中的灭失和损坏风险，保证货物的安全交付。

（2）物流时间目标

工程物流所运输的大件设备往往直接影响着整个工程建设项目的工期和进度。如果大件设备比约定时间晚到，则将影响后续工程建设的正常进行；如果大件设备比约定时间早到，则可能前序工程尚未完工，没有合适的场地存放大件设备。因此，在工程物流方案设计中，必须合理计划各个运输环节的时间，使工程物流项目在约定的时间内完成。

（3）节约成本目标

工程物流的运输和吊装设备的使用成本较高，尤其是一些特殊的运输和吊装设备，需要从较远的地方动员至起运地，因此，在工程物流方案设计中，需要在保障货物安全和物流时间的基础上，对所需运输和吊装设备的参数进行准确计算，并结合动复员成本，确定需要使用的具体设备，降低工程物流的成本。

7.2.2 工程物流方案设计的主要内容

工程物流提供方一般提供门到门的一揽子物流解决方案，服务范围从生产工厂接货一直到工地现场交货，一般包含装卸操作、设备组织、驳船转运、码头管理、陆上运输及报关报检等各项物流活动，因此，工程物流方案设计的主要内容主要包括以下几点：

（1）货物系固

工程物流中涉及的货物多是大型或特种设备，因此在物流方案设计的过程中，要严格按照国家的有关标准，对货物系固的方案进行详细设计，以保证运输过程的安全。无论采用何种运输方式，系固都是工程物流中货物安全运输的重要保障。

（2）货物运输

工程物流中的货物运输主要涉及水路、公路、铁路、航空等多种运输方式。设备的运输往往要跨越多个地区甚至不同的国家，运输线路复杂，需要专业的运输技术，如滚装、桥上桥技术等。因此，需要综合考虑货物运输的安全性、及时性和成本，对货物运输的方案进行合理设计。

（3）现场装卸

货物运达目的地后，往往需要利用各种吊装设备将货物放在指定位置，使其就位，这标志着货物由起始地运达目的地。现场装卸作业的风险因素较多，如地面强度、天气情况、吊装设备参数等，需要从风险控制的角度，予以认真考虑。

（4）报检、报关服务

随着物流全球化的发展，工程物流中运输的货物很多是进（出）口设备，需要完成入（出）境的报关及报检服务。因此，为了按时完成工程物流项目，需要在制订工程物流方案时对报检和报关的具体时间和口岸进行合理计划。

（5）运输监督

工程物流中货物的装卸及运输等操作过程通常要安排专业人员进行技术指导和监

督，应用卫星定位系统等先进的科技手段进行实时跟踪，因此，为了保障运输的安全性，需要在制订工程物流方案时对运输监督的相关事宜进行合理计划。

（6）专业人员的配备和管理

工程物流是一项复杂的物流活动，需要综合性技术和专业知识作支撑。因此，在制订工程物流方案时，需要综合考虑各个运输环节的需求，对包含管理人员、技术人员、专家在内的项目团队构成进行合理的计划。

（7）听取客户和专家意见，进行方案修正

在形成初步物流方案之后，由客户和相关的专家进行评审，提出不足或建议。在此基础上，对物流方案进行进一步的完善和修改，最终形成实施方案。

7.3 工程物流方案设计应用案例

本案例是某工程物流有限公司由我国台湾地区运输PC反应器至美国的工程物流方案中海运方案的节选。该工程物流项目运输的货物包括重大件设备1件（设备重量252吨，尺寸为45 415mm×9 474mm×9 652mm），以及重量小于40吨的普通件杂货16件。

7.3.1 海运方案设计要求

本项目海运设计方案必须考虑以下几点具体要求：

① 货物叠压层高限制：货物不允许叠装。

② 绑扎加固强度增加：我国台湾地区至美国航线运输距离长，且航线易受台风季影响。

③ 船舶吊机具必须符合装卸要求。

④ 船舶长度、宽度、吃水满足码头挂靠要求。

⑤ 船况、船籍满足装货港和卸货港的挂靠要求。

⑥ 满足重大件设备远洋运输要求。

7.3.2 船舶的选择

本着安全、经济、及时的宗旨，为项目的顺利实施提供安全、符合远洋运输要求的专业适航船舶进行运输，综合考虑货物特点、吊装和运输要求，拟采用重吊船“DTL号”执行本次海运任务，如图7–1所示。

7.3.3 航线及航行时间

重大件船航行速度相对普通件杂货船舶船速要快，可以达到13~14节。我国台湾麦寮港至美国POINT COMFORT港的距离约10 452海里，以13节速度行驶，航程需要35~

38天。

图7-1 本项目所用重吊船

7.3.4 船舶积载

根据招标方提供的箱单及货物详细资料（包括货物的重量、尺寸、重心和吊点的准确位置及相关图纸等），项目执行团队和重大件技术人员在装运货物前将编制货物的装载计划，并做好以下工作：

（1）船舶配载计划的制订、装船前安排

根据招标方提供的该批次发运货物的详细资料（包括货物的重量、尺寸、重心和吊点的准确位置及相关图纸等），根据所选用船舶的特性、航线特点、季节条件等因素，在规定的时间内向招标方提供经过周密安排、精心计算的货物积载计划、吊装/吊卸方案，衬垫方案、绑扎方案，供应保障方案，航行途中货物检查、管理、应急措施等，经招标方审核确认后付诸实施。

（2）货物包装要求

所有货物包括重大件的包装均应坚固、牢靠，适于海上装载运输装货作业，设有合适的绑扎点并标识清楚，重量、尺寸、重心和吊点的位置也应清楚标识；重要的精密仪器和设备应有防雨、防潮保护。

（3）船舶证书

在作业前提交招标方确认。

（4）船舶吊具

船舶均应具有货物装卸载能力，保证所有货物在装卸港能够顺利装卸。在作业前做好一切装卸货准备工作，保证船舶起重设备（包括专用吊具和索具）、船舶的调平系统以及舱盖处于良好状态，并向招标方提供相应的证书及合格证。

（5）普通货物积载要求（Stowage Requirement of General Cargo）

在充分利用船舶载重能力的同时，严格遵守国际载重线要求，绝不超载。通过合理选配货物的位置及衬垫，保证船体的纵向强度、局部强度符合要求。通过合理安排上下层的货物重量和适当调整压载水，保证船舶稳性符合要求，即装货作业时有足够的稳性，航行时有合适的稳性。通过合理比例安排各舱货物重量和适当调整压载水，保证船舶具有适当的吃水差。合理安排货物舱位，符合港序要求，在中途港卸其他货时，保证重大件及重要精密设备不移装、不倒装。根据货物的特性、航线特点、季节条件（所经海、洋区的风浪状况），认真制订绑扎、加固方案并付诸实施，保证符合《货物系固手册》的要求，以便途中维护、检查、管理。

（6）重大件货物积载要求

①正确选择重大件舱位及货位

重大件货物的装载位置，应保证货物和船舶的安全，以便于作业和使用船舶重型起货设备。当货物装于舱内时，应配置在舱口尺寸大而且有重型起货设备的中部货舱。当配置于二层舱时，要注意货件的高度应不大于二层甲板至舱口下边的高度；当货物装于上甲板时，应根据货物性质，合理选定货位，一般应安排在船上重型起货设备能够吊装吊卸的部位。如怕水湿的货物应配置在中部上层建筑后面的甲板上。上甲板的重大件货物不应置于舱盖上，其装载部位应不妨碍起货机、吊杆起落、系解缆等操作，不应堆装在消防干线及支管、测水管、水密门、排水孔、货舱入孔、操作各种阀门的设备等处所，并应留出人行通道，其堆装高度应不妨碍驾驶台的眺望视线。重大件货物在船上的配置应该左右均衡。

②局部受力分析

由于重大件货物的重量较大，因此，确定重大件货物的装载位置后，必须对其受载部位的局部受力进行核算，并保证其局部强度不受损伤。

③船舶稳性核算

校核装载重大件货物（特别是当货物装于上甲板时），以及船上设备装卸重大件货物时对船舶稳性的影响，核算船舶可能产生的最大倾斜角，并保证其不超出允许范围。

④船舶积载模式（如图7-2至图7-4所示）

图7-2 舱内积载

图7-3 舱面积载

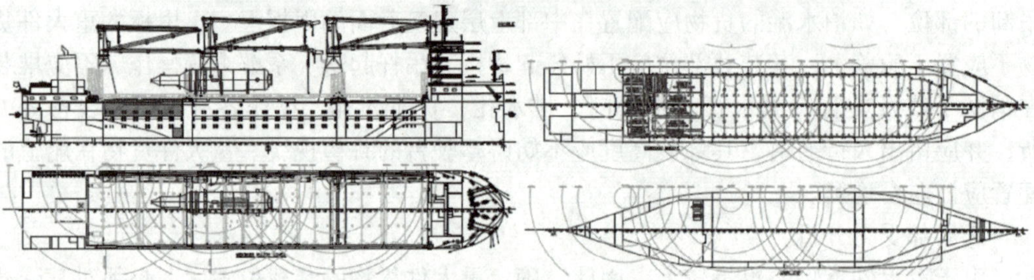

图7-4 本项目预配载图

⑤配载说明

本项目共运输货物17件，具体船舶配载情况见表7-1。

表7-1 本项目配载情况表

位置	件数
甲板	1
底舱	2
二层舱	14

⑥局部受力分析

C-5009运输过程中由鞍座固定，鞍座的投影面积：

$S=1.5\times9.8\times3=44.1$（㎡）

甲板实际局部载荷：

$P=G/S=252/44.1\approx5.7$（t/㎡）

甲板的许用载荷：

$P_{max}=22$t/㎡

则$P<P_{max}$，故此分载方式满足甲板的载荷要求。

7.3.5 装船作业

（1）普货装船作业

①装船原则

件杂货一般情况下货物种类多，货物性质、包装、批量各异，而且往往多港卸载或装载，因此，在具体配装时应按一定顺序操作。卸货港序不同时，后卸先装。配装舱室不同时，先下后上，先大后小。货物特性不同时，先特殊后一般。货物批量不同时，先大票后零担。

②装船前准备

装船作业人员对吊货索具进行安全负荷全面检查、加油、试吊并对吊装操作作业人员进行训练，与指挥人员进行联系沟通。对受载舱内全面清扫、清洁，对污水井存水全部排尽并擦干净，开舱通风，避免潮湿，保持大舱干燥清洁的良好状况。苫布、绑扎加固用木料、钢丝绳和焊接用电线、插座准备齐全。

（2）重大件设备装船作业

①装船前准备

掌握船舶承运重大件货物的能力，包括船体结构、局部强度、重吊的负荷量及其他技术参数、绑扎加固设备等；仔细检查装运重大件货物时需用的设备并保持其处于良好技术状态，如重吊及其附件是否处于正常可用状态等。详细了解所运重大件货物的有关资料，如件数、单件重量、尺寸、货物形状、包装形式及其坚固程度、装运要求等。装卸重大件货物前，最重要的是根据货物尺寸、重量以及吊点的位置配装吊具，有时仅看装货清单（packing list）还不够，有些吊点不规则的特殊货物，还需要港口船长或大副提前到堆场看货，这样配出的吊具才更准确。装船前，召集码头作业工人及承运船舶负责人代表召开装船实施方案的会议，制定安全作业和技术保障措施，对吊装重大件货物的机具绳索、人员及作业程序进行反复核准，协调各方对所有环节进行认真细致的检查，保证作业任务分工明确、组织严密、调度合理，做到各负其责、协调一致、统一指挥；吊具指挥人员必须预先了解重大件货物结构特点和摆放位置，包括船舶内部结构及预定位置，确保装船过程的安全和准确；吊装前，做好主要吊装机具和分项工艺的试验检验工作。根据试验检验结果，对工艺进行进一步的修改及细化；所有进行作业的有关人员均需持证上岗，并专门针对此项目涉及的重大件货物种类进行系统培训；所有手动吊装、焊接、测量等工具，均需计量检验，合格后方可使用；提前对舱内预定位置进行合理的衬垫，防止重大件货物积载过程中出现接触面局部压强过大的问题。吊装机具及工艺检验如图7-5所示。

②重大件设备吊装作业

重大件货物起吊之前，一定要保持钩头及吊货索垂直（vertical），否则当货物离地时容易横荡，冲击旁边挂钩的人员。当货物吊到码头拖车上方时，可以将其重心位置对

图7-5　吊装机具及工艺检验

准拖车的中间位置，让操吊人员稍微减一点负荷，然后由驾驶台调整压载水来将负荷逐渐减掉，这样操作，货物就不会在车上移动。操吊人员是做不到钩头和吊臂同时配合适当地减负荷来保持船舶平衡的。在超长大件两端系牵引绳可以控制货物的转动方向，当一件货物重心较高、接近吊点时，可以在货物的顶部两侧各系两根牵引绳，以防止货物翻转，保持平衡。针对外表要求高的货物，装卸时吊具需有防碰防磨保护措施，严防擦损货物；同时，可以采用尼龙材质索具以避免擦损货物。采用重吊船吊装重大件的步骤与普通件杂货吊装的具体步骤基本相同。若采用双吊抬吊模式操作，两个船吊操作人员需提前培训，加强安全规范操作意识，在起吊货物时应保持一致的起吊速度。同时，在货物吊起后，应听从地面指挥人员的口令，统一行动。吊装现场情况如图7-6所示。

图7-6　吊装现场情况

7.3.6 衬垫绑扎及加固

（1）一般货物的衬垫绑扎及加固

在项目操作过程中，我们一般运用牵引和衬垫两类绑扎物料。牵引类物料主要指钢丝绳，以及地令、卸扣、钢丝卡子、花篮螺丝等辅助物料，主要用于固定货物，防止货物在船内晃动，避免货与货、货与船之间碰撞，以及货物自身倾斜造成的货损。衬垫类物料主要指方木、木板、钢板，甚至是草垫、帆布等，主要用于衬垫在两层、前后、左右货物之间，增大下方货物受力面积，并避免上下、左右、前后货物之间发生接触，货物与货物之间由于接触摩擦受到损伤。合理衬垫是保护货物完好，保证船、货安全的重要措施，因衬垫不当引起的货损事故，船方应负赔偿责任。在装货过程中，值班人员应就货物衬垫提出具体要求，并负责监督和指导。衬垫材料的选用、衬垫方法和部位应按货物性质、包装、航行季节、航线及船舶条件等具体情况确定。现就衬垫的主要作用及对衬垫的一般方法简介如下：

①防止货物水湿的衬垫

装载袋装、捆包类等怕湿货物，应根据货种、航区温度变化规律及航行时间长短等情况，在舱底、舱壁、舷壁等处加以适当衬垫。在底舱舱底，视具体情况，铺垫1~2层具有一定厚度的木板（如需铺2层，应采取下层横向、上层纵向交叉铺垫的方法），在接近污水沟处，应留出空当，以便顺舱壁、舷壁淌下的汗水及船底污水畅通流入污水沟。靠舱壁、舷壁处的衬垫，主要是防止货物汗湿，一般可用帆布、草席等进行隔衬，但应注意不要阻塞汗水顺流下淌的通路。为防止舱顶汗水滴湿货物，可在货物顶部铺以帆布，或用草席呈鱼鳞状依次铺盖。汗水最多之处是舱口边缘、舱口横梁和通风筒下方，靠近这些地方应多铺基层，并注意使其向两舷倾斜，以防积水。

②防止货物压损、移动的衬垫

当装运包装不太坚固的货物，或其包装虽然坚固但需堆码较高时，为防止下层货物压损或垛堆倒塌，货物移动，可视具体需要每装一层或几层铺设一层垫板，以保持货件受力均匀；在污水沟附近等底面不平处装载箱、桶类货物或舱内装载重大件货或装载块状钢铁货物时，为防止货物移动或滑动，可用木楔、垫木等垫料，或用撑木支撑固定，或在舱底铺设垫料以增加货物与船底之间的摩擦力。

③保证甲板局部强度的衬垫

在舱面或舱内装卸重件物时，需在底部衬垫方木、钢板或木板等，以扩大受力面积，减小甲板负荷量，保证满足不超过许用负荷的要求。

（2）重大件货物的衬垫绑扎及加固

重大件货物的绑扎加固工作极其重要，直接关系货运运输安全。由于重大件船运输公司主要由欧美公司运营，尤其是单吊作业达到500吨以上船舶，几乎被欧美公司垄断。船公司对重大件绑扎要求高，码头船长将根据《船舶的系固手册》《IMO ALLEX

XIII》《Lashcon计算软件》《Thomas Stowage》《Lashing and Securing on Deck Cargo》等欧美船公司操作要求进行绑扎方案的预设计和相应计算。系固主要应抓住两个要点，即防止移动和防止翻倒。

①重大件绑扎加固材料选择

重大件绑扎加固材料主要以垫木、工字钢、地令、钢索为主，具体如图7-7所示。

图7-7 重大件绑扎加固材料

②绑扎加固角度

绑扎加固时，每个地令不能超过三根绑索，且方向不得相同，以节省绑索和提高绑扎效力，并使各道绑索受力均衡；系固角应尽量小，一般在25~30度。绑扎加固的实际情况如图7-8所示。

图7-8 绑扎加固实际情况

③衬垫加固

裸装设备装船时，在设备与船舱之间铺垫木板或者方木，以增大设备摩擦阻力，对设备的上部使用钢丝绳索加固后，可防止设备的前后和上下移动。为防止设备的左右移动，可在设备的下部或支撑架的部位，增焊制动器，具体数量根据设备的实际情况来决定，以保证设备的安全。衬垫加固实际情况如图7-9所示。

图7-9 衬垫加固实际情况

④止移墩的选择和烧焊

为了防止货物移动，可在货物的前后左右烧焊止移墩。一般止移墩按强度分为三种：H-beam、shear plate 和 steel plate，其中工字钢 H-beam 是强度最大的。根据所装重大件的重量、尺寸及堆装位置来选择止移墩的种类和烧焊数量，此外，止移墩材料的厚度、尺码以及烧焊的质量也很重要，不能点焊，要求满焊。

⑤复核检查

绑扎加固完毕后，需要获得港口船长和本轮船长的认可才算完成。有些绑扎工作主要由岸上绑扎工班实施系固操作，但由于他们缺乏相关系固知识，而且有时偷工减料，所以难免存在安全隐患。这样在港口装货时均须配备码头船长，完工后必须检查。

7.3.7 途中保管

为了保证货物在航行过程中的安全性，我们将从技术、工艺实施、管理等方面解决运输过程中可能存在的问题，并采取如下特殊保护措施：

（1）预防船舶产生过度的横摇和振动

通过合理安排货物的舱位、适时地调整压载水以便获得合适的稳性，将船舶摇摆周期尽可能控制在13~16秒之间；航行途中遇大风浪，结合全球航海智能系统提供的实时资料，及时调整航向、改变船速，避免正顶风浪或产生谐振，减小涌浪对船舶的影响，把船舶的振动、纵横摇摆对重大件运输的危害降至最低限度。必要时可以采取避风措施，以保证船、货安全。通过采取措施，将加速度控制在1.0g以内，船舶的横倾角度不超过15度。

（2）预防货物污染、腐蚀

按照航区实际情况，开启船舶大舱通风马达，保持船舱干燥，预防潮湿，同时保证船舶大舱水密性良好，并在积载时对具有污染、腐蚀性的货物采取严格的隔离措施，确保货物在运输过程中不被污染、腐蚀。对于大舱水密如发现个别处有渗水，应立即采取有效方法封堵漏水处。当主机在海上满负荷运转振动24小时后，应对货物进行全方位安全检查，再次收紧个别绑扎索具。每天测量船舱污水井两次，一旦发现污水井有水，立即排出。船长、大副牵头，制订货物管理、检查方案，每日组织专职人员对船上所载的货物进行检查、维护并对货物的状态做好记录。记录的数据应按要求定期通过传真或其他通信手段向招标方通报；每日对货物加固、绑扎状况进行检查，发现问题及时采取补救措施，防止货物，特别是重大件货物的移动。航行中应有专人定期检查重大件货物的状况。在大风浪来临之前及在大风浪中航行时，更应认真检查货物绑扎的牢固程度，以防发生货物移位。大风浪时检查货物状态必须至少有两人同往，并通知驾驶台适当调整航向，减缓摇摆，以保证安全。必要时可采取避风措施或改向航行。

7.3.8 目的港卸船

货物运达目的港后，我们将根据当地码头及港务局要求，制订合理的卸船流程和方案，并依照方案执行卸船工作。

（1）卸船前准备

海船装船后，及时将海船配载图发送至招标方、收货人、项目组人员；海船抵港前，港上物流现场经理将与招标方和收货人召开船舶抵港前三方会议，制订卸船、后方堆场卸车入库作业计划，提前确认卸货场地、作业时间和作业顺序等；通知技术熟练、经验丰富的作业组和港区运输组成员各就各位，处于“临战状态”；海船需提前做好接货前的安全准备措施，包括夜间照明、车辆检查、特殊吊具备齐及检查等。

（2）卸船过程

卸船前须清理卸货场地，确保场地满足安全作业要求；船舶靠泊后，船公司提前安排人员解绑；起吊前确保吊带位于吊点处，然后由指挥人员指挥操吊手缓慢收紧吊机钢索，然后缓慢起吊，确定货物前后左右安全间距足够的情况下加速起吊；卸货后，及时摘除吊具，对货物外表进行查验、签收。

（3）重大件卸货

召集码头作业工人及承运船舶负责人代表召开卸船实施方案的会议，制定安全作业和技术保障措施，对吊装重大件货物的机具绳索、人员及作业程序进行反复核准，协调各方对所有环节进行认真细致的检查，保证作业任务分工明确、组织严密、调度合理，做到各负其责、协调一致、统一指挥；吊装前，做好主要吊装机具和分项工艺的试验检验工作。根据试验检验结果，对工艺进行进一步的修改及细化。工作人员提前研究吊装方案，详细了解设备的悬挂点及重心位置，使主钩位置对应重心位置，以避免吊起后设备在船舱内摆动引起碰撞损坏。若悬挂钢绳与设备有硬性接触，则需要在钢绳与设备之间垫放橡胶皮保护。所有进行作业的有关人员均需持证上岗，并专门针对此项目涉及的大件设备种类进行系统培训。所有手动吊装、焊接、测量等工具，均需计量检验，合格后方可使用。货物稳妥地吊放在车板上后，及时摘除吊具，对货物外表进行查验、签收。如发现货损，及时拍照留证并通知保险公司启动查勘赔付程序。

关键概念

工程物流　工程建设项目

思考题

1. 工程物流的内涵是什么？
2. 工程物流与常规物流的区别有哪些？
3. 工程物流方案设计的目标有哪些？
4. 工程物流方案设计的主要内容有哪些？

第8章 区域物流方案设计

学习目标

了解区域物流的内涵及特征，掌握区域物流方案的特点，深刻理解区域物流的合理化，掌握区域物流模式和设计要点。

8.1 区域物流方案概述

8.1.1 区域物流的内涵、结构及特征

1. 区域物流的内涵

区域物流是以经济学中的区域概念为基础，研究在该区域内物流活动的规律。

区域物流是指全面支撑区域可持续发展总体目标而建立的适应区域环境特征，提供区域物流功能，满足区域经济、政治、军事等发展需要，具有合理空间结构和服务规模，实现有效组织与管理的物流活动体系。

2. 区域物流结构及特征

区域物流属于社会经济范畴，作为区域经济的一种特殊形态，具有完整性、有机性、复杂性等社会经济体系的一般特点。区域物流的结构是多层次的，其基本要素包括作为主体的从事区域物流活动的经济组织、作为客体的区域物流对象和区域物流运作的载体。以上三者构成了完整的区域物流结构体系，能够实现区域物流的整体功能。

（1）区域物流的主体

区域物流的主体是直接参与或专门从事区域物流活动的经济组织，包括货主企业、第三方物流企业、储运企业等。这些企业是区域物流渠道起点和终点的连接者，在整个区域物流活动过程中起着主导和决定性作用。

（2）区域物流的客体

区域物流的客体即物流活动所操作的货品（商品）。客体种类繁多、数量庞大，每种客体都有不同的形态、结构、功能、用途、物理特征和度量单位，由不同的生产者生产和不同的消费者使用。

货品一般具备可移动性，通过物流企业的活动安排，不断从生产领域向消费领域流动，从而实现物流主体的物流功能。

(3) 区域物流的载体

区域物流的载体是保证区域物流活动有效、协调进行的基础条件。它涉及铁路、水运、公路、仓库、场站、信息网络等基础设施和条件。

区域物流载体系统的完善程度和先进程度是衡量一个区域物流发展水平的重要标志。区域物流载体的建立，仅仅依靠市场的自发行为是不够的，构建一个协调发展、物畅其流的区域物流载体系统，需要中央政府和地方政府进行统筹规划。

区域物流的物流企业、货品和载体及其相互关系构成了区域物流的总体结构，其中区域物流的经济组织决定了区域物流的组织结构，区域物流客体决定了区域物流的货品类型和规模，区域物流载体决定了区域物流的空间结构。因此，一个区域的物流总体结构往往决定了该区域物流业的发展水平和规模。借助区域物流，推动区域经济发展，提高区域经济活动的效率，是区域特色经济发展的前提。

8.1.2 区域物流方案及其特点

1. 区域物流方案概述

区域物流方案是指符合区域经济发展和区域内产业结构的特点，能够满足区域内生产和消费所产生的物流需求的一体化运作模式和技术组织方法。

2. 区域物流方案的特点

(1) 差异性

区域物流是为区域内提供物流服务的综合体，是为了促进区域经济的发展、满足区域内产业结构所要求的货品流通的公共物流系统。因此，区域物流方案需要满足不同产品的需要，须在包装、运输、仓储及装卸等环节上认真研究、统筹考虑，尽可能降低物流成本，满足交易市场顾客的物流要求。区域物流运作中的差异化需求较高，但标准灵活性较强。

(2) 区域性

不同的经济区域所处的区位、物流基础设施条件、产业结构与规模及产业间的关联程度、区际产业布局及原材料输入地和产品输出地（消费地）、区域市场规范程度等方面存在差异，导致各区域物流需求的规模和质量各有不同。区域物流系统必然是在区域经济发展战略的总体目标和模式框架下，根据区域经济的现状、区位优势、产业活动、流通活动等特点设计的，能够符合区域经济需求的、独特的、有效的物流服务方式。

(3) 系统性

区域物流是个涉及面非常庞大且内容复杂的系统，其中包括大量的有形要素和无形要素，因此，需要按照不同的属性、特征或目的对区域物流系统进行不同的层次划分。区域物流方案的设计，应该按照区域物流整体对部分功能的要求，对其在时空中的排列及各部分之间的作用关系进行安排，构造出具有特定功能的区域物流系统。区域物流运作各环节中存在大量的“效益背反”，因此为了减少系统内部的冲突，增加系统运行的稳定性，必须确定一个总目标，对各组成部分进行内部协调，对区域物流系统进行整体优化。

8.2 区域物流方案设计

8.2.1 区域物流方案合理化

区域物流方案合理化实质上就是实现区域物流的系统化，运用系统学原理进行整体设计、组织实施和管理，从而以最佳的结构、最好的配合，充分发挥系统功效，实现物流合理化。区域物流系统化是区域物流平台构建的较高层次及理想目标，其研究的对象是城市干线道路、城市的集配中心、城乡接合通道、企业的仓库以及区域间通道等区域物流设施联合组成的物流网络体系。区域物流方案是否达到系统化的标准，应从以下几个方面进行综合评价：

1. 物流网络的通达性

能否根据用户对物资所提出的数量、时间、地点等要求，及时运输和配送物资，是衡量物流服务质量水平的一个重要标志。在进行区域物流方案设计时，必须充分考虑运输网络布局、配送中心选址、运输工具配合、运输路线等级改造、仓储及装卸自动化、物流信息平台建设等因素，以确保区域间良好的联络性和区域内充分的通达性。

2. 物流服务的一体化

现代物流将过去相对独立的运输、装卸、仓储、包装、流通加工、配送等环节有机地联系起来，强调整体的最优化。区域物流方案的设计应以切实有利于物流运动一体化的实现为准则。

3. 物流运作信息化及网络运行高效化

构筑完备的区域物流系统，应以运用信息技术为基础，建立区域物流信息网络体系，从而实现物流信息共享，达成商流、物流、信息流集成化的应用目标。同时，因为物流属于服务行业，物流服务都有一定的经营目标，因此，无论是物流企业还是生产企业，都希望在完成物流任务的前提下，降低物流成本。也就是说，必须把提升物流服务质量、缩短货物流通时间、减少在途物流仓储积压量、提高物流经济效益的目标放在首位。

8.2.2 区域物流方案设计要点

区域物流是为区域经济服务的具有空间网络结构的物流服务系统，其基本的结构是以中心城市节点间的物流通道为干线，节点城市作为辐射两端区域的物流网络。因此，区域物流方案的设计是对这种满足区域经济发展需要的区域物流系统的规划和设计。

1.区域物流中心节点的选择

在一个地区内部，企业在进行区域选择时要考虑很多内部、外部的因素，其中包括区域政策环境、市场与外部资源接近程度、市场内部资源发展的成熟度、生产成本及运输成本等传统因素，还包括信息可得性、创新能力、聚焦效应等新经济地理因素。

（1）自然资源和地理区位

区域物流中心城市的选址必须首先考虑自然资源和地理位置，丰富的资源可以为城市的长足发展提供不竭的动力源泉，得天独厚的地理位置能确保城市的不断开放和持续“做大做强”。

（2）物流基础设施建设

交通运输仍是现代物流的主要方式，也是最主要的“第三方利润”的源泉。所以，一个城市是否具有传统的交通运输优势，或者其是否具备开发运用新型交通工具和设施的潜力，将是其能否成为一个战略性枢纽中心的重要依据。除了要加强便利的交通设施建设外，物流基础设施的另一个重要方面就是物流信息系统的建设。现代物流的发展必然与IT技术的应用紧密相连，电子信息技术的应用更是促进了物流产业的快速发展。因此，建设完善、顺畅的信息系统是建设物流中心城市的基础条件。

（3）地区产业结构和区域物流需求

区域内产业结构决定了区域内物流需求的规模和质量，选择物流中心城市要充分考虑到区域内产业结构的特点，满足区域经济发展的需求。

（4）人力资本投入

要使地区内的人力资源水平满足企业发展的要求，一方面是数量要达标，另一方面是质量要过关。不仅要使物流基层操作人员的素质达到要求，同时更要注重物流专业高层次人才的培养，这对于产业的长远发展具有重要意义。

（5）产业环境

一个地区是否具备良好的产业环境，能否为企业提供完善的配套服务，是企业进行区位决策时需考虑的重要因素。政府应当为企业发展提供一个高效、透明、平等的市场环境，推动物流产业与相关行业的融合，促进本地资本与外来资本的融合，严格规范物流市场秩序。

（6）区域物流产业政策

目前，很多经济发达地区的现代物流已具备一定规模，一些区域性的物流市场正在形成，地方政府已制定相应的政策来规范市场行为，引导物流业的健康稳步发展。但由于我国经济发展不平衡，各地区市场状况、企业素质和融资能力相差很大，物流业发展的规模和水平存在较大差异，短时间内难以建立起全国性的物流政策体系。

2. 区域物流平台的构建

(1) 区域物流平台的构成要素及构建原则

区域物流平台是物流的载体，其一般含义是指物流作为一种新兴的业态、一种先进的组织方式和管理技术，得以在区域经济运行中充分发挥其效用的基础环境和基本条件，是一个包括诸多因素的复杂网络体系。区域物流平台的构建实际上是对各构成要素的项目建设。由于区域物流平台是一个复杂的经济系统，涉及诸多因素，实现统筹管理相当不易，因此应在服务于战略规划的基础上逐个项目进行实施。在构建区域物流平台的过程中，需要遵循以下几个方面的原则：

统一原则。强调参与现代物流的各部门、各环节之间从适应物流需要出发，统一设备规格、技术性能、信息标准。

协调原则。强调参与物流的各部门在运输、储存、装卸、包装、流通加工、配送、信息处理各环节中，必须加强信息交流，在时间、空间上互相衔接。

物流平台的兼容性原则。区域物流平台的构建，是结合区域经济优势及发展特点进行的，区域间的市场经济的互补性决定了区域间物流平台应有较好的兼容性。

整体效能原则。区域物流平台作为一个系统化、一体化的物流支持体系，其优劣应以整体效能为评价标准，应在保证整体效能最大化的前提下，追求各子系统的最大利益。这就要求统筹兼顾、协调发展。因此，需要把握主要矛盾，解决好物流平台中各相关环节的“瓶颈”问题。

硬件基础设施建设应有相对的前瞻性，即适度超前。铁路、公路、场站、码头、仓库等硬件基础设施属于固定物，其建设具有阶段性。在建设中，应依据规划进行超前建设。

(2) 区域物流平台的整体架构建设方案

作为区域物流系统结构主框架的区域物流平台，应具备以下三个层面：

第一个层面为物流概念体系平台，主要包括物流概念体系的设计、确立、发展、完善与普及。这一平台随着经济发展进程的推进、企业自身的逐步完善以及企业发展水平的不断提高而自然形成。

第二个层面主要包括物流基础设施平台、物流技术研发平台和物流信息平台，三者构成物流活动有效运转的硬件支撑体系，可以为现代物流的发展创造一个良好的硬环境。通过物流基础设施平台构建网络，实现系统最优；通过物流技术研发平台为物流主体和各层面的运作提供技术支持，降低物流实现过程的成本；通过物流信息平台完成信息共享，为最终实现数字化提供良好的先行条件。

第三个层面主要是指物流发展政策平台。其作用是为现代物流的发展提供一个理想的软环境，确立物流业持续健康发展的政策保障体系，包括理想的投资环境和产业运营环境，以及针对运营主体的市场准入政策、融资政策和具体的市场管理政策。

8.3 区域物流方案设计应用案例

本案例是为某企业设计的《烟大滚装物流方案》的内容节选。

大连位于辽东半岛最南端，东濒黄海，西临渤海，是东北三省及内蒙古东部地区经济发展的窗口。大连港凭借其优越的区位条件，加之国内良好的经济态势和活跃的环渤海经济圈，其滚装运输在近年的发展中一直处于重要地位，是其主要业务之一。烟台位于胶东半岛最北部，地处环渤海经济圈入口，与大连隔海相望，经济腹地非常广阔，辐射山东及华中、华北、西北等广大地区。大连港与烟台港海上距离较短，约89海里，两点之间的滚装运输发展十分迅速，滚装车辆吞吐量占总滚装吞吐量的74.4%。烟大滚装航线是连接南北经济的黄金通道，带动了南北货物的大流通，促进了中国中部与东北地区经济的大发展。

东北老工业基地拥有一批全国一流的重型工业和化工企业，如汽车、飞机制造业，工程机械、工业设备制造业，化工工业等，同时拥有全国一流的工业原料资源、丰富的农副产品和有色金属矿藏，无论是品质还是数量都具备优势，可为原材料工业提供强有力的原材料支撑。山东地区的主要产品有：农林牧渔业产品、矿产品、电力产品、加工食品、缝纫品、毛皮及其制品；木材、竹制品及家具；纸、纸制品、文教体育用品；石油制品、焦炭及煤制品；化工产品；医药；橡胶制品和塑料制品；建筑材料及非金属制品；金属制品；金属冶炼及其他产品；普通机械；交通运输设备；电器机械及器材；电子产品及通信设备；仪器仪表等。东北地区主要向国内特别是华东、华北等地调出石油、成品钢铁、各种机械和木材等物资，而从华北等地调入煤炭、铁矿石、粮食以及轻工业产品。两地产品互补，价格的差异是推动两地经济发展的前提。

8.3.1 烟大滚装运输市场分析

1. 大连市场现状分析

（1）市场主体现状分析

提供滚装物流服务的企业包括船公司、港口企业、配货站、车队以及物流企业等，它们是使用船舶、港口、车辆等硬件资源的主体。

（2）挂靠港口现状分析

烟台至大连之间滚装船在大连地区分别挂靠大连港港区码头、香炉礁港区码头、新海航运客运码头和大连湾新港辽渔码头。

（3）车辆情况分析

①车辆吞吐量。大连至烟台之间滚装船车辆年吞吐量总和在50万辆以上。其连续6年的车辆吞吐量如表8-1所示。

表8-1 连续6年的车辆吞吐量

年份	1	2	3	4	5	6
年车辆吞吐量（万辆）	46.98	60.05	45.08	48.632	51.21	53.35

可以看出，最近3年车辆吞吐量基本呈稳步上升趋势。滚装运输经常出现车辆数过剩、船舶运力不足的现象，可见市场上的货量远远大于吞吐量，滚装船货运市场还具有很大的发展潜力。

②港口车辆吞吐量分布。20××年大连部分港口车辆吞吐量数据如表8-2所示。

表8-2 20××年大连部分港口车辆吞吐量

港口	大连港	香炉礁港	大连湾港	合计
车辆吞吐量（万辆）	13.8	19.7	19.8	53.3

大连港车辆吞吐量所占比例较小，这种情况很大程度上取决于港口的位置和交通状况。相比之下，大连湾港与香炉礁港所占比例较大，其主要原因是这两个港口交通便利并且服务质量较好。

③淡旺季分析。一年中各月份车辆吞吐量波动现象不明显，第四季度一般为一年中的旺季，主要受农产品丰收和农历春节两个因素影响。淡旺季区别不大，一般情况下淡旺季货量比例是1∶1.5。由此可见，在国家宏观形势稳定的情况下，国内滚装运输的市场行情是基本稳定的。

④车辆对流情况分析。某3年间大连至烟台、烟台至大连的车辆吞吐量数据如图8-1所示。

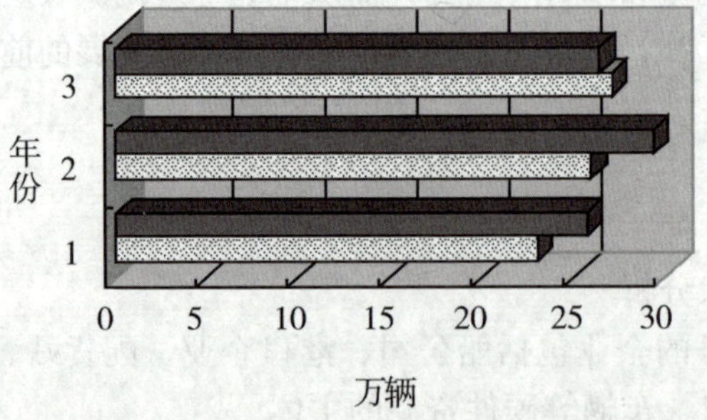

	1	2	3
烟台—大连	25.68	29.31	26.31
大连—烟台	22.95	25.9	27.03

图8-1 某3年间大连和烟台之间车辆对流情况

由图8-1可见，大连至烟台与烟台至大连的年车辆吞吐量最多相差3.41万辆，即平均每天每艘船相差不到7辆车，由此可见两地车辆吞吐量基本平衡。

⑤车型分析。进行滚装船运输的50余万辆车分为客车和货车，其中客车所占比例不到10%，货车占90%以上，即45万辆以上。货车类型有小车、单车、半挂车。小车指5吨以下9米以内长度的货车；单车指5吨自重9~12米长的货车，装货后毛重能达到10吨；半挂车指10吨自重10米以上长度的货车，装货后毛重能达到20吨，这种车车头可以与车体分离，车头长度一般为1.5~2米。半挂车有封闭式和非封闭式之分。封闭式只用篷布遮盖，主要装散杂货；不封闭的主要装木材和钢板。

半挂车、单车、小车占总货车车辆吞吐量的比例如表8-3所示。

表8-3 车型比例分析表

船舶＼车型	半挂车	单车	小车
岛字号	40%	40%	20%
海字号	27%	50%	20%
银河号	15%	47%	29%
山东渤海轮渡	25%	35%	30%

通过表8-3可以发现，像半挂车这种大吨位车在货车中所占比例相对较小，平均占30%，即10万辆/年左右；单车、小车这种小吨位车所占比例较大，平均占70%，即30万辆以上。

从大连到烟台的车辆大多数来自大连、鞍山、沈阳、丹东，还有部分来自吉林和内蒙古。从烟台到大连的车辆大多数来自青岛、威海等地。目前的车辆除一小部分是大货主公司自有车辆外，大多数属于社会车辆。大连地区规模较大的车队有交运车队、捷达车队、瓦房店长波车队、瓦房店英武车队。

（4）货物情况分析

烟台到大连的滚装船车辆年吞吐量达到500万吨，除去客车与货车自重货物，吞吐量约为350万吨。大连至烟台货物吞吐量为每年约170万吨，即每天吞吐量4 000吨。而实际上东北地区的生成货量要远大于其吞吐量，因此货源市场巨大。

① 货种及主要大货主。大连到烟台的货种主要是钢材、板材、化工产品，货源一般来自沈阳等地，偶有杂货和农产品；烟台到大连的货种主要是杂货、农产品，大连水果约70%从山东运来。

② 配货相关信息。大连共有配货站1 300多家，主要位于金州配货市场、交通局配货市场和香炉礁零担配货市场。配货站一般都是个体经营，且长期稳定，信息共享比较方便。

（5）现有业务流程分析

从大连往烟台运输的货物从发货人到上船一般通过以下两种方式：一是大货主直接

找车运输；二是小货主找配货站作为货运代理进行运输，其中后者更为常见。

① 大货主。大货主是指货量大而稳定的货主。由于货源稳定，这些货主与船公司通常签订协议或合同，以获得较低的运价。由于货量较大，且大货主经济实力较强，因此一般拥有自有车队或者长期与某家车队合作，此类货主通常用挂车进行整车运输。

② 配货站。货量不稳定、每个航次不能凑成整车的小货主，一般依托配货站作为代理，由配货站负责提供配货、车辆安排等服务，货主与车辆之间可以直接联系。但由于配货站一般比较固定，且信息灵通，所以社会车辆大都通过配货站配货，可以说配货站就是货物与车辆结合的平台，经配货站配货的车辆一般承运不同货主的货物，从事的是零担运输。

配货站向车辆提供货源信息，车辆到货源处取货、承运，货物运抵收货人后，车辆自行解决回程问题。货主将运费给配货站，配货站给车辆司机单程包干费。

2.烟台市场现状分析

（1）车型现状分析

① 烟台港：烟台港各车型比重为：轿车及客车占31%，头车占9%，单车（9~11米）占30%，半挂车占30%。

② 地方港：调查发现，地方港和烟台港在车型比重上有所差别。半挂车占20%~25%，9.6米单车占35%，7.2米以下单车占30%左右，轿车及客车占10%。

（2）货物现状分析

在烟台下船的车辆中，运卷钢的大半挂车占大多数，其次是运输木材、机械设备和其他类型钢材的车辆；上船去东北的货物主要是农副产品（水果、蔬菜）、建材物料（石板、钢材）、水产品、杂货（纺织品、塑料）、机械设备、轮胎、啤酒、电器等，以南方的轻工业产品和胶东地区的农副产品为主。

（3）配货基本情况分析

① 车型：配货的车辆以单车为主，主要车型为7.2米和9.6米。另外，12.5米的厢式车也比较常见。

② 配货站：配货站大部分是个体和大型物流公司设在烟台的网点，数量多、规模小，主要集中在大型的货运站内。

③ 配货量：配货量很大，可占货物吞吐量的60%~70%，整车很少；上船的重车占到90%以上。

④ 配货价格：价格随着市场行情变化而波动很大。回程配货的价格一般比专车专送的运价要低，在货运旺季运价就高，淡季则低。

⑤ 配货等待时间：回程配货可能不止一次；司机平均配货等待时间为2天。

（4）货运价格现状分析

货运价格主要受货物量供给的大小以及滚装船运费的影响，变化较大，但全年价格总体上变化不大。另外，在以下特殊情况下，价格也会上涨：一是油价上涨，这是司机需要支付的主要成本；二是国家政策的变化，如禁止超载，司机的利润下降，必然会使运价有所上升以覆盖损失的部分利润。

3.现存问题分析

（1）安全问题

其主要包括货舱起火隐患、货物安全性隐患、车辆超载现象严重等。

（2）效率问题

①单程运输时间长。

烟大滚装市场上，货物通过配货站代理的方式较多，但配货站一般是由个体经营的，虽然稳定但是规模较小，而且通常情况下很少进行信息共享。配货站在配货方面是随机的，没有提前签订契约或合同，因此，配货的零担货物流通速度较慢。

②回程等货时间长。

车辆从大连运到目的地后，有一部分直接空车返回，但是空车返回仍然按车长计费，因此大多数车辆选择在烟台等货。一般情况下，车辆只要能承运单程运输就会接受订单，等到了烟台再考虑回程配货，因为需要有等货时间，因此大大降低了货物周转速度，影响了物流效率。

（3）服务问题

其包括送货不及时（时效性）和货损、货差、丢货现象（赔偿能力）。

（4）费用问题

海运费用较高，单程费用高。

8.3.2 烟大滚装物流模式设计

1.烟大滚装物流模式的提出

（1）烟大滚装物流模式概述

烟大滚装物流模式是在原有滚装运输模式基础之上，优化海上运输环节，延伸集货运输、仓储保管、装卸搬运、包装、流通加工、分拨配送、信息管理等服务功能，为货主提供低成本、高质量的一体化服务的物流模式。

烟大滚装物流模式设计旨在建立一个区域性物流通道，即以烟台、大连之间的滚装水道为纽带，以烟台、大连为节点，向南连接山东地区并延伸到华东及华南地区，向北连接辽宁地区并辐射到吉林、黑龙江、内蒙古等地的区域性海陆大通道，推动区域物流的发展，进而促进区域经济的繁荣。

（2）烟大滚装物流模式的特点

① 多功能性。与原有的滚装运输模式相比，滚装物流模式不仅具备海上运输功能，而且延伸了更丰富、更必要的服务功能，如集货运输、仓储保管、包装、流通加工、分拨配送等，这一模式可以为货主提供一体化的物流服务，更好地满足货主个性化、多样化的需求。

② 区域性。与企业物流不同，烟大滚装物流模式属于区域性物流模式，即服务对象没有局限性，只要是适于通过烟大滚装水道流通的货物，不管是大宗货还是零担货，均可以为其提供服务。因此，这种模式面向的客户数量多、范围广，具有较强的区域性。

（3）烟大滚装物流模式的意义

①解决问题、建立秩序。

解决安全问题：使用标准化车型；车头不必上船；严格货物检查；严格货物载重限制。

解决效率问题：提高单程货物流通效率；提高返程车辆配货效率。

②提高经济效益：提高船公司经济效益；提高货主经济效益；提高港口经济效益。

③促进物流发展：降低物流成本，提高物流服务水平。滚装物流中心主体作为第三方物流企业，提供货物的全程服务，滚装物流中心具备集货运输、配货拼车、装船运输、分拨配送、仓储管理、流通加工六大功能，具有先进的运输技术、仓库管理技术、装卸技术、配送技术、分拨技术、包装技术与信息技术，可以有效提高物流服务水平。

（4）烟大滚装物流模式实现的条件

① 市场条件。大连港具有便利的地理条件，加之所处地区良好的经济态势，使得近年来滚装运输在大连港的业务中占据重要地位。烟台大连航线的滚装船运输所载车辆吞吐量达到每年50万辆，货物吞吐量达到每年500万吨。随着腹地经济的发展，滚装物流将拥有巨大的货源市场。

② 资源条件。大连、烟台是运输业发展较快的城市，当地的运输仓储企业较多，拥有较为丰富的车辆和仓库资源。

③ 技术条件。对运输技术、仓库管理技术、装卸技术、配送技术、分拨技术、包装技术与信息技术等内容进行具体分析。

2. 烟大滚装物流总体模式设计

烟大滚装物流总体模式设计，旨在在大连、烟台建立滚装物流中心，整合货源，实现货物的“大集大散”，实现货物的规模化流通，以降低物流成本，同时提供多功能、一体化的物流服务。以大连到烟台的流向为例，需要物流中心提供服务的客户，将其货物全部集中到大连滚装物流中心，对于需要仓储的货物进行仓储管理，对于需要及时发运无须存储的货物直接装入大型标准化厢式车，大型厢式车开往大连滚装码头，然后进行装船甩挂，车体留在船上，车头卸下返回物流中心或等待物流中心指令。车体通过海上运输到达烟台滚装码头后，烟台滚装物流中心根据大连物流中心的信息安排司机和车头在烟台滚装码头等待接车卸船，然后车辆开往烟台滚装物流中心进行拆车卸货，之后连同烟台滚装物流中心所集的货物一起进行分类，最终按照合理的配送技术将货物配送到客户手中。

（1）集货运输

客户到大连滚装物流中心进行集货运输。大连滚装物流中心所集的货物主要是大连周边地区以及延伸到东北腹地的货物。集货作业主要由市场开发部负责。

（2）物流中心的仓储管理

物流中心具有一定规模的仓库。对于货物需要入库仓储的客户，可以根据客户和业务的需求对货物进行仓储管理，包括入库、在库理货、验货、盘点、出库全过程的管理。同时，物流中心采用一体化业务流程，对货物进行规范化管理，以求最大限度地保证货物的完好性。

（3）物流中心的配货拼车

配货指将不同的货物按照一定的原则装配在一个整车上，其主要任务是将目的地相近的货物配成一车。拼车运输是指将小车上的货物并入大车，即将通过小型车辆运输到达物流中心的货物拼装到标准化厢式车上进行跨海运输，这样做的目的是提高车辆实载率，进行规模化运输，节省运输成本。配货拼车作业主要由调度部门负责。

（4）滚装码头的装船卸船

装船作业是指货物在物流中心被装入标准化厢式车后，运输到滚装码头装船，并配合船公司一并完成海上运输的过程。在装船时，滚装物流采取的是“卸头”的模式，即标准化车辆上船后，车头卸下返回物流中心，将车体留在船上绑扎固定。

（5）物流中心的分拣配送

分拣配送是指对物流中心运往大连周边以及东北地区的货物进行分拣，再装入配送车进行配送。配送不是简单的“送货上门”，而是运用科学合理的方法选择配送车辆的吨位、配载方式，确定配送线路，以实现“线路最短、吨公里最小”的目标。

（6）甩挂模式

甩挂模式，即车辆装船后车头甩挂卸下，只留车体在船上绑扎固定，船舶到达对方滚装码头后用当地车头接车卸船。甩挂模式可以消除车头在船上的起火隐患，大大提高船舱的安全系数。甩挂模式下司机不上船，可以节省人力消耗。同时，采用车辆甩挂运输的模式可以节省车头的空间，节省运输费用。

3. 烟大滚装物流模式实施建议

烟大滚装物流模式的具体设想是：建设大连、烟台两点的滚装物流中心，使用标准化运输工具、标准化业务流程，通过企业间的相互合作，利用信息化管理，实现一体化物流服务，可以有效降低物流成本，提高物流服务水平。

（1）建立滚装物流中心

依托烟大滚装水道，建立大连、烟台滚装物流中心，旨在整合配货站资源，减少并逐步消除中间环节的差价，形成大型的具有配货功能的站点，实现货物的规模化流通，从而降低物流费用。滚装物流中心除具备配货功能外，还具备集货运输、仓储保管、分拨配送、包装、流通加工、信息跟踪等功能。多功能的滚装物流中心将为客户提供全程的、一体化的物流服务，全面提高物流服务质量。

总之，滚装物流中心提供的是现代化的物流服务，而不是传统的代理和运输服务，这将彻底改变原有的滚装运输模式。

（2）使用标准化车辆

标准化车辆的选择包括海上运输车辆、集货运输与配送车辆的选择。在车型方面，均选择封闭式厢式车，避免货物因风吹、雨淋、日晒等自然破损和运输途中捆绑不牢导致的货损、货差，更有利于保证货物的完好性。同时，采用标准化厢式车可以避免因车型复杂给船公司配载、绑扎固定带来的不便，从而一定程度上避免了车辆海上运输中可能发生的意外。在车辆规格方面，集货运输与配送车辆可以选择较小的厢式车，海上运输车辆根据规模化原则选择可以甩挂的大型厢式车。

（3）采用标准化业务流程

设计一套标准化的业务流程，使用便捷有效的运输单证，可以使业务规范化、专业化，更加方便客户端的服务，真正做到货物流通的无缝连接，提高货物的流通效率并提高服务质量。以从东北运往山东的货物为例，如果需要物流中心的服务，其作业环节如下：从发货人到物流中心的集货运输、从大连物流中心到大连滚装码头经海上运输到烟台滚装码头直至烟台物流中心的运输、大连烟台两点物流中心的仓储管理、从烟台物流中心到收货人的配送等。标准化的业务流程着眼于每一个作业环节，贯穿流通过程，即每一个作业环节都具备自身的业务流程，每个环节之间的连接也具有规范性，因此这将有利于各环节的责任划分，从而可以更有效地控制物流链。

（4）加强企业间的合作

建立滚装物流中心后，其经营主体应当加强与相关主体的合作，如两个物流中心之间的合作，包括业务的合作、相关信息的共享、成本的合理分摊、物流单证的统一等；物流中心与船公司合作，从而降低海运运费；物流中心与社会车队合作，从而降低自有车辆的投入，减少资源的浪费；对于配货站，物流中心可以以收购或整合的方式将其作为一种培育货源的手段；与港口合作可以更加方便车辆港口作业等。同时，物流中心经营主体应该大力整合社会资源，共同促进区域物流的发展。

8.3.3 滚装物流中心设计

1. 大连滚装物流中心设计

（1）布局设计

大连滚装物流中心的布局由五部分组成：仓库、平台、车辆调度区、车辆缓冲区及办公楼。其中办公楼是现有资源，仓库、平台需要投资新建，车辆调度区和缓冲区只需界定范围，无须投资。

（2）业务流程设计

本部分对取货、入库验货、出库装车、集运与装船、卸船及接车、烟台入库验货、分拨配送和平台作业等主要业务流程进行详细设计。

（3）物流单证设计

① 运单：它是对一票货物的综合描述，是物流中心最重要的单证，也是唯一对外的单证，它实现了货物从发货人到收货人的整个运输过程的一票到底。

② 装车单：它是对滚装物流中心装入标准化厢式车的货物的综合描述。装车单主要列明一车货物的票数、分运单号。

③ 交接单：它是一个航次装车单的汇总，主要列明有几辆车，每车的装车单号和车牌号。

④ 配送单：它是配送司机送货的依据，注明一车内有几票货，每票货的运单号以及收货人的相关信息。

⑤ 入库记录：它是库管员在收货入库时对货物所做的记录，作为入库凭证，也是库管员在进行仓库管理时的依据。入库记录由库管员填写并留底。

2.烟台滚装物流中心设计

烟台滚装物流中心的设计思路与大连滚装物流中心的设计思路相同。

8.3.4 烟大滚装物流模式的经济可行性

项目通过大客户启动，同时提供零担货物的物流服务，即物流服务模式面向大客户、大货量、零担货。定位为：零担货、大货主符合2/8理论。其所具备的优势为：服务定时、出现货损货差时保证赔付、有代收货款业务、品牌优势。

以零担货物为例，在对大连滚装物流中心运作进行经济可行性分析时，对固定成本进行分析。固定成本包括投资成本和管理成本。投资成本包括基础设施投资成本、运输搬运设备投资成本以及辅助设施投资成本。管理成本包括人员成本、车辆成本及其他成本。

同时，经济分析也需要关注变动成本。变动成本指一辆车运行时在两端滚装物流中心之间产生的直接成本，包括在大连滚装物流中心作业的叉车机械费、从大连滚装物流中心到大连滚装码头的公路运输成本（大连集港成本）、滚装船运输的海运费、从烟台滚装码头到烟台滚装物流中心的公路运输费（烟台疏港成本），以及在烟台滚装物流中心作业的叉车机械费等其他费用。

关键概念

区域物流　区域物流模式

思考题

1. 区域物流的内涵是什么?
2. 区域物流方案的概念和特点是什么?
3. 分析区域物流方案的模式。
4. 区域物流方案设计的要点有哪些?

第9章 物流园区规划方案设计

学习目标

了解物流园区及其类型，掌握物流园区的主要功能，掌握物流园区规划的原则及建设要求，了解物流园区规划推荐性指标，掌握物流园区规划的环境分析内容，重点掌握物流园区规划的功能设计和管理运营模式，了解物流园区规划建设的项目评价。

9.1 物流园区规划方案概述

9.1.1 物流园区及其类型

1.物流园区概述

物流园区是服务于区域经济的大型综合物流节点，其中集成了各种物流功能以及服务于区域经济和使物流功能顺利实现的各种商务功能以及其他辅助功能，集中体现了物流功能的聚集效应和资源整合的特性，在物流网络和物流系统的组织管理中扮演着重要角色。

物流园区是在空间上集中布局的集约化综合物流功能区，是具有一定规模和综合服务功能的物流集结地。物流园区的出现，是政府从城市整体利益出发，为解决城市功能紊乱问题、缓解城市交通拥堵、减轻环境压力、顺应物流业发展趋势、实现“货畅其流”的重要举措之一。一般是在郊区或城乡边缘地带主要交通干道附近专辟用地，通过逐步配套完善各项基础设施、服务设施，提供各种优惠政策，从而吸引大型物流中心在此聚集，使其获得规模经济效益，降低物流成本，同时还可以削弱大型配送中心在市中心分布和分散分布所带来的不利影响。

近年来，随着物流规划理论及区域经济发展理论与实践的不断发展，人们对物流园区的认识逐步深入，规划建设的物流园区的作用一般是满足区域经济发展需要，完善区域物流网络，在其中聚集的物流功能与商务功能能够提升区域物流系统的运作水平与效率，降低物流成本，进而促进区域经济的发展。物流园区以物流功能为依托，成为各种物资及原材料交易场所和集散地，成为商品流通链的重要环节，甚至通过建立信息平台等手段，能够有效整合分散的社会物流资源及业务资源。

按照中华人民共和国国家标准化管理委员会的说法，物流园区（logistics park）是指由政府规划，由园区经营主体统一管理，为入驻企业提供物流基础设施和公共服务的物流产业集聚区。

2.物流园区的类型

按依托对象的主导性原则，以某一服务对象为主要特征，将延伸服务合并为同一类型，可以将物流园区分为以下几类：

（1）货运服务（枢纽）型

这类物流园区依托空运、海运或陆运枢纽而规划，至少有两种不同的运输形式或两条不同的运输干线衔接；提供大批量货物转换的配套设施，实现不同运输形式的有效衔接；主要服务于国际性或区域性物流运输及转换。此种类型的物流园区可以进一步分为空港物流园区——依托机场，以空运、快运为主，衔接航空与公路转运；海港物流园区——依托港口，衔接海运与内河、铁路、公路转运；陆港物流园区——依托陆港，以公路干线运输为主，衔接公铁转运。

（2）生产服务型

这类物流园区依托经济开发区、高新技术园区等产业园区而规划，向制造型企业提供一体化物流服务，主要服务于生产制造业的物料供应与产品销售。

（3）商贸服务型

这类物流园区依托各类大型商品贸易现货市场和专业市场而规划，为商贸市场服务；提供商品的集散、运输、配送、仓储、信息处理、流通加工等物流服务；主要服务于商贸流通业的商品集散。

（4）综合服务型

这类物流园区依托城市配送、生产制造业、商贸流通业等多元对象而规划；位于城市交通运输主要节点，提供综合物流功能服务；主要服务于城市与区域运输和配送体系的组织。

9.1.2 物流园区的功能

1.物流园区产生的原因

物流园区的产生，尤其在国外的产生和发展，主要可以归纳为以下几个方面的原因：

（1）提高物流经营的规模效益

规划建设物流园区，可以将多个物流企业集中在一起，发挥整体优势和规模优势，实现物流企业的专业化和互补性，同时这些企业还可以共享一些基础设施和配套服务设施，从而降低运营成本和费用支出，获得规模经济效益。物流园区聚集了多种物流服务功能和商贸服务功能，进驻物流园区的企业，不论是从事生产经营还是物流服务，都能获得更好的发展空间。另外，有些物流园区还集中了海关等政府职能部门，能够为企业提供一站式相关职能管理服务，满足货物联运发展的需要。

（2）减轻物流对城市交通的压力

通过建立物流园区将货运交通尽量安排在城市中心区域外，是国外部分城市缓解交通压力的有力措施。

（3）减小物流对城市环境的不利影响

物流活动除了给城市交通带来压力，增加噪声、污染外，物流园区本身也会对城市环境造成一些不利影响，所以应在空间布局上受到限制和制约。大型仓库本身就不太容易与周围建筑环境相协调，会破坏城市景观，不宜过分零散布局，而物流园区的建设可以将分散的仓库集中，从而有利于对产生的废弃物进行集中处理，保护环境。

（4）促进城市用地的结构调整

随着市区的不断扩展，原来的城市边缘区将成为市中心区，商贸、金融、餐饮服务等产业逐渐在此集中，大型物流中心无力承受地价上涨的成本及对城市交通和环境影响较大的压力，需迁出城市中心区，物流用地性质发生变化，城市用地结构亟待调整。物流园区的出现既为物流中心提供了新的发展空间，也为城市用地结构调整创造了条件。

2.物流园区的主要功能

物流园区的功能总体上包括物流组织管理功能和依托物流服务的经济开发功能。物流组织管理功能一般包括货物运输、分拣包装、存储保管、集疏中转、市场信息收集、货物配载、业务受理等，且多数情况下是通过不同节点将这些功能进行有机结合和集成，从而在园区形成一个社会化的高效物流服务系统。物流园区是物流组织活动相对集中的场所，不同的物流园区在形态上有其相似之处。但物流的组织功能因物流园区的地理位置、服务地区的经济和产业结构及企业的物流组织内容和形式、区位交通运输地位及条件等不同而存在差异。经济开发功能主要是指物流基础设施项目的经济开发功能，其内容包括新建设施开发功能、现有设施和资源的整合功能。

具体来说，物流园区具有以下几个方面的功能：

（1）货物集散功能

这是由物流园区内货物集散中心实现的。货物集散中心是物流网络体系中的节点，是一般物流基本功能的充分体现。实现该层次的功能，需要相应的物流基础设施和设备，其中包括仓库及货物仓储设施和设备、货物装卸搬运设施和设备、停车场及辅助性服务设施、办公场所及通信设备、计算机化管理设备和其他辅助设施。实现货物集散功能，最重要的是要有充足的货源和货流。

（2）物流控制功能

这是由物流园区内的物流控制中心实现的。物流控制中心是使物流各项功能有效协同运行的指挥调度和掌握全局服务项目、业务量、服务质量、货物动向、车辆状态、运营成本等的控制机构。物流控制中心能将整个物流过程衔接起来，形成动态管理的企业、区域、全国或国际物流网络体系，开展物流链和客户所需的供应链管理。

（3）物流信息服务功能

物流信息是物流园区网络运作的中枢神经，是沟通物流网络体系运行的血脉，也是进行物流过程调控的前提和基础，其功能的实现必须依赖物流园区的物流信息平台。该平台连接物流作业现场（包括运输与配送作业的车辆）与中枢指挥功能的基地，除一般信息作业手段外，还需要相应的电子数据加工处理设备，其核心内容是信息咨询、配载服务、车辆调度等。

（4）物流园区的管理功能

其包括：组织编制物流园区发展规划和年度计划并实施；组织对物流园区发展与管理政策的研究制定；组织制定物流园区总体布局规划并监督实施，组织和监督园区基础设施建设；负责园区物流企业的行业管理；组织编制联合运输计划，协调解决运输中的重大问题，负责协调各种运输方式的联运、重要物资和商品的调运，以及各类场站的货物集疏运；负责园区各种设备及运载工具的统筹协调等工作。

9.1.3 物流园区规划

1.物流园区规划的原则

（1）适用性原则

物流园区的规划建设，是为了满足区域经济发展和区域物流网络结构升级的需要。因此，物流园区的规划要从分析其所在的区域经济特点、产业结构及发展水平、物流网络现状入手，在物流园区内规划适当的物流功能和商务功能，提高区域物流系统供给与需求的适应度，提升区域物流网络运作水平，有利于区域内产业结构的升级。

另外，物流园区聚集了各种产业及物流功能、商务功能具有一定规模和聚集性的综合实体，对其规划要考虑到未来产业结构的变化以及经济发展水平的变化趋势，要充分满足区域内潜在的物流需求，服务于城市和腹地经济发展的需要。物流园区的规划和建设一般要具有一定的前瞻性和长期性。

（2）系统性原则

物流园区内包含多种类型的要素，既包括仓库、场站、设施设备等实体性要素，也包含各类生产企业和物流企业，还包含政府的相关管理职能部门。从功能上来看，既具产业发展功能，又具满足产业发展需求的物流功能，也具运营管理功能。因此，在规划建设中，要考虑到各种功能要素之间的衔接和协调配合，使之成为一个有机整体和系统化的实体，以提升物流系统运作效率，降低物流成本，促进区域经济的发展。

（3）科学性原则

物流园区规划建设还要本着科学性原则，遵循科学的规划理论，选择科学的规划方法，进行合理有序的规划建设。

（4）统一性原则

物流园区的规划，还要符合区域发展规划和所在城市发展规划的要求，与区域发展规划、城市发展规划、交通规划等进行协调，制定满足区域一体化的规划政策。物流园区规划还要与各类规划标准相统一，政府与企业各司其职，最大限度地发挥物流园区的功能和作用，避免重复建设和资源的闲置浪费。

（5）阶段性原则

物流园区服务于区域经济长期的发展需求，其规划建设也是一个长期的过程。物流园区所包含的各种功能要素较多，因此需要大量的基础设施资源和物流实体资源，对其进行规划投资不能一蹴而就。另外，不同时期区域经济发展水平和产业结构特点对物流园区的功能要求有所不同，规划建设的物流园区需要在不同时期内与区域经济和产业结构相适应，因此，其规划需要本着阶段性的原则，分阶段进行规划和建设，与区域经济、产业结构及物流网络同步发展。

2. 物流园区规划建设的要求

按照国家标准化管理委员会制定的《物流园区分类与规划基本要求》，物流园区的规划建设需要满足以下要求：

（1）规划与评审

物流园区的规划应顺应国家物流产业规划的要求、所属地的物流产业导向，根据所属地的城市总体规划、用地规划和交通设施规划等进行选址，编制符合所属地城市总体规划和土地利用规划的物流园区详细规划，并通过规划评审。

物流园区建设应做好各功能区的规划，建设适合物流企业集聚的基础及配套设施，吸引区域内物流企业向其靠拢，引导物流企业向物流园区聚集。

物流园区建设应加强对土地的集约使用，货运服务型、生产服务型和贸易服务型物流园区所配套的行政办公、商业及生活服务设施用地面积应小于园区总用地面积的15%，综合服务型的物流园区该指标应小于20%。

（2）交通影响评价与规划

开展物流园区建设项目应对区域内各类交通设施的供应与需求的影响进行分析，评价园区对周围交通环境的影响，包括分析建设项目产生的交通需求对各相关交通系统设施的影响，分析交通需求与路网容纳能力是否匹配，并对交通规划方案进行评价和检验。

按交通影响评价的要求，提出减少物流园区建设项目对周围道路交通影响的改进方案和措施，处理好建设项目内部交通与外部交通的衔接工作，提出相应的交通管理措施。

物流园区应建有能满足入驻企业活动所需的由主要道路、次要道路和辅助道路构成的道路系统，其主要道路、次要道路应纳入城市道路系统统一规划建设。

（3）环境影响评价与建设

物流园区规划与建设应进行环境影响评价，并按环境影响评价的要求采取有效措施，从而减少环境污染，保护环境。

物流园区应建立与其规模相适应的环境保护和监管系统，并定期开展环境质量监测。

物流园区的环境空气质量应达到《环境空气质量标准》中的二级标准。

物流园区装卸作业区环境噪声应达到《港口工程环境保护设计规范》中装卸作业库场标准，非装卸作业区环境噪声应符合《工业企业厂界环境噪声排放标准》中规定的Ⅳ类标准。

物流园区应规划环卫设施，组织收集入驻企业产生的废弃物，并委托有资质的经营单位来收购和处理此类废弃物。

鼓励物流园区的入驻企业通过《环境管理体系要求及使用指南》所规定的环境管理体系认证。

（4）基础设施建设

物流园区应配套建设与园区产业发展相适应的电力、供排水、通信、道路、消防和防汛等基础设施。

物流园区基础设施的建设，应遵循“一次规划、分步实施、资源优化、合理配置”的原则，防止重复建设，以降低基础设施的配套成本。

物流园区基础设施应与城市基础设施相衔接，并纳入城市基础设施建设的总体规划。

物流园区各种基础设施的地下管线敷设，应符合《城市工程管线综合规划规范》的要求。

物流园区应提供满足入驻企业正常生产经营活动需要的电力设施，应根据所属地电网规划的要求，建设符合《城市电力规划规范》和《供配电系统设计规范》要求的电力设施和内部应急供电系统。

物流园区应遵守节约用水的原则，提供满足入驻企业需要的供水设施，并编制符合《城市给水工程规划规范》规定要求的用水规划；应建设完善的排水设施，应编制符合《城市排水工程规划规范》规定要求的排水规划，并与所属城市总体规划相适应。

物流园区如需进行供热设施建设，应符合《城市热力网设计规范》的规定要求；如需进行燃气设施建设，应符合《城镇燃气设计规范》的规定要求。

物流园区应统一建设消防设施和防洪除涝设施，其消防设施工程应由具有消防工程施工资质的单位承建，各类建筑的建设应符合《建筑设计防火规范》的要求；物流园区内各种防洪除涝设施的建设应符合国家及所属地相关法律、法规和规章的规定。

物流园区应为市场监管、税务、运管、海关等政府服务机构的进驻提供条件，并逐步完善“政府一站式服务”功能；应为银行、保险、中介、餐饮、住宿、汽配汽修等各项支持服务机构的进入提供相应的配套设施，并为入驻企业提供必要的商业服务。

（5）信息化设施建设

物流园区应建设具有基础通信平台、门户网站、信息管理平台、电子服务平台以及信息安全等功能的信息化设施。

物流园区应为入驻企业提供具有数据通信、固定电话、移动通信和有线电视等方面基础功能的基础通信设施。

物流园区应逐步建设具有对外宣传、电子政务、电子商务、信息服务、园区信息管理等功能一体化的门户网站，为园区内企业提供物流公共信息；园区内应设有保税物流中心，应建设符合海关监管要求的计算机管理系统。

3.物流园区规划的推荐性指标

不同类型的物流园区，其功能特点各不相同，对基础设施、信息平台等要求不同，其投资强度也有差异。

规划建设物流园区可以按照其类型，选择适当的规划建设指标。不同类型的物流园区其规划建设推荐性指标可参见表9-1至表9-4的列示。

表9-1 货运服务型物流园区规划的推荐性指标

指标	指标单位	指标值			备注
		空港型	海港型	陆港型	
投资强度（基础设施）	万元/亩	≥100	≥120	≥80	推荐性要求
园区规模	km^2	0.5~2	2~8	1~5	
园区物流强度	万吨/km^2·年	≥100	≥2 000	≥500	
物流信息平台	能为入驻物流企业提供符合海关监管要求的计算机管理系统				

表9-2 生产服务型物流园区规划的推荐性指标

指标	指标单位	指标值	备注
投资强度（基础设施）	万元/亩	≥100	推荐性要求
园区规模	km^2	0.3~1	
园区物流强度	万吨/km^2·年	≥100	
物流信息平台	能为入驻物流企业和工业园区提供公共信息平台和实时信息交换系统		

表9-3 贸易服务型物流园区规划的推荐性指标

指标	指标单位	指标值	备注
投资强度（基础设施）	万元/亩	≥100	推荐性要求
园区规模	km^2	1~5	
园区物流强度	万吨/km^2·年	≥50	
物流信息平台	能为园区内企业提供物流公共信息和在线交易服务		

表9-4 综合服务型物流园区规划的推荐性指标

指标	指标单位	指标值	备注
投资强度（基础设施）	万元/亩	≥100	推荐性要求
园区规模	km^2	0.3~ 5	
园区物流强度	万吨/km^2·年	≥2 00	
物流信息平台	能为园区内企业提供物流公共信息和在线交易服务		

9.2 物流园区规划方案设计内容

9.2.1 物流园区规划项目环境分析

1.经济环境分析

物流园区是物流网络中重要的大型综合性物流节点，其主要作用是服务于区域经济的发展需要。因此，物流园区的规划建设要与区域经济及区域、所在城市的产业结构和经济发展水平相一致，即要对区域及所在城市的地区生产总值水平、规模以上工业企业年产值、进出口总额、社会消费品零售总额、全社会固定资产投资水平等进行统计分析和预测，分析区域经济发展的总体规模和发展趋势，为下一步进行物流需求与供给分析打下良好基础。

在分析过程中需要运用各种统计分析方法和图表技术，采用科学的预测方法，力求对客观实际做出真实准确的描述。

2.政策环境分析

政策环境分析是对国家及地方出台的各类有关物流发展的法律、法规及政策进行分析，分析物流园区规划建设的政策框架和环境，分析判断各类政策和发展规划给规划建设物流园区带来的影响，以使物流园区的规划建设符合国家及地方的各项发展政策要求。

政策环境分析的对象可以包括以下方面的内容，纵向分析国家、区域、地方三个层面有关经济发展和物流业发展的政策，横向分析经济政策、产业政策、物流业发展政策和城市规划政策。

3.交通环境分析

交通环境分析是在规划建设物流园区的过程中，密切关注区域及地方各个层面的交通环境，包括区域内各种运输方式的发展状况、城市用地性质限制、所处经济圈和区域范围内路网密度等方面的内容，用以分析物流园区对外交通联络的便捷程度。对有些项目来说，还涉及根据区域交通环境和城市分区状况进行科学合理选址的问题。

4.技术环境分析

技术环境分析涉及区域内科技发展水平和在物流业中先进技术的应用程度，主要涉及物流园区信息平台的建设、先进设备设施的选择等。现代化技术不仅能提供新型的运输工具和运输方式、先进的仓库装备和装卸设备，而且由于信息技术的发展，还促进了物流发展的信息化、自动化、网络化、柔性化和智能化。

5.物流需求与供给分析

物流需求与供给分析包括两个方面——服务规模和服务质量。具体来说，物流需求与供给分析涵盖几个方面的内容：

（1）需求与供给的主体分析

这是指要区分主体是工业企业还是商业企业，或是第三方物流企业，主要分析在区域范围内哪些企业需要物流园区提供物流服务，目前有哪些物流服务供应商，提供的常规和增值物流服务的情况怎样。

（2）物流需求规模分析

这是指在经济环境分析的基础上，进一步分析操作货品的种类结构、货运周转量、货运量以及其他物流活动的作业量规模，对未来规划期内物流需求规模进行预测等。

（3）物流服务质量需求分析

包括物流服务需求主体对各类物流服务需求的时间、安全性、准时率以及成本水平等服务质量方面和提供服务的技术手段等方面的需求分析。

（4）物流运作模式分析

包括物流服务模式现状、物流网络的结构、提供物流服务的方式等，以及实现物流服务所使用的科学技术水平和现代化管理技术的应用水平等内容。

（5）物流供给与需求适应度分析

其主要内容是分析物流供给满足当前和未来物流需求在规模和服务质量方面的程度。基于供给与需求现状以及对未来发展趋势的分析，分析物流系统和物流网络在运作和管理过程中的问题，以及引起这些问题的原因，运用定性和定量的方法，分析物流供给满足物流需求的程度。

6.物流园区规划建设必要性分析

基于以上对物流园区规划建设环境分析和供给与需求的适应度分析，研究在区域范围内进行物流园区的规划建设对改善物流系统和物流网络结构、提高物流运营管理效率和水平、降低物流成本的作用。分析物流园区的规划建设对推动区域经济发展和提升区域内产业结构升级的积极意义，分析进行物流园区规划建设项目的必要性。

7.物流园区目标市场分析

在前述研究分析内容的基础上，对物流园区服务的市场目标进行分析，需要对目标服务市场规模、容量、服务内容进行详细的分析比较，选择有潜力的目标合作伙伴，选择物流服务业务，设计物流园区规划建设项目的服务业务体系。

9.2.2 物流园区规划项目功能设计

1.规划项目目标定位

基于项目规划的环境分析和物流市场分析，在选择物流园区服务对象和进行业务体系设计的基础上，明确提出物流园区规划建设项目的总体目标和具体目标，提出物流园区提升物流系统运作水平、完善物流网络结构的功能定位。确定物流园区的发展战略和策略，提出物流园区功能规划原则，进一步明确物流园区规划建设项目的宗旨。

2.物流园区主要功能需求分析

详细分析选定的物流园区建设项目服务目标市场对园区功能的需求，认真分析其目前存在的问题、物流园区的规划建设给服务对象带来的影响等。这部分内容需要在设计物流园区项目具体服务业务体系的基础上，遵循系统化的原则和思想，运用定量、定性方法和统计分析方法对物流园区规划建设项目的主要功能需求进行分析。

3.物流园区主要功能规划设计

在功能需求分析基础上，对物流园区进行功能上的规划，包括运输、仓储、配送等物流环节的功能规划，也可以包括服务于区域内主导产业的产品精深加工等的功能规划，还包括信息中心、商务中心等的功能规划。物流园区规划的主要功能集中体现了实现规划项目战略定位和规划目标的具体形式，以及对目标市场客户的常规物流服务、增值服务及与之相关的商务配套功能和配套生活服务功能等。

4.物流园区信息平台规划设计

对于物流园区这种大型综合性节点设施，其信息平台既要保证园区内各种功能的顺畅运作，还要保持与社会、企业等信息系统的紧密对接，尤其是作为整合物流业务资源和实体资源的信息平台，其所包含的信息功能更为复杂。

信息平台的规划从园区各种经济、政府组织的信息服务需求分析入手，规划物流园区信息平台的各种业务管理控制功能和政务、商务服务功能，使之成为一个综合管理的信息平台。

5.物流园区功能规划布局

根据规划建设的各种生产经营及物流功能，首先应按照科学的方法计算并预测业务规模的发展趋势；其次应按照各类作业定额标准及计算方法，计算各业务功能区所需的面积；最后按照科学的规划布局方法和各功能区业务衔接及相互关系进行物流园区内部功能区域的布局设计。功能布局既要考虑到各要素之间的内在联系，还要考虑到与园区外部社会物流系统的联结，从而使物流园区融入社会物流体系中，真正发挥促进经济发展和优化物流网络的作用。

在进行物流园区功能规划布局的同时，还要根据物流需求的规模及服务质量的要求进行内外交通的规划。在认真分析外部交通环境的基础上，规划物流园区内部货品流动的路线，规划各种干线、支线的建设等级和标准，保证物流园区内部与外部货品的顺畅流动。

9.2.3 物流园区规划项目运营管理模式

1.运营管理模式设计

物流园区的规划建设涉及城市规划、用地规划以及区域经济与物流发展的政策实施等内容，因此与政府的行政活动密切相关。物流园区的规划建设还需要进行整体规划与开发、基础设施建设、招商引资等活动，同时还需要大量的资金投入，因此在规划建设中往往由政府部门和企业共同完成。

当然，物流园区的运营管理模式也不是单一的。在有些物流园区，尤其是小型的由企业主导规划建设的物流园区中，运营企业还可以考虑采取独立经营管理、外包给第三方物流企业运营管理、企业与第三方物流企业合作经营管理和委托专业化物流管理团队经营管理等模式。

2.物流园区开发实施阶段

物流园区的规划建设是为了促进区域经济发展和提升物流系统的运作水平，总体来说其规划的生命周期相对较长。因此，在物流园区开发实施过程中，一般需要经过规划近期、中期和远期的运营实施阶段。其中，近期规划实施阶段的主要任务，一方面是对基础设施及配套设施的规划建设，另一方面是制定各种管理规章制度和相关政策，使规划的各种业务功能初步运作起来；中期规划实施阶段的主要任务是在完善基础设施建设的同时，进一步提高和促进各种产业功能和物流功能的发展，完善各种配套设施；远期规划实施阶段的主要任务是在继续完善提高物流运作功能和水平的基础上，根据区域经济发展的趋势和产业结构变化的需求，利用预留用地进行新兴产业的配套物流功能的开发建设以及对现有产业和物流功能的升级改造。

3.物流园区规划建设项目的融资与招商

物流园区是资本高度密集的大型物流综合节点，其规划建设、基础设施、设备等需要大量的投资，单独依靠政府或企业投资运营都是不现实的。物流园区规划建设项目宜根据具体规划内容和发展阶段采取多形式、多渠道的融资方式，以实现物流园区规划建设的顺利实施。

在这个过程中，政府部门和运营管理公司根据物流园区规划的功能需求制订具体的招商计划，有目的地对各类企业开展招商活动，利用各种优势吸引企业进驻物流园区。

9.2.4 物流园区规划项目评价

1. 物流园区规划项目效益评价

项目效益评价包括各类产业功能和物流功能规划建设带来的服务功能效益和物流集约化经营效益等微观效益评价，也包括通过产业聚集实现对社会资源整合、提高产业竞争力等的宏观效益评价，还包括对增加就业岗位、提高品牌效应、提高产品竞争力等社会效益的评价。

2. 物流园区规划项目风险评价

项目的规划建设具有一定的风险性。在物流园区的建设中，能否充分发挥规划的作用与区域经济发展水平、产业结构、交通状况、城市规划及土地等因素密切相关。因此，物流园区的规划建设需要分析主要存在的风险，以此制定科学合理的指标体系。本着系统性、科学性和可操作性的原则对项目规划建设的市场风险、技术风险、组织管理风险、经济风险和环境风险等进行评估，制定出风险控制与防范的措施和对策。

3. 物流园区规划项目环境影响评价

物流园区项目的规划建设有时会对环境产生不利影响，因此，在规划项目中需要对项目的环境影响进行评价。要对项目方案实施中可能出现的对环境的负面影响进行预估，研究并提出环境评价的指标体系，有针对性地提出预防和治理的措施和建议，提醒政府部门和企业在建设中关注环境，并制定有效的环境保护规章制度。

4. 项目实施措施与建议

分析物流园区规划建设目前和可能存在的问题，根据规划建设的功能和运营管理模式以及经济、环境、交通、政策等环境现状，分析物流园区项目顺利实施的条件，有针对性地提出物流园区规划建设的应对措施和实施建议。

9.3 物流园区规划方案设计实例①

9.3.1 前言

SP港区位于长江三角洲，地理位置优越，港口资源丰富，临港产业发展较快，集

① 其中涉及的数据资料无法绝对精准，但不影响问题的说明，可以忽略。

疏运条件日趋完善，发展前景广阔。SP港的直接经济腹地主要是A县、B县及周边其他县市部分地区，是“某海湾次经济圈”的最东端。其中，SP港是N港口群的重要组成部分，是A县、B县及周边其他县市经济社会发展和临港产业发展的重要依托，应具备运输组织、装卸储存、临港工业、客运等多种功能，已逐步发展成为集客货运输、工业开发、海洋渔业为一体的现代化多功能港区。

然而，目前SP港也存在航道通航等级低、集疏运条件滞后、码头建设散乱、岸线利用效率不高等问题，临港工业、综合物流产业还没有发展完善，港口对区域经济的支撑作用相当有限，距离总体规划所要求的战略目标还相去甚远。本项目立足区域经济发展特点，以提高区域产业群整体竞争力、提升港口服务能力、打造特色农渔品牌为目标，在N港口群总体规划基础上，规划建设以临港产业和特色农渔产业为重点的SP港物流园区，强化SP港对区域经济发展的支撑和保障作用。

本项目依据《N港口群SP港区总体规划》对SP港的定位，运用定性分析与定量分析相结合的方式，从SP港腹地经济、政策、交通、技术和社会环境等区域发展环境分析入手，结合腹地产业结构、物流市场现状，进行物流园区辐射周边的物流需求分析与物流供给分析，运用适应度函数进行经济腹地的物流需求与供给的适应度分析。在此基础上，基于区域产业结构发展方向及经济发展特点，结合国外物流园区发展经验，分析研究SP港物流园区的战略目标和功能定位，针对SP港水产品和农产品生产的特色，结合SP港总体规划确定物流园区的功能规划，并结合宗地状况进行物流园区的空间布局。

在规划方案设计之后，结合国内外物流园区发展经验，提出SP港物流园区开发运营模式，规划信息平台，并对项目可能造成的环境影响进行分析。最后，对项目实施存在的问题提出相关建议。

9.3.2 区域发展环境分析

1. 经济环境分析

（1）区域经济发展特点

B县以模具、文具、灯具、汽配等为支柱产业，工业发展重心和产业布局重点定位在县城和县城以北的A县港底部区域，更接近N市，其区域经济定位历来是农业、渔业产业。而A县则以针织、造船、电气和机械制造为主导产业。S县已形成了以橡胶制品、工艺品和机械制造为主导产业，船舶等临港产业为后发产业的发展格局，在产业布局上沿海湾一字拉开，布设了核电、火电、石化、造船等产业。

地方（沿海）高速公路和海湾大桥的规划建设，拉近了海湾中心区域至N市的距离，成为接轨长三角产业带、环杭州湾产业带的最前沿区域，接受发达地区产业转移和产业辐射的程度进一步提高。同时，随着工业经济的快速发展，城市用地进一步趋紧。在国家宏观调控的大背景下，海湾地区有大量符合国家土地政策的园地和可围垦滩涂，以及宝贵的岸线资源，这为承接发达地区产业转移和落户临港产业区提供了广阔的空间。

区域经济保持良好稳定的增长态势，具备良好的宏观经济环境，区域内规模以上工业企业总产值增长迅速（如图9-1所示），环海湾区域具有较好的工业基础，为发展进出口业务提供了良好的基础。

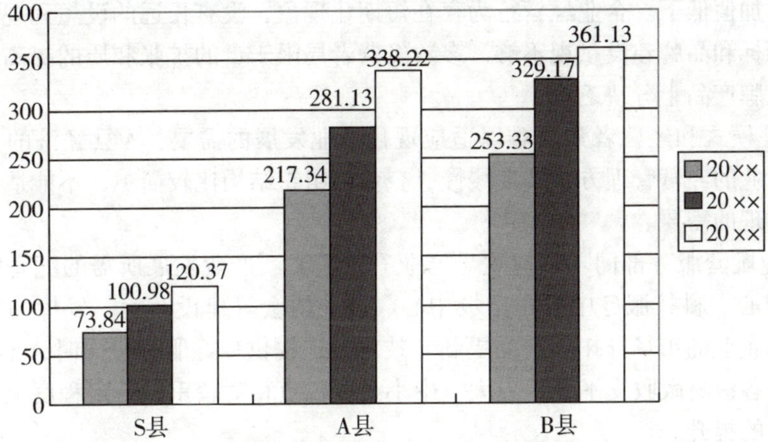

图9-1 区域内规模以上工业企业总产值增长情况（单位：万元）

（2）A县经济发展特点

A县经济始终保持快速发展势头，地区生产总值年均增长超过12%，综合经济实力明显增强，人均地区生产总值增长率为19.44%，远高于国家平均增长水平。区域经济的高速发展促进了以物流业为主的相关服务业的发展，同时，物流业的快速发展也加速了区域经济的进一步提升。另外，A县出口额增长了5倍，进出口额高速增长，为A县的港口作业提供了经济基础。

经过多年发展，A县基本形成了涵盖三大产业、块状和规模优势比较明显、在全省乃至长三角地区有一定影响力的特色产业群，主要行业包括海洋渔业、建筑业、针纺织业、滨海旅游业、海鲜餐饮业、海运和造船业等临港型产业。

（3）A县经济发展问题分析

① 产业层次提升缓慢：A县地方经济是在卖方市场条件下，在市场需求旺盛的时期率先起步的，从而形成了规模优势，但多为劳动密集、资本密集及区域资源基础条件较优的行业。多数行业缺乏高新技术和产业支持，产品技术含量较低，企业技改能力不足，特色竞争力不强。在日益加剧的市场竞争环境下，部分行业原来的特色优势逐步减弱，企业经营效益处于较低水平或呈下降态势。

② 要素制约依然严重：一是高素质的专业、特色人才十分短缺，传统产业对人才的吸引力不强，企业薪酬水平普遍不高，人才队伍很不稳定，外流较多。二是近年来出现的企业用工成本上升、水资源短缺、工业用地指标不足、房地产价格上涨、运输成本较高等多项因素推进企业经营成本不断上升，影响了特色经济效益和竞争力。三是海洋

捕捞资源下降，渔业资源保护和传统渔业结构调整任务艰巨。四是资金紧缺，融资成本较高，农村信用体系不健全。

③ 品牌建设仍然滞后：最近的十多年来，针纺织、水产品加工、海鲜餐饮、旅游等特色产业的发展日趋成熟，形成了一定的规模优势和知名度，但自身品牌建设明显滞后，产品附加值低下。企业经营行为存在短期化现象，没有长远的设想和规划，对产品的质量、商标和品牌建设重视不够，多数经营者局限于量的扩张和质的提高，高附加值的品牌、名牌产品十分缺乏。

④ 管理模式和经营者素质难以适应现代企业发展的需要：A县经济的市场化程度较高，但企业的经营管理方式转变缓慢，企业的组织结构比较简单，不能适应现代规模企业经营管理的需要。

⑤ 产业配套服务部门不适应主导产业升级需要：产业发展所需的配套服务部门如信息服务中心、科技服务中心、市场中心、行业协会等建设落后，发挥的作用十分有限，不能为企业的市场开拓、产品更新、技术改造提供良好服务。同时，A县企业总量规模偏小，各级财政收支平衡压力大，中小企业税负相对较重，一定程度上影响了特色经济竞争力的提升。

（4）SP港区经济发展状况

SP港区所在的A县半岛历来是Z省对外交往的海上门户，位置优越、港阔水深，开发历史悠久，沿海省市及台湾地区船舶常进港避风。曾接待台湾地区船舶1 800多艘，台胞约1.6万人次。SP港区现已发展成为客货运输和渔业兼有的港口，共建成生产性泊位97个，货物通过能力166.7万吨/年，最大靠泊能力3 000DWT，主要承担本地区成品油、矿建材料、少量件杂货和陆岛客货运输任务。

考虑到A县工业大部分集中在北部地区，A县港区货物吞吐量将继续增加，所占比例也将继续扩大。以后，SP港区不仅临港产业会加速发展，还会承担N港域其他港区（如SD港区）部分中转货物的转移任务，所占比重还将有所上升。预测到20××年，SP港区货物吞吐量所占比重将达到43.64%（如图9-2所示），旅客吞吐量达到50%。

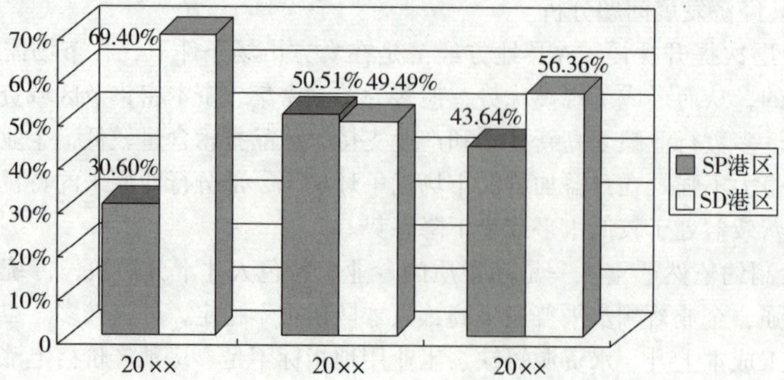

图9-2 SP港区与SD港区货物吞吐量比重

（5）SP港区主要货种的吞吐量

① 煤炭及制品。主要供地方企业、电厂和民用消费，现有热电厂将逐步转向以供热为主，煤炭消费不会有太大增长；当地居民生活用煤也将随着洁净能源供应增加而逐步下降。

② 石油、天然气及制品。A县、B县现主要为渔船提供加油服务，一般由小型油船运入，经港区内各石油补给点接卸。随着汽车保有量逐年增加，居民消费用油随之快速增长；另外，随着石油化工公司等生产企业对石油的需求增大及产成品的增加，预计未来SP港区成品油接卸量将大幅提升。

③ 钢铁。A县和B县船舶修造、汽车配件及民用建筑对钢材的需求主要经水路从区外调入，目前规模较小，钢材用量不大，主要由修造船厂自备码头接卸。此外，随着不锈钢复合板、中低压输变电设备等项目的投产，加工用钢材需求量将有所增加。

④ 矿建材料。随着A县、B县基础设施建设步伐的加大，黄沙等建材用量逐渐增加，今后还将保持稳定快速增长。

⑤ 粮食。预测SP港区将承接其他港区企业转移的粮食280万吨，玉米主要来自我国东北地区，大豆主要来自美洲。

2.交通环境分析

A县、B县目前尚无机场和铁路，交通运输以公路、水运为主。

本项目规划的物流园区所在的SP港区位于N市A县港和S海湾之间，地处A县和B县境内，是N市港口群最南端的港区，北临SD港区，南接T港，为国家二类开放口岸和Z省对台贸易窗口。物流园区位于SP港区中部，规划面积1.893平方千米，处于规划的高速复线，水陆交通较为便利。

（1）交通运输网络状况

SP港位于N市A县境内，是A县两个重要的港区之一，处于A县南部，位于环S海湾最东端，腹地为A县以及环S海湾的B县和S县。杭州湾跨海大桥的建设，使处于长三角“之”字形结构末端的N市区域进入了上海2小时公路交通圈，使得作为N市港口群港口之一的SP港的辐射半径进一步扩大，同时也使SP港成为长三角的交通网络节点之一。

（2）交通运输能力状况

随着区域经济的快速发展及产业结构的不断优化，A县近年来的货物运输量及周转量都迅速增长，改革开放以来至20××年A县货运总体情况如图9-3和图9-4所示。

3.政策环境分析

关于物流业调整和规划的政策，提出了优化物流业发展区域布局、加强物流基础设施建设的方针，N市被列入了21个全国性物流节点城市，在振兴物流业的九大重点工程中，“加强物流园区的建设”列在其中。

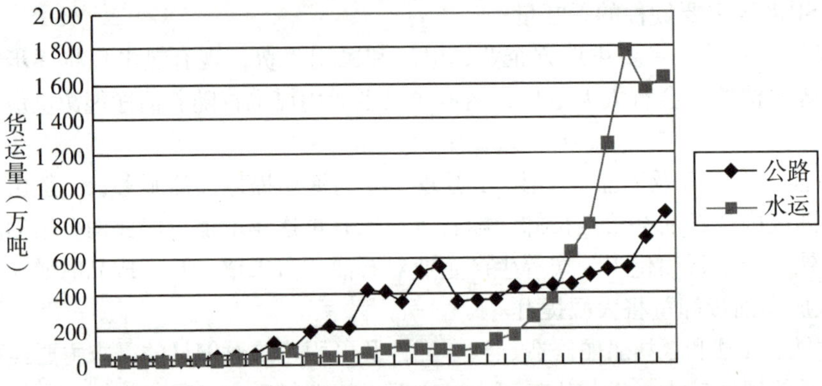

图9-3　改革开放以来至20××年A县公路、水路货运量

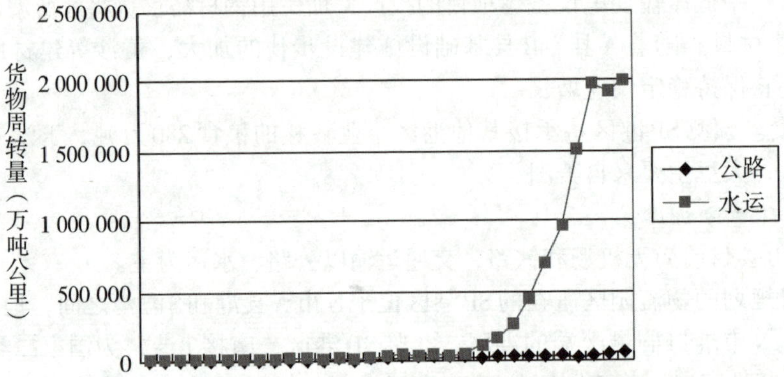

图9-4　改革开放以来至20××年A县公路、水路货物周转量

Z省、N市政府都把支持现代物流业和生产性服务业的发展作为促进产业升级、提高产业竞争力的重要手段。本项目是以制造业物流服务为核心，集现代商贸物流业与各类生产性服务业于一体的多功能综合型物流园区，正是国家、Z省和N市鼓励与支持的产业。综上所述，本项目（SP港物流园区规划方案）充分考虑了国家和地方政府所制定的发展规划，充分考虑了腹地经济发展特点和当地的产业结构，确定物流园区的功能，使物流园区能更好地服务于区域经济、更好地适应当地产业发展的需要，在结合本地的业务资源和岸线利用状况以及协调与SD港区关系的基础上，为更加科学合理地利用岸线资源和服务区域经济做出规划。

4.技术环境分析

（1）货运总体运营技术状况

A县货运企业整体上来说规模较小，技术水平和管理水平低下，服务方式单一，经营管理粗放，服务功能简单。在水路运输作业组织方面，岸线利用比较分散，设施设备不完善，没有形成规模；在陆路运输方面，SP港没有铁路，只能通过陆运车辆完成货物的集疏运。

（2）运力技术状况

目前公路运输企业大多为个体户，规模较小，所使用的车辆也多为普通货车，运力结构方面存在着车型单一、普通载货为主、专用货车数量相对偏少等不合理现象。由于货物运输市场厢式货车少，造成的货物损坏、丢失现象严重。另外，目前在A县运营的厢式货车的厢体没有统一标准，厢体制造粗糙，不抗震动、高渗漏、耐损耗性差，给用户带来了不必要的损失。

（3）信息化水平

A县货物运输企业获取货源信息的渠道仍以传统方式为主，现代化网络信息服务处于非常落后的阶段。货源信息渠道的落后经常导致企业货源信息不足、运输企业和货主沟通不及时，以及货源信息不准确等信息不畅现象发生。由于A县目前信息化水平落后，没有货物信息配载平台，货主找不到车主、车主找不到货主的现象严重；因货源信息不对称而造成的车辆实载率过低，空载成本高的现象也很严重。

通过对企业信息化水平的调研，目前A县货运代理企业信息化水平落后，虽然大部分企业拥有计算机，但都只有普通的上网功能，没有形成局域网，也没有相关的物流信息系统。

9.3.3 SP港区域物流需求与供给分析

1.物流需求分析

（1）需求规模及预测

近年来，A县经济发展十分迅速，传统的优势产业增长尤为明显。为了更加科学合理和准确地进行SP港物流园区的功能定位及确定规划规模，以A县主要产品的产量进行分析与定量预测。

根据统计数据，下面分别对A县主要产业、产品未来的物流需求进行预测：

①水产品产量预测

以某时间段的统计数据作为样本建立数学模型进行预测，分析变化趋势。建立修正指数函数$y=655\,900-715\,770\times0.8544^{t}$，百分比误差S=6.8%，百分比误差低于10%，拟合优度良好。参见表9-5。

表9-5 水产品产量预测表

时间	基年	5年后	10年后
水产品产量（吨）	625 140	641 900	649 500

A县目前的水产品产量以海水养殖及打捞为主，随着未来水产工业向深加工、高附加值方向发展，将进一步增加港口的水产品作业量和相应的冷藏、深加工等作业量，以及由此产生的配套物流作业量。

②农产品产量预测

A县农业农产品中，以水果产值最大，占农产品总产值的44.92%，其次为蔬菜，所占比重为24.58%，再次为谷物，所占比重为16.21%。水果总产量中，以柑橘产量最大，所占比重达到水果总产量的55.22%。于是，可通过建立数学模型对未来水果产量进行预测。

建立二次曲线$y=212.38\cdot t^2-840\ 134\cdot t+8\cdot 10^8$，可决系数为$R^2=0.9437$，模型通过了显著性检验，参见表9-6。

表9-6 A县水果产量预测表

年份	基年	5年后	10年后
水果产量（吨）	210 000	295 000	372 000

③造船工业发展预测

A县有30余家船舶配套工业企业。全县所需的船舶配件90%依赖国内外采购，本地船用零配件大都从江苏、舟山等地的船配市场购入。个别年份船舶修造产值同比可增长62.9%；上缴税收同比增长491.5%。

A县的规划目标是，全县造船能力达到250万载重吨，年达到400万载重吨，最大船舶达到20万载重吨。

根据增长率方法（取年平均增长率28%）计算未来的增长趋势，如表9-7所示。

表9-7 A县船舶产业规模增长趋势表

时间	基年	5年后	10年后
A县船舶工业产值（亿元）	56.7	194.8	669.4

④化工产品（化肥）需求规模预测

根据统计数据，未来需求规模变化预测结果见表9-8。

表9-8 A县化肥需求规模预测表

时间	基年	5年后	10年后
化肥需求量（吨）	68 100	70 060	71 800

化肥需求量持续增加，在规划的物流园区所在地第一作业区建有化肥泊位一个，因此物流园区的规划应考虑提供相应的存储配套服务。

⑤钢材需求规模预测

根据统计数据，A县钢材需求变化趋势预测如表9-9所示。

表9-9 A县钢材需求规模预测表

时间	基年	5年后	10年后
钢材需求量（万吨）	472	656	870

钢材主要是以码头为进口节点，因此，港口作业量及配套服务需求将会进一步增加。

（2）物流服务需求分析

A县货物的主要流向地是华东、华南和华北地区，三地合计占运输总量的67.64%，港、澳、台地区运量约为4.83%，国际运量约为10%，其中90%以上为针织服装产品，主要流向欧洲、日本和中东等。

A县货物运输企业主要以公水联运和零担运输为主，长途运输次之，区域配送业务比例较低。零担运输业务所占比例为35.38%，公水联运业务所占比例为38.37%，县内配送业务所占比例为6.63%，长途运输所占比例为19.62%。

A县货物运输企业的服务对象以市场、企业、门店等终端用户为主，共占总量的94.21%，经由站场中转的比例较低，占1.25%，经由公用仓库中转的比例为1.57%。

A县生产制造企业的产品流向国内外。其中，纺织产品、农副食品以国际流向为主。金属制品、电气机械产品以国内流向为主，但也有部分流向国外。近三年来，金属制品出口交货值所占比例平均为40%，电气机械产品平均为20%。其他行业产品主要流向国内各省市。

A县生产制造企业的原材料中除水生动物来源于A县本县外，其他的原材料基本都从外地采购，其运输业务主要交由供应商完成，卖方一般会把这块业务交给当地运输企业，因此，原材料的运输基本都是外地车辆运送。

A县制造企业对物流服务的需求正在发生变化，除运输和仓储服务外，企业还期望物流服务商能提供越来越多的增值服务。同时，企业很希望物流企业能够为其提供订单处理、供应商管理和库存控制服务。另外，制造企业的产品从流水线下来后，经常不得不根据不同客户的需求和不同的运输方式进行不同程度的包装与加工，这给企业带来了很大的成本压力和更多的不利因素。因此，制造企业很希望物流企业能够提供专业包装和加工服务。

2.物流供给分析

（1）水运物流供给规模分析

根据统计数据，对比分析前述A县主要产品的需求规模，年港口作业与需求的对比情况如表9-10所示。

表9-10 A县年港口作业量与需求对比分析表

种　类	钢　材	粮　食	化　肥	水产品
港口作业总量（吨）	55 535	12 740	—	11 520
A县需求量（吨）	1 910 000	—	64 220	—
A县生产量（吨）	—	71 984	—	463 534
占有比率（%）	3			2.5

通过对比分析，港口的作业能力不能满足钢材集疏运的需求，仅占到需求总量的3%，因此，未来的物流园区规划中，港口需要进一步提升钢材的作业能力；随着耕作面积的减少，A县的粮食需要大量进口，港口要保持一定的作业能力；从化肥等农用产品看，由于水果的大面积种植，作业量也要保持在一定的水平；从水产品看，未来水产品将是一个主要的发展行业，其中海水养殖及捕捞将成为主要方式，因此港口的进出口作业量需要进一步扩大，这也将为物流园区的未来规划提供支持。

（2）陆运物流服务供给分析

①货运企业规模

据调查统计分析，A县货运企业员工规模基本上在40人以下，相当比例的货运企业员工数量在10人以下，企业规模较小，技术水平落后，服务方式单一。由于缺乏市场竞争压力和行业企业龙头带动作用，全县货物运输服务项目少，服务质量低，货运市场难以发展壮大，甚至部分企业濒临关闭状态。

②运力状况

A县三年间总载货车辆数量呈上升趋势，货物运输企业具体运力情况如表9-11所示。

表9-11 A县三年间运输车辆保有量（辆）

年度	合计	营业性	占比（%）	专用载货			普通载货						
				总计	集装箱车		总计	大型货车		中型货车		小型货车	
					总数	占比（%）		总数	占比（%）	总数	占比（%）	总数	占比（%）
20×0	3 563	1 659	46.56	36	17	47.22	3 527	576	16.33	191	5.42	2 760	78.25
20×1	4 098	1 962	47.88	44	9	20.46	4 054	642	15.84	290	7.15	3 122	77.01
20×2	4 211	2 069	49.13	72	8	11.11	4 139	341	8.24	172	4.16	3 242	78.33

A县运输企业由于缺乏长期稳定的货源，企业为避免运力闲置，运输车辆“A县注册外地运营”的现象普遍，常驻A县运营的车辆比例较低。多数运输企业自有车辆很少，个体私营车辆多，这些车辆以挂靠的形式名义上归企业，在实际的操作中企业只是收取相关的管理费，并不监管车辆的运营；少数运营效益较好的企业则存在运力不足现象。

③制造企业的物流运作模式

A县制造企业的产品运输模式主要有三种：完全外包、完全自营和部分外包部分自营。

采取不同运输模式的企业分布如图9-5所示。

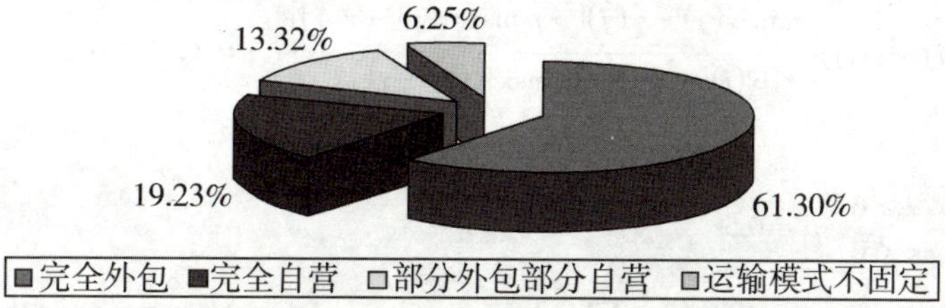

图9-5 A县制造企业运输模式分布图

完全外包：企业出口量较大的针织品、水产品客户比较固定，在国内有固定的货运代理企业，其产品运输交由货运代理企业指定的专业运输公司运输；企业出于培育核心竞争力的理念将运输业务外包给低成本、高质量的运输服务企业；还有部分企业自身规模不大，不具备自营能力，因此选择运输服务外包。

完全自营：少数企业规模大、效益好，拥有自己的停车场，人员配备齐全，能够满足自身运输需求，在运力充足的前提下，也承担对外运营业务；还有的企业由于对产品运输时间有严格要求，运输企业难以保障时效性，此种情况下会选择自营。

部分外包部分自营：部分企业业务范围涉及国际和国内，企业货物运输根据路径不同，省外长途运输主要交由运输公司负责；而省内运输、区域配送和转至N港、上海港的公水联运由公司自营。这样不仅可以降低企业自身的风险，同时也提高了运输服务质量。

④制造企业仓储物流运作模式

A县制造企业仓储模式基本为自营，这一方面与企业“大而全，小而全”的落后经营思路有关，即不论大型企业还是小型企业，都有自己的仓储设施；另一方面，A县没有公共仓储设施或物流设施，使得企业不得不建设配套仓库。根据对企业经营意愿的调查结果，在未来一段时间内，针织、化工、塑料、金属等产品的制造企业将继续以自营为主，这主要是因为这些企业的产品类型对仓储条件要求较低。而农副产品加工企业都表示由于产品类型的影响，对仓储条件要求较高，企业希望政府出面建设相关的公共仓储设施，以期令相关企业满意并促其入驻。

3.区域物流需求与供给适应度分析

根据上述物流需求与供给的分析，本节主要运用定量的方法，采用供给与需求适应度函数对A县物流供给满足需求的程度进行分析。

适应度函数：

设一个包含n个报告期的需求时间序列为：

$x=\{x(1),\ x(2),\ \cdots,\ x(n)\}$

供给时间序列为：

$y=\{y(1),\ y(2),\ \cdots,\ y(n)\}$

适应系数为：

$$\eta(i)=\operatorname{sgn}(x(i)-y(i))\cdot\frac{\min_j|x(j)-y(j)|+\rho\max_j|x(j)-y(j)|}{|x(i)-y(i)|+\rho\max_j|x(j)-y(j)|},\ i=1,\ 2,\ \cdots,\ n$$

式中：

$$\operatorname{sgn}(x)=\begin{cases}1 & x\geqslant 0\\ -1 & x<0\end{cases},\ \rho=0.5$$

此报告期内的适应度为$\eta=\frac{1}{n}\sum_{i=1}^{n}|\eta(i)|$，$0\leqslant\eta\leqslant 1$，$\eta$越趋于1表明供需适应程度越好，$\eta$越趋于0表明供需适应程度越差。

通过以上物流需求与供给的数据分析，运用构造的适应度函数进行计算，A县主要物流产品的供需适应度系数分别为：

水产品η=0.3

特色农产品η=0.21

钢铁η=0.14

化工产品η=0.09

以上对物流需求与供给的适应度的分析表明，A县传统产业结构仍然处于较低水平。区域物流供给状况仍以被动满足物流需求为主；基础设施、设备的建设滞后且分散，不能产生规模效用；缺乏对聚集型产业的支持能力。

4.A县物流运作存在的问题

A县物流供给相对滞后，而区域经济发展迅速，使得物流基础设施设备不足。可以预见，在经济规模持续增长的情况下，区域物流作业能力将远远不能满足发展的需求。存在的问题主要包括以下几个方面：

（1）码头岸线利用不合理，物流资源分散；

（2）道路运输车辆车型结构不合理；

（3）区域内主要产品具有较强的季节性，运力需求不平衡；

（4）缺乏配套物流作业能力；

（5）缺乏水产品、农产品的深加工和冷藏运输能力；

（6）物流设施、设备能力不足。

5.规划建设SP港物流园区的必要性

A县物流产业的发展制约着港口业的发展。国外尤其是日本的物流发展过程表明，临港产业集群和区域经济的发展，依赖区域物流供给的规模和水平。物流基础设施先行，是提高区域物流运作水平和物流作业效率，进而促进本地区区域经济发展的先决条件。为此，SP港物流园区的建设具有很强的必要性。

（1）促进区域产业聚集，促进区域经济的可持续发展

通过物流园区的规划建设，建立完善配套的各项规章制度与优惠政策，吸引相关企业进驻物流园区，有针对性地引导企业开展生产经营活动，促进区域产业的聚集，并通

过港航管理局有效地监督管理活动，促进区域经济的可持续发展。

（2）提高区域产业集约化水平

一方面，通过物流园区的规划建设，对特色水产品、农产品的品牌培育和精深加工采取扶持政策，配套建设相关的冷链物流设施，切实提升产业的集约化水平；另一方面，为满足SP港规划建设中第一作业区的通用码头作业区的功能需要，要配套建设相关物流设施与设备，提升码头作业能力。

（3）促进码头岸线等物流资源的合理利用

通过物流园区的规划建设，采取统一规划与强制性措施并行的管理，整合码头岸线等物流资源，合理利用，使之更好地契合规划码头功能的需要，也服务于腹地经济发展的需要。

（4）完善物流系统功能，提高物流运作效率

通过物流园区的规划建设，完善码头作业区作为供应链物流节点的系统化功能，合理建设配置各种物流设施和设备，发挥物流基础性设施设备的规模效应，提高设施设备的利用率，提高物流运作效率。

（5）增强产业整体竞争力，提高企业的效益

通过物流园区的规划建设，聚拢吸引水产加工企业进驻物流园区，培育特色农产品加工存储产业的发展，大力开发水产和特色农产品加工产业，增强产业竞争力，提高企业的效益。

（6）提升新兴产业服务能力，创造巨大的社会效益

通过物流园区的规划建设，有选择性地发展新兴产业，利用规划建设的物流园区的聚集效应和社会影响力，提升新兴产业的服务能力，进而创造巨大的社会效益。

9.3.4 SP港物流园区功能规划

1. SP港物流园区主要功能需求分析

（1）SP港物流园区水产品冷链物流功能规划分析

A县SP港年交易各类水产品30余万吨，本地水产品资源丰富独特，集聚水产品深加工、食品加工、贝类藻类及海洋生物加工、冷藏、渔码头、储运等企业，已基本形成规模化、集约化、簇群化、产业化、外向化的水产品加工产业集群。

A县的渔业生产与加工活动主要集中在SP港附近。从功能定位上来看，水产品工业园以大型水产品交易中心为依托，提供加工与物流服务，但其业务能力仅仅能够满足本地及异地交货所需求的初级加工和冷冻与冷藏，缺乏对水产品的深加工能力。

由于SP港的渔业生产与水产加工业的发展仅由A县进行规划，无法享受到省级开发区的一些优惠政策，因此与其他一些基地相比明显处于不利地位。随着渔业与水产品加工企业的产业升级，对相应的有关扶持产业的优惠政策、基础设施建设、产业聚集区的运营管理和相关配套服务及产品研发科技人才等提出了更高的要求，这也使得物流园

区水产品深加工、流通以及以此为核心的水产业完整产业链及与之配套的冷链物流功能等，具备了广阔的发展空间。

（2）SP港物流园区特色农产品物流功能规划分析

A县农业本着增强实力、培育品牌的宗旨，因地制宜发展现代高效特色农业，大力推进农业龙头企业培育、农业示范基地、土地流转、标准化、科技创新和品牌建设，做大做强农村特色经济，增强新农村建设的实力。

A县的农业基础设施取得了长足的发展，产业规模不断扩大，资源优势得以充分利用，主导产业日益壮大，特色产品大量涌现，"绿色"认证面积逐渐扩大，企业带动力不断增强，农产品竞争力不断提升，呈现出良好的发展态势。

另外，A县积极推进"公司（合作社）+基地+农户"的经营模式，同时积极推进土地流转机制。依托特色农业示范基地、龙头企业或专业合作社的优势，帮助当地农户有效避免生产的盲目性和随意性，降低市场风险。

虽然A县特色农业发展势头良好，但应认识到与国外农产品加工及物流运作方面的差距。与快速发展的农业生产加工相比，目前的农产品物流还处于相对滞后的状态，与国外农产品物流运作相比差距更为明显，主要表现在以下几个方面：

①物流组织方面

农产品物流主体的数量虽然很大，但大部分参与的个体和组织规模小、实力弱，其物流效率极其低下，成本高昂。

②物流环节方面

A县农产品大宗物流仍是"商物合一"，农产品物流过程被人为地分割成若干阶段。这使得农产品物流周期延长，农产品被多次装卸、仓储、运输，导致物流成本大大增加，造成大量的损失和浪费。

③物流技术方面

发达国家的农产品上市之前通常进行严格分级、初加工、包装等处理。但A县绝大多数农产品加工率只有20%~30%，加工食品占食品消费总量比例较低，经营链条短，农民只能获得生产环节的利润；农产品进入冷链物流比例较低，物流环节上的损耗率较高；上市农产品分级简单、粗糙，极不规范，包装简陋甚至没有包装。

④物流管理方面

A县农产品物流的社会化和现代化程度不高，自营物流仍占相当比重。与农产品物流有关的部门、行业和企业各自为政，各自投资建设自己的物流系统，自成体系、独立运作，相互之间缺乏联系和协作，造成社会物流资源的重复配置和闲置。目前，从事农产品物流服务的企业大多规模偏小，经营理念和管理方法陈旧，技术装备落后。大多数企业还只是被动地按照用户的指令和要求，从事单一功能的包装、运输、仓储和配送，很少能提供物流信息服务、物流成本控制、物流方案设计以及供应链的全过程管理。

⑤物流设施设备方面

A县农产品物流设施设备落后，尚有部分行政村未通公路，一些地方道路等级低、路况差，尚未形成多式联运交通网络。农产品物流体系中专用性资产严重不足，标准化程度不高。

综上所述，A县的农产品物流运作与管理不能适应快速发展的特色农业的需要，因此规划建设的SP港物流园区要具有农产品冷链物流功能，通过物流园区的辐射和聚集作用，以信息化为手段、以农产品精深加工为核心，整合社会物流资源，为进一步加快农产品产业升级和农产品产业链的形成提供有效保障。

（3）SP港物流园区船舶修造功能规划分析

N市已经形成了港口船舶修造区、A县船舶制造区、SP港船舶修造区。根据《N市船舶工业中长期发展规划》，未来A县主要发展方向为海洋工程装备、化学品船等特种船舶和低速柴油机、船用柴油机曲轴等重点产品。

对于船舶制造，A县政府鼓励进行兼并重组或“抱团”合作，加快造船基础设施的资源整合，优化船舶产业空间布局；积极发展船舶配套产业和船配市场，提升船舶本地配套能力，延伸船舶产业链；鼓励造船企业建立现代造船模式，改革船舶产品的设计、生产和经营方式，缩短造船周期，提高安全生产和清洁生产水平；谋划长远发展，储备船舶产业先进制造能力等。

2. SP港物流园区战略规划

SP港物流园区战略定位是：面向全球，立足腹地产业，构建综合物流平台和集约化特色产品加工基地；形成以信息平台为基础，以冷链物流、船舶修造和港口配套综合物流服务为重点，以投资运营管理为核心的业务发展格局；实现产业链纵向一体化和横向多元化，成为专注综合物流服务，集投资、运营、管理、营销为一体的现代化综合物流园区，打造特色农渔产品强势品牌。

SP港物流园区规划的宗旨是：本着围绕Z省发展海洋经济的战略，依托区域内产业特色、产业集群快速发展的特点以及港口规划建设功能提升和地方政府大力发展本地区临港产业的政策，为提升区域内产业结构的集约化发展水平，完善区域物流系统功能，提高区域物流系统的运作效率和效益，提高区域内产品、企业的市场竞争能力，结合区域经济、交通等环境特点，以物流资源、业务资源整合为手段，规划建设集船舶修造、基于供应链管理的水产品一体化冷链物流、特色农产品流通和其他综合物流以及商贸功能于一体的SP港物流园区，提高区域物流供给和合理化运作能力，满足区域经济可持续发展的物流服务需求，促进区域经济的发展，提升区域经济水平。

3. SP港物流园区功能规划内容

（1）项目功能定位

为满足SP港物流园区所辐射的区域在产业升级、配套物流服务等方面的需要，同时满足项目规划区处于SP港第一作业区内后方的特点，结合本地产业发展特点和物流作业的需要，SP港物流园区规划的主要功能包括：水产品和农产品加工及冷链物流功能、船舶修造功能、港口综合物流服务功能、商务与生活配套功能。

SP港物流园区的功能目标主要是为满足区域经济发展和产业结构需要，规划建设以船舶修造、基于供应链管理的一体化冷链物流和满足港口作业需要的综合物流三大板块为核心的综合物流园区。

（2）SP港物流园区水产品物流功能规划

①水产物流功能规划

加工方面：SP港物流园区水产加工与配送功能是规划的核心功能之一，吸引从事水产加工的大型企业进驻物流园区从事水产品精深加工活动。一方面为中国水产城和SP港工业园区水产品提供生产旺季的传统冷冻、冷藏等活动；另一方面锁定高附加值、高品质的水产品及衍生产品的深加工。

存储方面：规划建设冷冻、冷藏仓库和普通仓库，作为初级水产品保鲜存储和加工产品的产成品存储中心。

配送方面：由入驻园区的大型国际化、网络化运营的第三方物流企业从供应链的角度出发，依托规划建设的SP港物流园区，构筑水产冷链物流功能，除为周边商超企业进行短途配送及为上海等腹地大中城市进行鲜活和高等级产品的配送外，还可以提供对全国大中城市的特色品牌水产品的直送服务。

②水产品冷链物流产品定位

基于当地渔业生产加工状况分析，结合国际水产加工企业运作经验，SP港物流园区水产品冷链物流作业产品定位为以下五类高附加值的深加工水产品：

方便水产食品：如采用优质水产品加工成的各种鱼糕、鱼卷、鱼饼、鱼丸、鱼片、鱼酱和鱼肠等，不用烹调即可直接食用，既营养丰富，又便于保存且携带方便。

风味水产食品：如采用优质水产品加工成的具有独特风味的小包装食品，如鱼丝、鱼片干、鱼肉松等休闲类食品。

模拟水产食品：如用鱼浆制成色、香、味、形似虾、蟹、贝的人造虾仁、蟹肉和干贝等，具有营养丰富、价格便宜等优点。

保健水产食品：以水产品为原料，与某些药物配合经特殊加工制成的食品，取药物之性，用水产品之味，既富有营养又可防病健身。

美容水产食品：用鱼子加工成的鱼子食品，是目前国际市场上引人注目的健美、美容水产食品，需求量较大，颇受人们的青睐。

③SP港物流园区水产品冷链物流规划规模计算

水产品冷链物流作业包括水产品存储、深加工、分拨运输及配送等，其所需用地面积主要由货物存储面积、库内通道面积、深加工作业面积以及配货、装卸作业面积等组成。其面积估算模型为：

$$S=\frac{ktQ}{pT}$$

式中：S——仓储区面积；

k——仓储配套系数，理论上特殊产品的处理一般此系数为2；

t——货物平均流通时间（天）；

Q——年度货物适应量；

p——单位面积每天处理量（水产品不利于摆放与存储，单位存储面积较低）；

T——年工作天数。

水产物流规模计算参数如表9-12所示。

表9-12 水产物流规模计算参数表

参数	k	t	Q	p	T	S
水产品深加工	2	15天	7.8万~13万吨	0.05吨/平方米·天	365天	12.8万~21.4万平方米

（3）SP港物流园区特色农产品物流功能规划分析

①特色农产品物流功能定位

加工方面：根据需求在对农产品进行传统加工的基础上，开发高附加值的特色农产品的深加工。

存储方面：为特色农产品提供存储；为加工产品提供原料及产成品的存储。

配送方面：出口及外销产品可以依托码头进行海运和陆路长距离运输；对经济腹地的需求采取厢式货车配送。

②特色农产品综合物流功能定位分析及规划规模

从生产基地的地理位置看，水果生产基地主要分布在本地区西北部，与SP港物流园区的位置最近，交通便利，有利于物流园区的深加工特色农产品的运输和存储。

以农产品中的水果为例，根据对未来水果生产量的预测及SP港物流园区可进行深加工的水果量比，可估算出物流园区深加工水果作业面积为6万~10万平方米，结合其他特色农产品发展情况，物流园区需为特色农产品规划一定的加工、存储及配送作业面积，考虑未来深加工程度、能力及农产品工业化加工产值比例的提高，规划的物流园区农产品加工物流作业区面积为10万~20万平方米。

（4）SP港物流园区船舶修造功能规划

①船舶修造功能定位

船舶修造功能区规划为船舶维修、建造功能区，同时作为船舶修造的材料、备品备件的集散中心，为周边船舶修造企业提供备品备件的供应物流功能。

本功能区在具体建设实施过程中，前期可以考虑提供船舶企业的配套服务，后期发展特种船舶的修建功能。

②SP港物流园区船舶修造规划规模计算

根据规模以上典型船舶企业的运营状况，计算船舶平均单位面积的年产值，计算出的平均单位面积年产值为0.1324万元/平方米·年。

SP港物流园区船舶修造区主要用于船舶备品备件的存储、分拨及配送等。其所需用地面积主要包括货物存储面积、库内通道面积以及配货、装卸作业面积等。

船舶修造功能区规模估算参数取值如表9-13所示。

表9-13 船舶修造功能区规模估算参数表

参数	k	t	Q	p	S
船舶修配区	1.2	10天	0.268亿~0.535亿元/年	0.1324万元/平方米·年	24.3万~48.5万平方米

根据统计数字及参数取值，计算SP港物流园区船舶修造区规划面积为24.3万~48.5万平方米。考虑到尽管A县船舶修造产业发展迅速，但船舶企业规模偏小，造船水平不高，急需与国内外具有先进造船水平的企业合作，进一步扩大企业规模，提高企业的技术水平，共同开发船舶及其配套设备生产项目。因此，本项目规划船舶修造功能区40万平方米。

（5）SP港物流园区港口综合物流服务功能规划

功能定位：本区域主要为大宗货物提供存储、包装、运输等物流服务，服务对象以钢铁、粮食、化肥等大宗货物货主为主，作业功能主要是满足第一作业区的主要货种对后方物流作业的需要，以大宗物资的堆存、仓储为主。

从钢铁业看，由于造船业是A县主要的支柱产业之一，因此对钢铁的需求将增加，同时，A县经济的发展也增加了对钢铁的需求。需求预测表明，5年内A县钢材需求量将达到870万吨。

从粮食看，20××年SP港进口9 273吨，由于A县粮食产量在逐年降低，因此进口需求将进一步加大，需要港口提供粮食作业的配套服务。

其他大宗货物的需求量也随着经济发展而有所增加，对此，物流园区也需要提供一定的服务功能储备。

（6）SP港物流园区港口其他功能规划

① 商务配套区：包括行政办公大楼、信息中心、交易及结算中心、特色水产品及农产品展示厅等。

② 停车场及绿地：作为大型车辆的停放地点并提供批量货品积载服务。

③ 未来发展预留用地：既增加规划用地的弹性，又可以考虑制定特殊政策，作为专属的对台湾地区农产品综合物流服务区。

9.3.5 SP港物流园区功能规划布局

1.SP港物流园区功能规划布局目标

SP港物流园区的功能布局基于物流园区的功能设计、区域划分与规模确定，旨在寻求最合理的平面布局方案，使得物流园区内运作效率最优和作业成本最低。

在对SP港物流园区进行功能布局时不仅充分考虑了物流园区功能分区之间的综合关系，还充分考虑了外部交通设施的位置及物流园区主要道路的设计。

SP港物流园区功能布局主要考虑了以下五个方面的目标：

（1）最有效利用空间，发挥土地的最大利用价值，便于与外部交通设施衔接。

（2）运输成本最小，选择合理便捷的运输路线，尽量避免运输的往返。

（3）符合物流园区核心作业流程的要求，尽量使货物流动顺畅——在满足基本物流作业需要的前提下，考虑到核心的冷链物流作业活动从加工、存储到运输配送的作业平顺化，对这几部分区域进行环状布局，使其流动的路线与进出物流园区的交通主干道衔接。

（4）最大限度地方便各单位的业务与商务联系。

（5）满足柔性要求，使之适应服务需求的变化。

2.SP港物流园区各功能区布局

（1）SP港物流园区总体功能规划布局

SP港物流园区从码头作业区至规划的交通主干公路，分为两个区域：三角形区域主要发展仓储、配送及特色水产品和农产品的加工以及船舶修造功能；长方形区域主要发展与港口作业配套的综合物流服务功能。

SP港物流园区的功能主要是满足区域经济发展和产业结构调整的需要，规划建设以船舶修造、基于供应链管理的一体化冷链物流、满足港口作业需要的综合物流三大板块为核心的综合物流园区。（总体规划布局图略）

（2）水产品与特色农产品物流功能规划布局

本功能区处于物流园区中心位置，规划功能区区块面积约50万平方米，本区域规划为存储、加工与配送三大物流功能区，主要针对渔业与农业生产，为水产品与特色农产品提供深加工与存储、配送等综合物流服务。（功能规划图略）

从作业过程上来说，基本上是加工→存储→配送的过程，形成环状布局，以更好地满足作业的需要。从区位选择上来看，功能区处于SP港物流园区中心部位，尤其是配送作业区，靠近外部交通干线，进出园区便捷顺畅。另外，存储区、加工区和配送作业区形成环形布局，使得一体化物流运作流程更加合理。

（3）船舶修造功能规划布局

在功能区布局选择上考虑规划物流园区周围现有的船舶修造码头、企业分布情况，本区域货品来向物流可通过水路运输到达，去向物流可通过船舶由公路运出。本区域规划面积22.5万平方米。

（4）港口配套综合物流功能规划布局

考虑本区域主要是为港口前方作业区的后方辅助物流作业活动提供空间，以大宗物资的堆存、装卸等分拨运输为主，因此，在布局上一方面紧邻码头作业区，另一方面邻近商务配套区，并紧靠主要交通干道，方便大宗物资的进出港作业，分拨运输方便顺畅。本作业区规划面积35万平方米。

3. 规划用地指标分配

根据功能规划各区域产业及作业规模，并类比同类物流园区建设的规模标准，规划用地指标分配如表9-14所示。

表9-14 SP港物流园区规划用地分配表 单位：万平方米

序号	功能区	占地面积
1	港口配套综合物流功能区	35
2	商务配套区	5
3	水产及特色农产品加工区	25
4	水产及特色农产品存储区	20
5	配送作业区	15
6	船舶修造备品备件供应作业区	22.5
7	停车场及绿地	2.5
8	预留用地	35
9	公共道路广场	10.5
10	绿化用地	18.5
合 计		189

9.3.6 SP港物流园区信息系统规划

信息平台以支撑供应链服务为主要目的，融合了相关行业和部门的信息，实现企业之间、政府部门与企业间计算机业务系统的互联互通和数据交换，促进协同运作，为平台的使用者提供一体化的信息服务。

1. 信息系统规划总体架构

通过物流应用系统的建设，构建SP港物流园区业务门户、信息门户及客户管理平台，形成对区域内物流企业、商贸企业供应链资源的整合。针对资金、技术和人力资源相对紧缺的中小企业提供信息系统应用服务。

通过企业内部协同办公系统建设，将所有管理工作建立在“表单+流程”的协同办公平台上。通过单点登录和超链接等方式与物流等系统进行信息集成。

通过企业信息门户的建设，实现对SP港物流园区公共资源的集中管理、发布，实现宣传、沟通、拓展业务的目标。

未来根据物流园区管理需求的特点，可灵活配置数据集成的形式。可通过客户化解决方案和接口系统的开发，实现与财务系统或与客户信息系统的应用数据集成。

2.物流园区信息平台规划方案

（1）综合信息系统平台

综合信息系统平台包括信息浏览、用户管理、交易管理、信息管理、用户查询等功能。

（2）决策支持系统

决策支持系统是面向物流园区与会员企业的高层决策系统，以历史数据为依据，以科学的预测模型为基础，为公司高层决策提供决策分析报表资料。同时，平台扩展支持包括商务智能系统、运输调度优化引擎等在内的第三方决策支持应用插件。

（3）业务管理信息系统

业务管理信息系统面向资金、技术和人力资源相对紧缺的中小企业，提供专业物流管理系统部署与实施服务，从而实现对各项物流业务，如仓储、运输、配送、货代、报关业务的全面管理，实现内外协同、信息共享的一体化、动态化、实时化管理应用。

9.3.7 SP港物流园区开发运营模式

1.SP港物流园区开发运营与管理

（1）项目开发运营基本模式

物流园区的建设与当地交通政策以及发展经济的政策是密切相连的。由于物流园区投资规模比较大，不可能由少数机构来完成，因此，借鉴国外的开发运营模式，SP港物流园区的开发运营采用PPP（Public Private Partnership）模式，“公私合作”。合作中，政府主要是为物流园区的基础设施建设提供资金，而进驻企业主要是对自身的物流设施设备进行投资。

PPP模式的特点是由政府出资对物流园区的建设提供基础设施，同时也会根据需要对基础设施以外的某些设备进行投资；企业参与设备（仓库、物流设备、加油站等）的投资和运营。在利用3P模式建立物流园区的过程中，投资比例不是固定不变的，而是根据园区的建设情况不断调整变化的。

SP港物流园区开发运营采取港航管理局统筹规划、政府宏观调控、企业分期开发、公司合营运作的模式。

A县港航管理局代表市、县政府部门，主持项目的整体规划，协调推进项目发展，并对进驻物流园区的企业进行统一管理。地方政府还对物流园区发展给予政策优惠并招商引资，如投资补贴和税收优惠、鼓励社会资本投资基础设施并提供运作保障。

（2）SP港物流园区的运营管理模式

为最大限度发挥SP港物流园区的功能和取得预期的效益，由港航管理局代表政府的物流园区管委会进行各项园区运作发展的政策法规建设，确定扶持企业发展的各项优惠政策以及相关的配套措施，使物流园区的发展和管理在良好的政策环境中运行。

由A县港航管理局代表政府的物流园区管委会和市、县政府部门，协调推进项目发展；为了加快项目发展速度，A县应成立物流园区基础设施开发有限公司（即“开发公司”），负责园区的土地整理储备。

2. 开发建设实施序列

（1）项目规划实施方式

政府规划，统一管理——由A县港航管理局作为政府代表组成物流园区管委会，具体负责前期的规划开发工作和后期的运营开发，制定相应的园区运营的各项规章制度和优惠政策，引进相关产业的企业进驻物流园区并对企业进行统一管理，采取统一规划和管理的方式，最大限度地发挥物流园区的作用。

分段实施，滚动发展——在A县港航管理局对物流园区进行统一规划的基础上，分阶段开发建设物流园区，分步骤地进行投入与运营，实现物流园区良性、健康、持续发展。

（2）项目运营实施阶段

SP港物流园区规划为长期规划项目，可以分为三个阶段。

第一阶段：物流园区土地整治，场地平整，完善港口物流园区的基础设施建设及相关通信、水电等各项配套设施的建设；制定和完善园区各项管理规章制度及相关政策；重点发展特色农产品、水产品的深加工及相应的物流功能，根据需求对周边造船企业进行相应的备品备件的供应物流服务，在深化港口规划建设的过程中，为港口提供陆域配套集疏运等物流服务。

第二阶段：进一步完善园区的基础设施和进驻企业运营的各项配套设施；调整完善各项管理制度与政策；在巩固第一阶段产业发展的基础上，进一步提高园区农产、水产加工企业的产品竞争力，深化产业的发展；发展特种船舶修造产业；深化港口作业配套物流功能。

第三阶段：在完善现有物流运作功能和提升运作水平的基础上，根据区域经济发展的趋势和产业结构变化的需要，利用预留用地进行新兴产业配套物流功能的开发建设；根据需要对现有物流功能进行升级改造。

3. 物流园区效益分析

SP港物流园区的规划建设，会给当地政府和腹地企业带来社会、经济等微宏观效益，具体表现在以下几个方面：

（1）物流园区的物流服务功能效益。提高SP港的作业效率，增强港口的竞争力。同时，物流园区的高效流通功能提高了码头单位岸线的利用率，预计提高岸线利用率约35%。缓解了现有码头作业能力小、分布不合理的问题。

（2）物流园区的企业集约化效益。物流园区内企业可以通过政府、物流园区的优惠政策及集聚效应形成企业的规模化，获得高收益，增强企业竞争力。

(3) 物流园区的深加工功能效益。通过对特色产品的深加工，形成产品升级及品牌效应。

(4) 物流园区的社会效益。通过产业的集聚可以对社会资源进行整合优化，提升行业规模，提高运作效率，预计新增就业岗位1万个。通过园区展示功能提高特色产品的品牌效应，提升区域产品的国际影响力。

9.3.8 SP港物流园区规划建设相关问题与实施建议

(1) 港航管理局统筹规划，进行一体化开发。

(2) 对现有岸线采取强制性措施，纳入统一规划中。

(3) 强化SP港物流园区的基础设施建设工作。

(4) 本着物流系统优化的原则进行物流资源的整合。

(5) 健全、规范物流园区管理的各项政策、制度。

(6) 引导园区进驻企业加强物流服务意识，提高物流服务理念；引导企业注重先进物流技术的应用，提升物流运作标准化、信息化水平。

(7) 通过多渠道进行物流人才的引进和培养，为园区未来发展储备合适的物流管理人才。

(8) 规划建设中，遵循可持续发展理念，既要考虑到腹地经济目前的发展态势和产业结构特点，更要充分认识未来区域经济发展变化的趋势。

(9) 园区规划建设要留有充分的调整和发展空间。

关键概念

物流园区　功能设计　运营管理模式　项目评价

思考题

1. 什么是物流园区？有哪些类型？
2. 物流园区的主要功能有哪些？
3. 物流园区规划的原则是什么？
4. 物流园区规划项目的环境分析有哪些内容？
5. 简述物流园区规划项目功能设计的要点。
6. 简述物流园区分阶段开发设计的要点。

第10章 区域物流系统发展规划

学习目标

了解区域物流系统发展规划的内涵和意义，掌握区域物流系统发展规划的设计要点和合理性，深刻理解区域物流系统发展规划的运营模式，掌握区域物流系统总体发展规划模式。

10.1 区域物流系统发展规划概述

10.1.1 区域物流系统发展规划的内涵及意义

1. 区域物流系统发展规划的内涵

区域物流系统发展规划的一般含义是指国家或地区长远的物流发展计划，是对今后物流发展规划的一个较长时期的指导性纲要和组织实施策略。其主要内容包括国家物流规划、省物流规划、市物流规划、县物流规划、集团物流规划、乡镇物流规划、企业物流规划等。我们要全面贯彻党的二十大精神，积极构建绿色低碳交通运输体系，加快发展以铁路、水路为骨干的多式联运，赋予区域物流发展规划新的内涵。简单来说，区域物流发展规划是对大范围、大规模、长时间的物流信息与资源开发总方向和大目标的设想蓝图，是一种战略性的全局部署方案，不能将其简单地理解为对物流用地的规划。

2. 区域物流系统发展规划的意义

区域物流体系是我国物流体系的基本组成部分，进行良好运作，合理、有效地规划，将会推动物流产业健康发展，对区域物流体系进行研究具有很强的现实意义。

物流系统规划理论的研究和讨论在国内外都是一个十分热门的话题，然而，在我国的研究还只是处于起步阶段，没有真正形成一种类别和体系。没有科学有效的、具有针对性的研究方法，就不能为区域物流发展规划提供具有充足理论支撑的现实依据。物流规划理论与方法研究的不深入和不系统，导致了在运作区域物流时产生一些常见的现实问题，如基础设施浪费、重复建设等。因此，为了提高我国物流规划和建设的科学性，加快区域物流系统和物流园区规划理论的研究，形成科学的、操作性强的决策方法，成为我国物流理论与方法研究的当务之急和重点。

10.1.2　区域物流系统发展规划的设计要点

1. 区域物流系统发展规划的具体工作

（1）需求分析。这是指对区域中的物流需求和需求类型进行统计和分析。

（2）物流基础设施规划。这是指明确设施规模、地理位置、设施之间的协调关系等问题。规划的作用主要是协调和资源配置，与土地资源管理、城市交通管理等相关管理部门进行商讨，以做出最佳选择。

（3）物流信息系统规划。为了降低物流企业的信息成本，降低物流费用，缩短配送和服务时间，对基于先进的科学技术，使用公用物流信息系统的建设项目给予积极支持。

（4）产业总体发展战略与政策规划。区域物流系统发展的规划和设计，离不开当地政府的鼓励政策和支持。因此，在进行规划设计时，需要考虑区域内的特殊政策或独特的优劣势和要求。政府的政策一般涉及以下几个方面：政府的市场管理方案、政府的产业技术战略、政府部门的协同工作机制、政府的基础设施建设支持等。

（5）物流运营管理体系规划。这是为了落实和实现战略规划要求，对各自独立但有某种联系的物流相关活动进行集成化、一体化的管理规划，包括营销系统规划、物流运营网络规划、物流运营人力资源规划、物流运营绩效评价系统规划等。

2. 区域物流系统发展规划的范围

（1）区域物流总体布局规划。这是指对一个行政区域或若干个行政区域联合体的物流发展进行总体规划和布局规划。区域物流总体布局规划是该区域最基本、最高层次的物流规划。

（2）城市物流布局规划。这是指在区域物流总体规划的基础上，对一个城市的物流发展所进行的布局规划，是从属于区域物流总体布局规划的第二层次的物流布局规划。

（3）物流园区布局规划。这是指在区域物流总体布局规划、城市物流布局规划的基础上，对某个物流园区的发展所进行的布局规划。

10.1.3　区域物流系统发展规划的合理性

区域物流发展规划主要包括物流中心、物流节点、物流枢纽、物流园区、物流基地、物流市场、物流集散地、物流场地、物流用地等方面内容。随着近年来对物流活动过程的实践和检验，人们对区域物流发展规划有了更深层次的认识。就物流领域而言，规划更具有重要的意义。

1. 便于整合区域物流资源

物流涉及军事领域、生产领域、流通领域、消费及后消费领域，涵盖了几乎全部社会产品在社会上与企业中的运动过程，是一个非常庞大而且复杂的领域，需要有一定的规则来守住消费活动的底线。

2.改善“效益背反”现象

区域物流的实际操作具有连续性、复杂性，一个过程通常由很多环节构成。物流系统的一个重要特性，就是这些环节之间往往存在“效益背反”现象，如果没有共同的规划可以遵循制约，各个环节各自独立去发展，就可能使“背反”现象强化。

3.减少重复建设现象

区域物流内的资源比较繁杂，进入门槛较低，这就使物流领域容易出现在低水平层次的重复建设现象，此时需要发展规划来制约，保证市场内的资源可以自由、有序地竞争。

4.合理利用市场资源、合理投资

区域物流中充斥着各种资源、基础设施，如果不对其进行合理的规划，一些投资较大的建设项目有可能会影响产业行情。同时，部分企业也会因为不合理的发展规划，导致不能有效地利用资源，就可能造成巨大损失。

10.2 区域物流系统发展规划设计实例

10.2.1 前言

本项目的规划范围是海南省行政区划范围内的现代物流基地、物流园区、物流中心等大型物流网点，建设面向东南亚的国际物流中心。首先，通过对海南省物流现状进行分析，发现海南省物流发展的优势和劣势。同时，对海南省及其邻近三省和东南亚各国的物流需求进行分析，找出了它们在货类、货量上的共同点。根据SWOT分析法的结论，提出了海南省物流发展策略以及产业导向，确定了其战略定位及发展目标。其次，对物流业从物流节点、物流通道及物流信息化三个方面进行了系统规划。再次，根据产业导向设计并明确了海南省重点物资的运营模式。最后，为了保证规划的顺利实施，提出了相关的政策措施建议。

10.2.2 海南省物流发展现状分析

1.海南省产业分析

（1）第一产业分析

海南省是一个以农业为支柱产业的省份，全省农业人口占总人口的62.17%，农业占地区生产总值的比重为15.43%（项目规划年份）。农业在全省经济社会发展中具有重要的基础地位、支柱地位和优势地位。表10-1介绍了某年海南主要农产品产量及其增长速度。

表10-1　　20××年主要农产品产量及其增长速度

产品名称	单位	绝对数	比上年增长（%）
粮食	万吨	186.60	−2.3
甘蔗	万吨	424.88	1.7
油料	万吨	11.57	6.0
蔬菜	万吨	551.46	5.9
水果	万吨	311.35	−9.1
橡胶	万吨	39.12	−7.0
椰子	亿个	2.53	−0.3
胡椒	万吨	4.00	0.5
槟榔	万吨	23.10	3.4
肉类总产量	万吨	79.47	−4.1
禽蛋产量	万吨	3.79	−0.5
水产品总产量	万吨	197.44	7.8

海南省各市县农林牧渔业总产值占海南省第一产业总产值的比重如表10-2所示。从表中可以看出，农业和渔业是海南经济的主导部分。

表10-2　　20×× 年各市县农林牧渔业所占比重（%）

地区	农业	林业	牧业	渔业	其他
海口	3.21	0.45	2.61	0.75	0.41
三亚	4.34	0.20	0.63	1.38	0.27
文昌	3.46	0.26	1.94	2.07	0.27
琼海	4.95	0.65	1.83	1.15	0.56
万宁	3.08	0.42	1.29	0.97	0.14
澄迈	3.53	0.79	1.57	1.41	0.26
临高	1.59	0.20	0.69	7.90	0.14
儋州	3.23	1.23	2.09	5.16	0.17
东方	3.07	0.27	0.61	0.43	0.09
乐东	5.06	0.72	0.64	0.39	0.05
琼中	1.03	0.57	0.40	0.10	0.04

（2）第二产业分析

海南省的第二产业主要是工业和建筑业，其工业生产能力保持持续增长态势，表10-3显示了某年海南省主要工业产品的产量及其增长情况。

表10-3 20××年主要工业产品产量及其增长情况

产品名称	单位	绝对数
发电量	亿千瓦时	229.35
铁矿石（原矿）	万吨	572.71
原油加工	万吨	940.78
钢材	万吨	29.74
水泥	万吨	2 151.65
人造板	万立方米	30.79
汽车	万辆	9.01
合成纤维聚合物	万吨	51.95
天然原油	万吨	28.53
天然气	万立方米	15 769
纸浆	万吨	142.98
液化石油气	万吨	64.71
太阳能电池	万千瓦	68.52

（3）第三产业分析

海南省第三产业主要包括旅游业和房地产业，交通运输业和邮政电信业，批发零售业和住宿餐饮业，银行业、证券业和保险业等。

海南省旅游业保持较快的发展，交通运输、仓储和邮政业发展较快，同时，海南省批发零售业、住宿餐饮业保持较快的增长；保险业不断发展壮大，财产险、人身险的业务收入等都保持持续增长的态势。

（4）产业趋势分析

海南自设立特区以来，经济增长迅速，但在各产业发展的同时也存在许多问题。海南省未来的产业发展应着力于以下方面：

① 大力促进第三产业的发展。

② 注重海南物流业的发展。

③ 全面发展特色农业、工业及物流运输业等重点产业。

2. 海南省基础设施分析

（1）运输通道

海南是我国第二大岛屿，岛屿经济体与外界联系的主要运输方式是船舶运输，因此海南逐渐形成了三条主要运输通道。

① 通道1，从海口出发，走海路经过我国香港、台北、上海，进而辐射东北亚各个国家及地区的海上运输通道。

② 通道2，从海口、洋浦及八所出发，走海路经过越南、柬埔寨等国，进而辐射整个东南亚的海上运输通道。

③ 通道3，从海口出发，经铁路、公路、轮渡过琼州海峡，进入湛江，再从湛江接入内地公路铁路网络，进而辐射内地的陆上运输通道。

（2）物流节点

① 中心城市（海口）。港口是岛屿经济体最主要的交通要素，因此港口的发展情况足以展现城市的物流现状。海口自身拥有天然良港，且靠近内陆，逐步形成了海口-琼州海峡-内陆的海上轮渡通道，海南省与内陆地区90%的贸易量要经过这条通道，海口已经成为海南省内无可替代的物流中心城市。

② 物流园区。海南省物流园区数量较多且分散，但功能单一，服务水平落后，不能满足海南省物流业发展的需要。为进一步满足物流业的需要，海南省正在规划建设一大批物流园区，包括综合性物流园区、专业物流中心和配送中心群。

海南省虽然正在规划建设一批物流园区，但这些物流园区并没有得到有效建设。从物流园区的功能看，大多数物流园区功能比较单一，信息化水平不高，并不能满足省内整个物流业的发展需求。同时，省内缺少综合性的、功能齐全的大型物流园区，缺少公共信息平台，还无法实现物流网络的全覆盖。

（3）物流技术及信息平台

海南省已建设了国家交通运输物流公共信息平台海南区域基础交换点，为全省物流企业互联互通奠定了基础。然而，信息平台技术并没有得到广泛的推广和应用，货物信息不能实现共享，导致物流成本增加。因此，应该加快技术平台建设以提高物流效率。

3. 海南省保税物流

《国务院关于推进海南国际旅游岛建设发展的若干意见》（国发〔2009〕44号）中明确指出，海南省要加快发展现代物流业。依托洋浦保税港区和海口综合保税区，大力发展航运、中转等业务，促进国际物流和保税物流的发展。近年来海南保税物流贸易发展迅速，依托洋浦保税港区和海口综合保税区，对外贸易方式更加灵活多样。

从表10-4可以看出，发展海南保税物流所依托的两个重要节点——海口综合保税区和洋浦保税港区都是较高层次的保税区形态。其中海口综合保税区具有保税港区的功能和政策优势，是目前我国开放层次最高、优惠政策最多、功能最齐全、手续最便捷的海关特殊监管区域保税区之一，具备对外开放口岸、保税物流、保税出口加工、国际贸易、国际中转、国际配送，以及国内外采购、分销和配送等功能。

表10-4 各类保税物流形态对比分析

序号	保税物流形态	主要政策优惠	主要功能
1	保税仓库	货物入仓保税	货物入保税仓；仓库内的货物可以分批出库集中报关；在仓库内可以简单加工
2	出口监管仓	只有少数出口监管仓享受出口退税的政策	可进口包装用的材料；出口货物可入仓保税；在仓库内可进行简单加工
3	保税区	一般情况下，不实行进出口配额和许可证管理；部分种类货物免税、保税	保税仓储；保税加工；商品展示；检测、维修；转口贸易；区内转让
4	出口加工区	不实行加工贸易银行保证金台账制度；海关不实行《登记手册》管理；不实行进出口配额、许可证管理；部分种类货物免税、保税；国内货物出口入区办理出口退税	保税加工（少数叠加保税物流功能的具有保税仓储功能）
5	保税物流园区	不实行进出口配额、许可证管理；部分种类货物免税、保税；国内货物出口入区办理出口退税	保税仓储；简单加工；商品展示；检测、维修；转口贸易；区内转让
6	保税物流中心	不实行进出口配额、许可证管理；部分种类货物免税、保税；国内货物出口入区办理出口退税	保税仓储；简单加工；商品展示；检测、维修；转口贸易；区内转让
7	保税港区	不实行进出口配额、许可证管理；部分种类货物免税、保税；国内货物出口入区办理出口退税，加工政策同出口加工区	保税仓储；简单加工；商品展示；转口贸易；区内转让；保税加工；维修、检测、研发；口岸物流
8	综合保税区	不实行进出口配额、许可证管理；部分种类货物免税、保税；国内货物出口入区办理出口退税，加工政策同出口加工区	保税仓储；简单加工；商品展示；转口贸易；区内转让；保税加工；维修、检测、研发；口岸物流

4. 海南省发展环境分析

（1）政策环境分析

海南作为我国最大的经济特区，经济社会发展取得了显著成就，这离不开相关政策的支持。随着国家实力的进一步壮大，我国提出了共建“一带一路”倡议，提议共建国家加强基础设施建设规划和技术标准体系的对接，共同推进国际骨干通道建设，逐步形成跨区域的基础设施网络。

（2）经济环境分析

21世纪以来，海南省凭借经济特区的优势，不断吸引客商来岛投资，带动了经济快速发展，经济总量不断提升。图10-1显示了海南省10年间地区生产总值的总体发展趋势，但由此也可了解，虽然海南省的经济增长速度比较快，但与其他省份相比，经济总量还有一定差距。

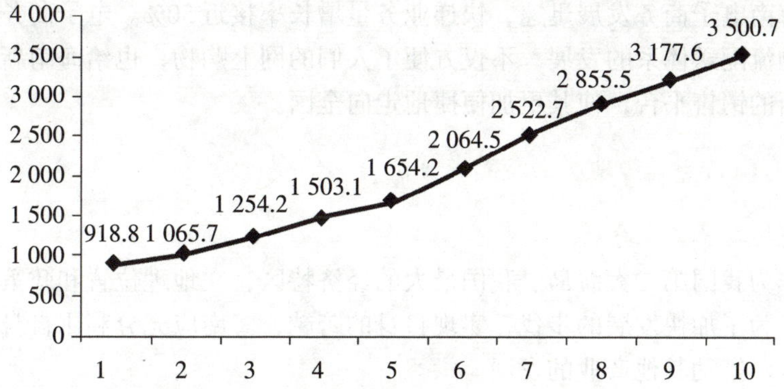

图10-1 海南省地区生产总值发展趋势图（亿元）

（3）交通环境分析

①公路路网

海南省经济的发展与其快速发展的公路网络系统密切相关。目前，海南省已形成了以高速公路、国省干线为骨架，县乡公路为支脉的总体布局，实现了村村通公路的目标。海南省具有独特的地理环境，中部多为山地，四周都是平原，主要的城镇都靠近海洋，这使得海南省的公路网呈现“岛四周公路网密集、岛中部公路网稀疏”的特点。

②铁路路网

由西环和东环构成的环岛铁路是海南省内的铁路路网主干，途经海南省的主要市县，使得全省的铁路构成一个网络，方便省内旅客出行和货物运输。

③航空网络

表10-5显示了海南省5年间航空网络发展情况，不论是航线数量、航线里程还是飞机数量，都有大幅度的增加。

表10-5 海南省5年间航空网络发展情况

年份	1	2	3	4	5
航线条数（条）	543	659	728	905	710
航线里程（万千米）	106.99	118.94	124.67	141.17	147.65
运输飞机（架）	74	75	91	115	116

(4) 社会环境分析

① 人口规模与结构：人口规模与结构在一定程度上影响着社会的消费水平，而消费又是拉动经济发展的三驾马车之一。

② 科学技术和教育：海南省高等教育稳步发展，科学技术和教育是经济增长的支撑点。

③ 电子商务：随着现代生活方式的改变，网上购物成为人们生活中的常态，电子商务成为一个重要的经济增长点。

近年来海南电子商务发展迅速，快递业务量增长率接近50%。电子商务优势的日益凸显和现代物流配送体系的发展，不仅方便了人们的网上购物，也给海南新鲜瓜果蔬菜提供了一个新的销售平台，使其更加便捷地走向全国。

10.2.3 海南省与周边地区物流需求分析

1.海南省的物流需求分析

海南省作为我国第二大海岛、我国最大的经济特区，在地理位置和政策上享有无与伦比的优势。为了加快发展的步伐，实现自身的跨越，海南应充分利用自身优势，大力发展物流产业，带动其他产业的发展。

(1) 海南省的出口情况

海南省经济总量在全国省份排名中一直处于后几位，但随着改革开放的不断深入，特别是进入21世纪以来，海南省的发展速度明显加快。图10-2列出了其15年间各年的出口额。

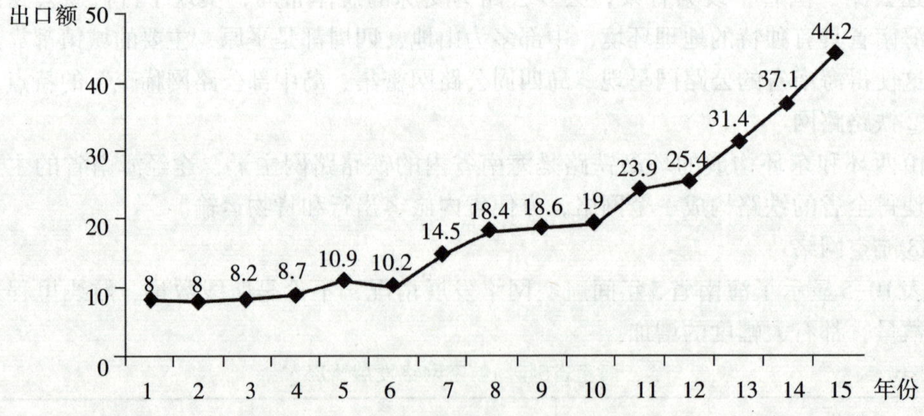

图10-2 海南省15年间出口额（亿美元）

(2) 海南省的进口情况

海南省进出口贸易具有相似的发展趋势。

海南省的整体经济快速发展，进口状况也有了明显改善。图10-3显示了海南省15

年间各年的进口额。

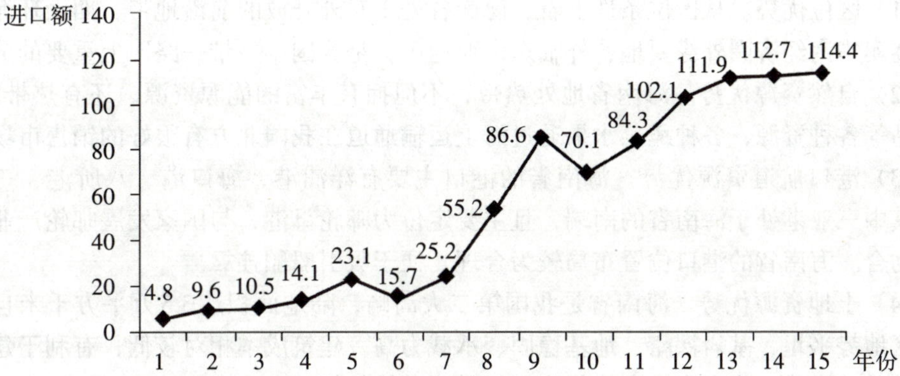

图10-3 海南省15年间进口额（亿美元）

2.邻近三省份的物流需求分析

海南省地处我国南部，隔琼州海峡与广东省的雷州半岛相望，邻近的省份除了广东，还有广西和福建。为了充分发展相关产业，除了明确海南自身的物流需求以外，还需要了解邻近省份相应的物流需求状况。

(1) 广西壮族自治区物流需求发展概况。广西位于我国西南部，其西南部与越南接壤，南部濒临北部湾，与海南省隔海相望。作为与东南亚各国贸易的前沿阵地，广西与海南省在经济定位和产业规划上有一定的相似性。广西也是我国与东南亚国家进行贸易的重要省份，设立了钦州经济开发区。在与东南亚各国的贸易中，广西既是海南省的一个强有力的竞争对手，也是一个巨大的潜在市场。

(2) 广东省物流需求发展概况。广东位于我国陆地最南端，与海南省只有琼州海峡之隔，且毗邻我国香港特别行政区和澳门特别行政区，地理位置优越。作为我国最早实施改革开放的省份，广东省现已形成了以制造业为主、配套金融保险等行业的发展模式。分析广东省的进出口贸易现状，确定其主要的进出口产品以及主要的进出口地，凭借海南省的地理、政策等优势吸引一部分货物来海南集散中转，有利于海南省的发展。

(3) 福建省物流需求发展概况。福建作为我国东南沿海最早开放的省份之一，其经济发展一直保持较快的速度。福建省出口的主要商品是轻工制品，包括鞋靴、服装、纺纱制品、化学成品及相关成品等。福建省进口的主要商品包括机械及运输设备、矿物燃料、化学成品及相关产品、初级形状的塑料、食品及活动物、石油及石油相关产品。

10.2.4 海南省物流发展SWOT分析

1.海南省物流发展的优势

海南省独特的自然资源优势、港口航道优势、土地优势和政策优势，为其成为我国

“一带一路”的重要节点和构建东南亚区域物流中心提供了有力支撑。

（1）区位优势。从区位条件上看，海南省处于对外开放的前沿地带，四面环海，北靠粤港澳华南经济圈外缘要地，外临东南亚地区，是我国“一带一路”上重要的节点。

（2）自然资源优势。海南省地处热带，不但拥有丰富的能源资源，还有热带蔬果、海产品等各种资源，各种蔬菜水果通过海上运输通道在我国北方有很好的销售市场。

（3）港口航道资源优势。海南省的港口主要有洋浦港、海口港、八所港、三亚港等。其中三亚港处于海南省的南端，且主要定位为邮轮母港，与国家发展邮轮产业的目标相吻合。海南省的港口位置布局较为合理，便于吸引船舶挂靠。

（4）土地资源优势。海南省是我国第二大岛屿，陆地面积达3.5万平方千米且大部分地区地势平坦、基岩裸露、地基稳固、承载力高，建筑成本相对较低，有利于建设大型物流基础设施，为海南省发展物流业提供基础性的便利。

（5）政策优势。海南省作为经济特区，享受不少特殊的优惠政策。授权立法给予其较高的经济自由权，为海南省提高经济灵活性提供了法律保障。

2.海南省发展物流的劣势

国际旅游岛的定位，导致海南省工业发展缓慢，经济总量低且外向度不足，岛内物流业发展缓慢，且缺少战略性规划，海南省航运枢纽和物流中心建设也存在不足。

（1）经济总量较低，外向度不足。与国内其他省份相比，海南省地区生产总值排名比较靠后，且海南省的工业生产能力较差，加上其国际旅游岛的战略定位，发展工业的同时要注意节能环保，这无疑提高了海南工业发展的成本，阻碍了其工业化进程。

（2）物流基础设施发展滞后。海南省尚未形成高效便捷的综合交通运输体系，目前虽拥有环岛公路、铁路干线系统，但缺少延伸至岛内腹地的直线运输系统，需要进一步发展建设。

（3）公路货运发展水平不高。现代货运要求运输安全、方便、快捷。海南省货运组织的信息化程度不高，车辆拥有者过于分散，多数是个体户经营，缺乏一个有效的信息平台将分散的运力组织起来。

（4）港口功能不足。海南已初步形成了多层次的港口布局，但短期内作业区散乱、功能不突出、专业化不强仍然是港口布局中的主要问题。

3.海南省发展物流的机遇

在千变万化的国际形势中，机遇与挑战并存，国家的政策从根本上决定了海南的发展方向，从旅游大岛到“一带一路”的重要节点，海南在不断变换着地区角色，也在不断地为建设东南亚物流中心、航运枢纽而努力。

同时，东盟国家的崛起引发了东盟市场对我国中高端商品巨大的需求，海南省在区位、国际航道、港口资源等主要因素方面具有绝对优势，因此，海南应抓住东盟经济兴起的机遇，努力将自己打造成东南亚的物流中心与航运枢纽。

4.海南省发展物流的挑战

海南省在与其邻近的沿海各省份的竞争中处于弱势地位。东盟国家与我国南部及东南沿海各省份的贸易额已达到了一个相当高的水平，因此，从进出口的规模上看，海南省与南部及东南沿海发达省份相比还处于弱势。

5.海南省物流发展策略

结合上述分析，归纳总结得到表10-6，由此可了解海南省建设东南亚国际物流中心的环境状况。

表10-6 海南省建设东南亚国际物流中心发展环境综合分析

优势	劣势
1.地理位置靠近国际主要航线 2.拥有丰富的石油、天然气等资源 3.拥有海口、三亚等优良港口 4.全省大部分地区土地资源状况良好 5.有政策优势	1.经济总量低，外向度不足 2.物流基础设施发展滞后 3.公路货运发展滞后 4.港口功能有缺陷
机遇	**挑战**
1.共建“一带一路”倡议 2.东南亚国家经济崛起 3.亚太自贸区逐步建立	1.环北部湾港口群的竞争 2.新加坡、马来西亚、印度尼西亚、泰国等东南亚国家与海南省存在明显的竞争关系

要将海南省的整个蛋糕做大、做好，必须大力发展物流业，提高海南的核心竞争力，这样才能充分发挥海南的自身优势，在共建“一带一路”倡议的大环境下，紧跟国家脚步，抓住机遇，将海南建成国际物流通道中重要的节点，将其打造成面向东南亚的国际物流中心。

10.2.5 海南省物流业发展总体规划

1.物流节点规划

为将海南省建成面向东南亚的国际物流中心，需要对其物流业整个物流过程中涉及的节点进行规划设计，充分发挥国际物流中心的作用，保障物流通道的畅通高效，并使物流网络覆盖全省。本部分主要规划了物流园区和专业物流中心两类物流节点。其中，物流园区主要是指具有多种功能、基础设施比较完善、服务于某一重点物资的物流节点；专业物流中心主要是指具有单一功能、专业性较强的物流节点。物流园区和专业物流中心相辅相成，服务于整个海南省的物资流通。

（1）物流园区规划

根据海南省重点物资的流通现状、市场需求及面向东南亚的贸易情况，考虑到海南省各市自身的区位优势、自然资源和地方物流基础设施现状，本部分对海南省物流园区进行总体规划，依托港口构建物流园区综合服务体系，初步在海口、三亚、洋浦、八所四市区建设不同功能的物流园区，园区规划如表10–7所示。

表10–7 海南四市物流园区规划

园区类型	布局	目标	功能定位	建议业主
海口综合保税物流园	依托海口港	构建服务于国际物流企业的综合保税物流园区	仓储物流、对外贸易、国际采购、分销和配送、国际中转、售后服务、商品展示、出口加工、研发、制造、口岸作业等	生物制药、汽车制造、电子信息和机电加工等相关企业
三亚保税物流园	依托海南航空网络体系	构建服务于海南旅游业的保税物流园	免税、展示、交易等	奢侈品等免税店入驻物流园区
洋浦保税加工物流园	依托洋浦港	构建国家级原油储备基地及化工品加工出口基地	以原油、石化、纸浆为代表的区域性大宗商品的储备、中转、配送、加工及交易等	国内外大型原油、石化、纸浆等相关企业
八所后勤保障物流园	依托八所港	构建服务于南海的后勤保障物流园区	铁矿石、化肥、煤炭、水泥等货物的装卸、仓储、运输、外轮理货和货运代理等	国内外铁矿石、化肥、煤炭等相关企业

（2）专业物流中心规划

此规划以将海南省建成面向东南亚的国际物流中心为目标，以海南省重要物资分布为依托，充分利用现有物流中心的规模，规划多个一级、二级物流中心，加快改造提升，并以此为依托整合周边物流资源、完善服务功能、提高档次。在加强物流中心建设的同时，重点规划物流中心的功能，为物流园区提供相应的物流服务。

① 速递物流中心。电子商务的发展，激发了人们的购物热潮，也促进了速递物流的发展。海南是我国内地和东南亚贸易往来的重要节点，对速递物流的需求越来越高。因此，海南必须加快速递物流中心的建设，以降低物流成本，提高运作效率，扩大速递物流网络的覆盖范围。

② 冷链物流中心。海南是一个农业省，农产品的进出口贸易是经济发展的重要组成部分，海南必须加强农产品冷链物流设施的建设，加快农产品产地预冷、初加工、冷藏保鲜、冷链运输等设施设备建设，形成重点农产品物流集散中心，提升重要节点的冷链作业水平，完善冷链物流网络。

③ 仓储中心。洋浦保税港区、海口保税区的规划和发展，需要相应的仓储功能支持保税区的建设和发展，八所后勤保障物流园区的规划更需要相应的仓储功能来保障物

流园区的服务。因此，海南拟规划在海口、三亚、琼中、儋州、东方等地建设相应的仓储中心，满足货物供需的要求，节约时间成本，提高物流效率。

④ 配送中心。为了满足机电物流、医药物流等物流需求，考虑到海南省城市的布局状况，拟规划在海口、三亚、琼海、琼中、东方、澄迈等设立配送中心，以减少企业的物流成本，同时，企业库存交由配送中心配送，增加企业的经济效益。

2. 物流通道规划

初步确定海南省未来综合运输体系的基本框架为：以环岛高速公路和西环铁路及环岛沿海水运为主体，做好西环铁路与内陆铁路网的衔接；形成以南北两大机场和四方五港作为对外运输联系的门户，以海口为核心，并有洋浦、三亚、八所、琼海相配合的与铁路、公路、水路相适应的立体运输通道网络。

（1）省内物流通道建设

虽然海南省的环岛高速公路已基本建成，但其松散的布局结构导致各市县和各地区不能做到快速地互联互通。因此，发展规划应在已有的高速公路网络的基础上，继续增加纵横线高速公路布局，连接全岛的每一个市县，将海南省内重要物流节点城市都连接在一起，从而促进物流业的发展。

（2）陆岛通道建设

打造连接海口到内陆的海铁一体化运输通道。基于粤海铁路，完善海铁一体化运输通道，从而加快货物在各个环节流通的速度，促进海南省经济社会的发展；构建连接海口到内陆的滚装船运输通道，开辟海口到内陆地区的滚装船运输航线，增开滚装船数量，做大做强滚装船运输，从而加快人口及货物的流通速度和进出岛运输车辆的通行速度。

构建连接东北、京津冀、长三角、珠三角的集装箱、能源运输通道，使海南成为我国内陆地区与东南亚货物运输的中转港，将其建成面向东南亚的航运枢纽；构建连接南海各个岛屿及能源建设平台的物资配送通道。

（3）国际物流通道建设

① 构建连通海南省到东南亚的海上运输通道。开展海南到东南亚主要港口的班轮运输业务，使得内陆地区进出口东南亚各国的货物在海南主要港口进行中转拼装作业，从而进一步加快海南面向东南亚的航运枢纽及物流中心的建设。

② 构建连通海南到东盟、南非、欧洲的海上丝绸之路。海南省是21世纪海上丝绸之路与丝绸之路经济带有机衔接的重要门户，应充分发挥海南与东盟国家陆海相邻的独特优势，开辟海南至东盟、非洲及欧洲的国际航线，构建面向东盟、非洲及欧洲的国际物流运输通道。

③ 打造以美兰、凤凰机场为主体的东南亚航空运输网络体系。美兰、凤凰机场作为东南亚国际航路的中心，无论是区位优势还是市场选择，都有条件发展成为区域性国际枢纽航空港。同时，利用两大机场的保税优势，实现国际货物的集散分拨，开辟更多

面向东南亚的国际航线，打造以两大机场为核心的东南亚航空运输网络体系。

10.2.6 海南省重点物资运营模式设计

1.能源和石化物流

（1）能源战略

随着经济的快速发展，我国对石油的需求量日益增大，而油气资源的匮乏导致我国越来越依赖石油进口。由表10-8可知，我国原油对外依存度越来越大，加大原油储备、降低能源风险，已成为我国必须面对并亟待解决的问题。海南省拥有独特的地理优势，加上我国南海油气开发工程规模和产量不断提升，将海南建成国家级的储油基地势在必行。

表10-8 4年间我国原油进出口及对外依存度情况 计量单位：万吨

年份	自产量	出口量	进口量	需求量	依存度
1	20 301.40	304.22	23 931.14	43 868.33	53.72%
2	20 364.60	252.20	25 254.92	45 367.32	55.11%
3	20 747.80	243.00	27 102.00	47 606.80	56.42%
4	20 812.87	162.00	28 195.00	48 845.87	57.39%

我国政府正在积极建设原油储备基地，加大原油进口量和原油储备量，以防范原油价格波动带来的风险。

（2）能源物流运营模式设计

海南省较有规模的储油基地是洋浦和八所。八所的储油项目处于起步阶段，而洋浦已经初具规模且具有一定的油品加工能力。结合两地的现状和政府政策倾向，应继续加大八所的油品储备量，而洋浦不但要增大储备量，还要大力发展石化基础设施建设，在提高储备量的同时，提高洋浦的石化加工能力，为海南省成为石化大省打下坚实基础。

2.保税物流

（1）保税物流发展环境分析

海南省的保税物流发展环境前文（10.2.2小节）已述及，此处略。

（2）保税物流运营模式设计

①海口综合保税区运营模式。海口综合保税区具有保税港区的功能和政策优势，因此应充分发挥其依托海口省会城市的优势，以保税物流为基础，带动保税仓储、配送、国际转口贸易、出口加工等业务的发展，逐步形成以口岸为依托的高度开放的现代物流和加工贸易运营示范区。同时，海口综合保税区与中国环北部湾经济区遥相呼应，可加强综合保税区与环北部湾经济区的贸易往来，促进海南经济的发展。

②洋浦保税港区运营模式。洋浦保税港区毗邻东盟贸易区，靠近国际海运主航线，

是经马六甲海峡进入中国的海运第一节点，处于环北部湾经济圈的最佳位置。因此，依托周边海域丰富的自然资源，得天独厚的区域、港口、资源和政策优势，要把洋浦建成与东盟进行贸易的“桥头堡”。

要将洋浦保税港区建成以石油为主要业务的国际性航运和物流中心，辐射东南亚及东北亚等国家的市场，基于这一目标，洋浦港应大力发展深水泊位，建设石油及纸浆的专用泊位。

③三亚保税物流中心运营模式。立足保税中心，开展航油保税业务，建设国际旅游航空枢纽，助推三亚国际直飞航线的扩展和三亚区域性国际航空枢纽的建设工作。同时，立足保税中心，做大离岛免税业务，建设免税商品存储基地。扩大免税商品种类，建立免税商品存储分拨中心，是解决目前问题的主要途径。

④空港物流园区运营模式。随着国内大中城市对海鲜、花卉及农产品需求的日增，对海南航空物流的需求日益高涨。因此，应在机场附近建设空运加工包装车间、仓储库存区，以便通过临港物流中心把海南的优势农产品和水产品迅速销往世界各地，为海南发展热带高效农业、海洋捕捞业、海水养殖业提供外销平台。

开展空港保税物流园区与工业园区联动模式优势分析：

对供应商而言，在货物进口到国内时，由于存放在保税库可以暂时不进行所有权的转移，从而具备了供应商管理库存的必要条件，同时由于处于保税状态，只在将来所有权转移时才缴纳税款，从而给供应商带来了客观的延迟缴税的收益。

对众多加工制造企业而言，可以通过这种方式将生产性的备件库存降至最低，实现生产企业零库存，帮助企业提高物流效率和降低物流成本。

对于空港物流中心而言，由于固有航班不足，在很长时期内无法与大型枢纽机场竞争，但通过供应商管理库存模式，只需保证某条航线一周至两周一个航班，就可以满足客户的需求，从而有效地弥补航班不足的缺陷。

3.速递物流

(1) 海南省速递物流现状分析

在“速度经济”理念的带动下，时间价值的重要性越来越突出，而电子商务的飞速发展更推动了速递行业的爆发式增长，速递市场潜力巨大。海南省的速递业发展迅速，业务量和业务收入的增长率都在两位数以上。

(2) 速递物流运营模式设计

① 面向省内速递集散中心运营模式。海南省速递企业网点布局以海口和三亚为主要区域，所有速递公司的中转场均设在这两地。同时，独特的海岛区位使得海南的国际和异地速递运输业务必须依靠航空和港口。

② 打造面向东南亚的国际航空速递中转集拼中心。国际航空速递中转集拼业务，是指境外货物经过国际航班运抵机场，在机场邻近区域内拆箱分拣，根据不同的目的重新装箱后再次运送出境的机场物流业务，如图10-4所示。开展国际航空速递中转集拼

业务即转运中心工程项目的建设，将促进空港指向性强的产业集群快速形成，改善机场的投资环境，推动地区间经济合作与发展，吸引国内外大型速递物流企业入驻，为区域经济增长、对外贸易带来积极影响，产生巨大的经济效益和社会效益。

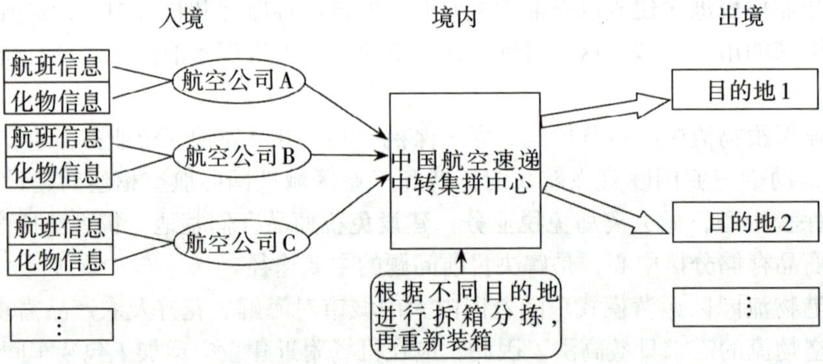

图10-4 国际航空速递中转集拼中心作业流程图

4.农产品冷链物流

（1）农产品物流现状分析

海南省农产品物流现状距离将其打造成我国面向东南亚国家的农产品冷链物流中转基地相差还远，必须建设相应的农产品物流园区和专业物流中心，组建冷链物流系统，提高贸易竞争力。同时，海南也正以现有的农产品物流园区、配送中心等基础设施为基础，着力建设面向东南亚的冷链物流中转中心，服务于我国与东南亚之间的贸易。

（2）冷链物流节点规划

①冷链物流节点功能

运输配送功能：物流园区必须具有运输配送功能，将鲜活农产品在物流园区进行中转配送，主要包括装卸车、配货、拼装、调度指挥等服务。其中，物流园区要注重冷藏集装箱运输，构建鲜活农产品物流的冷链物流系统，降低鲜活农产品的在途损耗。

仓储功能：物流园区必须建造一定面积的仓库，用于调节农产品产需时间上的差异，同时提供简单的加工整理、销售等服务。另外，根据鲜活农产品种类及存储条件的不同，建造各种类型的仓库，以提高农产品的市场竞争力。

中转换装集散功能：物流园区通过与不同等级物流节点的有效衔接，将本地运往其他地区的农产品集零为整组织发运；或将其他地区进入本地的部分农产品化整为零组织运送，完成农产品的集散作业。

包装与流通加工功能：农产品物流园区可以提供简单的包装及加工服务。农产品包装是为了方便储存与运输、满足消费需要而对农产品采取的保护措施。流通加工则主要是指农产品的小包装保鲜处理、贴标签、制作并粘贴条形码等。

市场信息平台功能：物流园区必须具备相应的市场信息平台，将在仓储、加工、包装、运输、销售等物流系统环节中收集及管理的信息进行共享，以方便快捷的方式满足消费者的不同需求。

金融服务功能：物流园区与银行等金融机构合作，为园区内的企业及其客户提供相关的物流金融服务，既包括存货质押融资等服务，也包括在从事代理、配送的情况下货主向收货人结算货款等。

②物流节点布局设计

物流节点布局的总体思路是在现有农村合作社和配送中心的基础上，按照协调统一、规模合理、环境保护、专业性等布局规划原则，建设一个集“商流、物流、信息流”为一体的农产品电子商务与现代物流系统。根据海南省各地区的地理优势及产品产量，结合现有农村合作社的分布状况，海南农产品物流基地逐步形成了“以物流园区为核心、物流中心为骨干、农村合作社为基础”的交通物流基地体系，即以三亚和海口两个一级物流园区为中心，以琼海、文昌、琼中、乐东等为二级物流中心，辐射现有的农村合作社。

③冷链物流运营模式设计

•物流流通模式构建

海南省农产品目前的运作模式急需调整，采取分步改进的调整模式更具有可行性。首先，从互联网+农业的思路出发，海南省应提出相关优惠政策，引导农产品电商的相关运营商。其次，在整合农产品交易渠道的同时，要积极建设农产品冷链物流系统。最主要的是，政府需要鼓励物流企业进入并参与冷链物流系统的建设，建立相应的信息平台进行资源共享，构建高效、便捷的冷链物流流通模式。图10-5至图10-8描述了海南省与我国其他省市及东南亚等地区农产品贸易往来的流通方式。

东南亚国家进口到我国的农产品在海南中转的流通模式见图10-5。

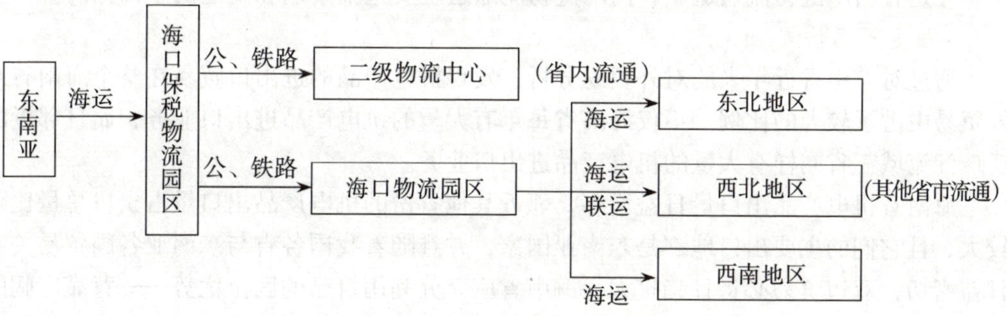

图10-5　海南中转流通模式

海南省内农产品出岛的流通模式见图10-6。

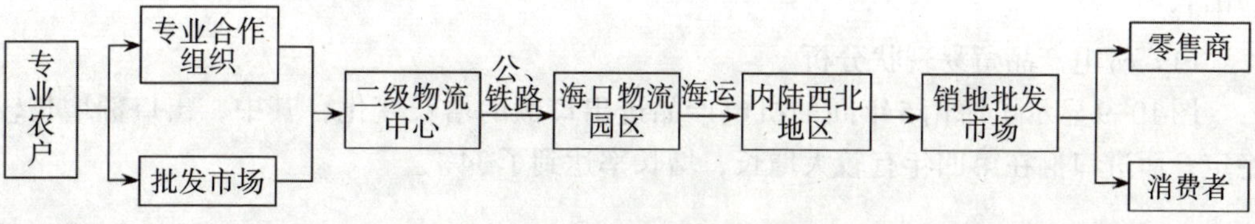

图10-6　海南农产品出岛流通模式

海南省内农产品进出口东南亚国家的流通模式见图10-7和图10-8。

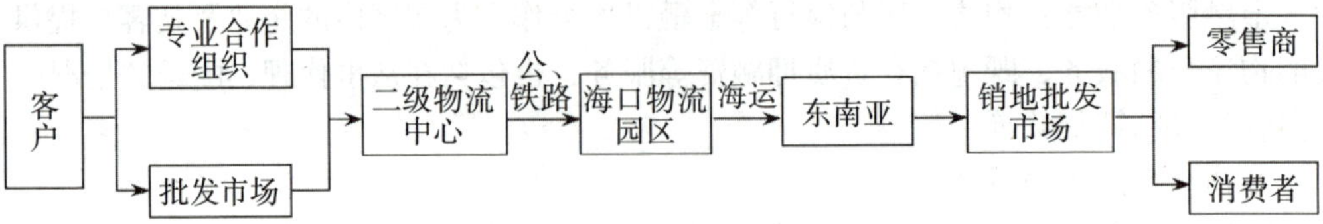

图10-7 海南农产品出口至东南亚流通模式

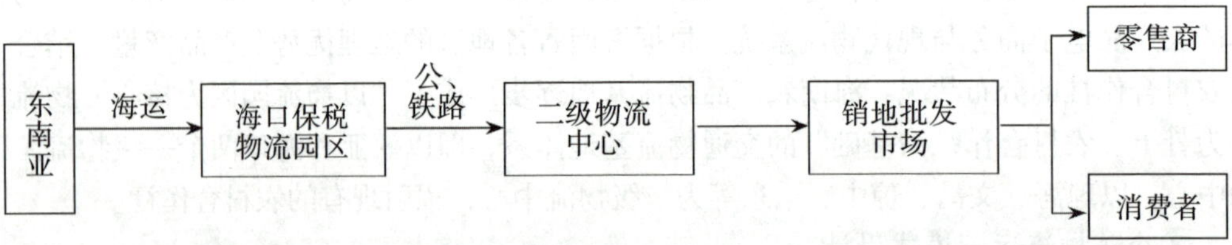

图10-8 海南自东南亚进口流通模式

•冷链物流通道建设

本规划在已规划的物流园区、一级物流中心及二级物流中心的基础上，结合海南省农产品的分布现状及流通状况，根据已构建的农产品流通模式，设计了不同贸易往来下的冷链物流通道。具体包括以下几个方面：

一是面向东南亚的国际冷链物流通道：面向东南亚的冷链物流通道主要包括自东南亚国家进口和出口至东南亚国家两个流通方向。

二是陆岛冷链物流通道：陆岛冷链物流通道主要包括进岛和出岛两个方面。

三是省内冷链物流通道：省内冷链物流通道主要包括集运和配送两个部分。

5.机电产品物流

通过对海南省近年来的对外贸易分析，发现机电产品的进出口贸易在整个海南省对外贸易中占了较大的比例。不仅海南省每年有大量的机电产品进出口业务，而且邻近的泛珠江流域三省同样有大量的机电产品进出口业务。

海南省机电产品出口量日益增多，邻近其他省份的机电产品出口量占出口总量比重较大，且它们的主要出口地都是东南亚国家，并且随着我国各省与东南亚各国贸易关系日益密切，双边贸易必将日趋扩大。海南省应充分利用自己的区位优势——背靠广阔的内陆腹地、紧邻东南亚各国，积极开发资源，制定合理政策，吸引贸易中的机电产品来海南进行集散中转，在原有物流业务的基础上打造面向东南亚、辐射内地的机电产品集散中心。

（1）机电产品贸易现状分析

图10-9显示了海南5年间的机电产品进出口额的增长变化，其中，出口额增长较稳定，而进口额在第四年有较大增长，增长率达到了34%。

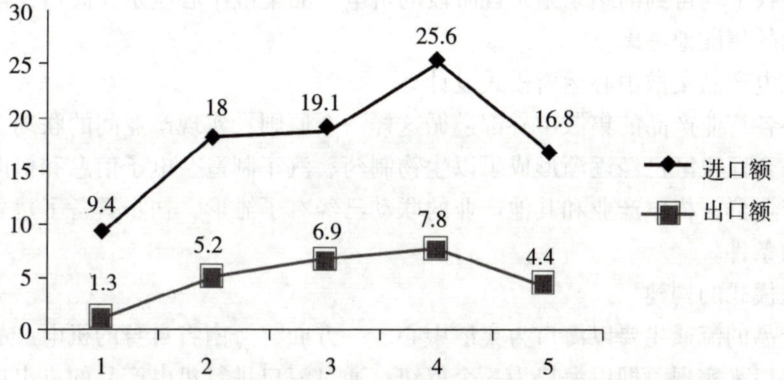

图10-9 海南省5年间的机电产品贸易额趋势图（亿美元）

海南省作为我国与东南亚各国贸易的“桥头堡”，可以充分发挥自身的优势，吸引邻近的泛珠江流域三省的机电产品进岛进行集散中转。海南省可借此机遇打造面向东南亚、辐射内地的机电产品集散中心，这能够成为一个稳定的经济增长点，为全省经济的可持续发展注入一剂“强心剂”。

（2）海南省机电产品集散中心的选址

海南省的外贸进出口活动主要集中在东部和西部地区，中部地区基本上没有，海口和洋浦分别是东部和西部地区的主要代表。因此，不论是从自身贸易基础还是整体交通基础设施方面来看，海南省机电产品的集散中心都应该集中在海口或洋浦。

从地理位置、交通环境、物流基础设施、产业基础、优惠政策等方面综合比较海口和洋浦两个地区。由于两个地区各有优势，为了全面综合地比较哪个地区更适合作为机电产品的集散中心，我们利用专家打分（每项满分为10分）的方法进行比较确定，见表10-9。

表10-9 海口、洋浦两地综合比较得分表

待选地 / 评价项	海口		洋浦	
	状况	得分	状况	得分
地理环境	紧邻内陆，位于出岛进陆的通道上	9	更靠近东南亚，靠近国际航线	8
交通环境	省会城市，全省的交通枢纽；有集装箱航线	8	紧靠G98高速公路；有集装箱航线	6
物流设施	物流园区发展较成熟	7	物流园区发展渐成熟	5
产业基础	形成了机电产品产业圈	8	机电产品的加工出口不够成熟	4
优惠政策	设有海口综合保税港区；低税收	6	设有洋浦保税港区；低税收	8

经过加权平均得到的结果是，现阶段的机电产品集散中心应定在海口，洋浦可以作为一个辅助的集散地考虑。

（3）机电产品集散中心运营模式设计

国内外各行业产品的集散中心都遵循这样一个原则：实现产业间的联动。

海口综合保税区已经逐渐形成了以生物制药、汽车制造、电子信息和机电加工为支柱的四大产业群，机电产业和其他产业的联动已经有了雏形，初步具备了建立机电产品集散中心的条件。

①流通模式的构建

机电产品的流通主要以海口为集散中心。一方面，海南省自身的机电产品进出口贸易都通过海口来实现，即以海口为一个枢纽，通过海口进行机电产品的进出口贸易有利于降低贸易成本；另一方面，对邻近的泛珠江流域三省的机电产品进出口贸易进行分流，凭借自身优势吸引部分进出口商品来海口集散中转，从而降低整个贸易成本，提高贸易的便利性。

②机电产品集散中心通道的构建

•面向东南亚的物流通道。面向东南亚的机电产品物流通道包括出口和进口两个方向，其目的主要是构建海口到东南亚各国有效便捷的贸易通道。机电产品集散中心将依托海口便利的海运条件，通过集装箱运输进行集散。

•面向内陆的物流通道。面向内陆的机电产品物流通道包括进岛和出岛两个方向。面向内陆的物流通道将依托海口与内陆的连接通道进行构建。

•面向省内的物流通道。面向省内的机电产品物流通道主要包括集运和配送两部分。面向省内的物流通道将依托本省物流运输网络进行构建，并在此基础上完善运输组织方式，采取统一配送和共同配送的模式。

③机电产品集散中心功能的完善

为了吸引其他省份的机电产品来集散中心进行集散中转，海口应充分利用地理优势、保税政策等独有的优势条件，为机电产品来岛中转创造有利条件。

第一，与保税区的结合——出口退税及保税仓储。

第二，构建先进的信息系统——实现信息交流的便利性。

第三，打造全新的交易平台——线上线下模式（O2O模式）。

第四，发展集疏运系统——实现方便快捷的流通。

6. 医药物流

海南省医药行业发展时间较长，省内制药企业种类丰富，产业链结构完整，医药物流基础设施相对完善，且具备药品进出口政策优势，地理位置靠近东南亚各国，是建设国际型医药物流枢纽的首选位置。因此，海口是作为建设医药物流园区地点的最佳选择。

（1）需求分析

以现有的物流园区为基础，扩大规模并建设相关的药品物流园区，组建冷链物流系统，保证药品质量，吸引进口药品进入海南进行包装、冷藏处理，分销至我国南部、东南部以及东部地区，再销往其他内陆省份，着力将海南打造成服务于东南亚和我国与其邻近省份的药品枢纽中心。

(2) 药品物流园区选址

从海南省的现状来看，海南自身的医药产业主要分布在海口，少量在洋浦。海口具有较多的医药制造公司和第三方药品物流企业，已具备初步的药品生产和运输能力，但是其主要针对的是国内市场，在东南亚地区的药品市场上没有占据主导地位。海口的地理位置十分优越，且处于世界主要航线经过的位置，自身拥有优良的空港和海港条件，因此，将海口建成面向东南亚国家和我国南部沿海地区的药品枢纽中心是最好的选择。

(3) 医药物流运营模式设计

要想将海南建成国际性的医药物流中心，就要将全国各地出口至东南亚的药品和医药设备集合到海南进行存储、冷藏、交易，然后从海口出发运至东南亚各国。在医药出口物流通道建设的同时，海南要注重对进口药品和医药设备的吸引，大力引进进口药品，利用“空返”的装置来进行进口药品的分拨，有效降低药品运输的成本。

10.2.7 海南省物流业发展的政策措施建议

为了促进海南省物流业的发展，应采取切实有效的措施，充分发挥政府和市场在其中的作用。政府在大方向上进行统一规划，制定出台相关优惠、扶持政策，利用市场引进资金、技术、人才及良性竞争。但同时，政府也应监督由市场这只无形之手主导的物流业，确保其走在公平、公正的健康发展的道路上。

1. 加大对物流业的投入

积极争取中央资金支持重点物流企业的设施和物流园区建设项目，进一步加大省级财政资金的投入力度。同时，多渠道增加对物流业的投入，鼓励民间资本进入物流领域。引导银行业金融机构加大对物流企业的信贷支持，针对物流企业特点推动金融产品创新，推动发展新型融资方式，为物流业发展提供更便利的融资服务。

2. 鼓励整合物流设施资源

支持大型优势物流企业通过兼并重组等方式，对分散的物流设施资源进行整合；鼓励中小物流企业加强联盟合作，创新合作方式和服务模式，优化资源配置，提高服务水平；支持省内商贸流通企业开展合作与联盟，积极发展共同配送，降低配送成本，提高配送效率。

3. 完善扶持政策，降低物流成本

完善地方税收支持政策，为符合规定的企业提供相关的税收减免政策；同时加大对土地政策的支持力度，落实和完善支持物流业发展的用地政策，依法供应物流用地，积极支持利用工业企业旧厂房、仓库和存量土地资源建设物流设施或者提供物流服务。保障物流项目合理用地计划的需求，并且做好物流项目用地服务，积极主动地提供政策咨

询和分类指导。

4. 推进先进物流技术的应用

加强物流新技术的自主研发和技术攻关，大力推进条码与自动识别技术等信息服务关键技术在现代物流业中的集成应用；鼓励省内物流企业积极参与国家、行业和地方物流标准的制定，探索研制物流技术标准，促进物流新技术转化为技术标准，促进物流标准的贯彻实施，解决物流业发展中的技术性难题。

5. 保证物流车辆便利通行

减免货车在岛附加费用，对进入海南省的车辆收费适当进行减免，并提供货车的免收费庇护场所，让货车有充足的揽货时间，以此吸引更多货车进入岛内运输货物；提高物流车辆通行效率，完善道路大型物件运输管理办法和超限运输车辆公路行驶规定，规范道路交通管理和超限治理行为；放宽对使用统一标识的城市配送车辆的交通管制，有效解决城市中配送难、配送货车停靠难等问题；促进甩挂运输等先进运输方式的发展，鼓励传统货运站进行升级改造，为甩挂运输提供必要的装卸、搬运、理货、中转等服务。

6. 培养和引进专业物流人才

制定相应的人才引进和奖励制度。海南省应当尽快制定自己的人才引进和奖励制度，一方面吸引本土优秀人才留在海南，另一方面大力吸引岛外的优秀人才来海南创业工作。同时与高校合作，定向培养专业人才，开设与港航物流业相关的专业课程，重点培训储存管理、运输配送、货运代理、系统管理等物流管理人才。

7. 优先发展重点物资物流

提高能源石化物流能力，组织实施全省能源物流发展规划，保证能源安全；促进保税物流和航空速递的发展，推进保税物流园区内基础设施建设；加快发展农产品冷链物流，进一步加大农产品冷链物流基础设施建设力度，完善冷链物流网络；推动机电物流现代化建设，支持建设与机电物流紧密配套、有效衔接的仓储配送设施和物流信息平台；促进医药物流的发展，提升医药物流的服务水平。

8. 大力发展绿色物流

加强交通基础设施的绿色循环低碳保护，依托数字化、信息化技术，实现科学现代的管理目标，提高全省高速公路及普通国道、公路的通行能力、路况水平、安全水平、出行服务水平和公路文明水平；优化升级绿色低碳工程机械装备；引导轻型、高效、电能驱动和变频控制的港口装卸设备的发展，提高港口装备的整体技术水平；推广应用绿色节能环保型车辆，开发研究替代物，鼓励替代燃料在道路客货运输、城市公共交通和出租车中的应用。

关键概念

区域物流系统发展规划　运营模式　规划设计要点

思考题

1. 什么是区域物流系统发展规划?
2. 发展规划的内涵和设计要点有哪些内容?
3. 区域物流系统发展规划项目的环境分析有哪些内容?
4. 简述区域物流系统发展规划项目总体规划的要点。

参考文献

[1] DONALD J B, DAVID J C, COOPER M B. Supply Chain Logistics Management [M]. 4th ed.New York: McGraw-Hill, 2012.

[2] 唐纳德，戴维. 物流管理 [M]. 马士华，张慧玉，译. 4版. 北京：机械工业出版社，2014.

[3] 王俭廷. 海运物流运营实务 [M]. 北京：中国物资出版社，2009.

[4] 巴卢. 企业物流管理——供应链的规划、组织和控制 [M]. 王晓东，胡瑞娟，译. 5版. 北京：机械工业出版社，2021.

[5] 特班，等. 电子商务：管理与社交网络视角 [M]. 时启亮，译. 北京：机械工业出版社，2014.

[6] 陶经辉. 物流园区布局规划与运作 [M]. 北京：中国物资出版社，2009.

[7] 孔继利. 企业物流管理 [M]. 北京：北京大学出版社，2012.

[8] 郑秀恋，温卫娟. 物流成本管理 [M]. 北京：清华大学出版社，2013.

[9] 杨咏中，张汉舟，等. 交通运输业与现代物流业协同发展研究 [M]. 北京：科学出版社，2013.

[10] 徐瑞华. 运输与物流系统仿真 [M]. 上海：同济大学出版社，2009.

[11] 韩昉. 物流设施规划与设计 [M]. 北京：中国财富出版社，2014.

[12] 柯新生. 企业信息资源规划理论与方法研究 [M]. 北京：电子工业出版社，2013.

[13] 林光. ERP原理与实施 [M]. 北京：电子工业出版社，2015.

[14] 马林. 现代物流与供应链管理协同演进与实践 [M]. 北京：科学出版社，2014.

[15] 田宇. 物流管理 [M]. 广州：中山大学出版社，2013.

[16] 何明珂. 电子商务与现代物流 [M]. 北京：中国财政经济出版社，2010.

[17] 麦尔森. 精益物流与供应链管理 [M]. 梁峥，译. 北京：人民邮电出版社，2014.

[18] 吴清一. 物流系统工程 [M]. 北京：中国物资出版社，2006.

[19] 鲁耀斌. 项目管理：过程、方法与实务 [M]. 大连：东北财经大学出版社，2008.

[20] 鲁耀斌. 项目管理——原理与应用 [M]. 大连：东北财经大学出版社，

2010.

［21］郝勇. 物流系统规划方法与设计［M］. 北京：清华大学出版社，2008.

［22］周跃进，陈国华，等. 物流网络规划［M］. 2版. 北京：清华大学出版社，2015.

［23］中华人民共和国商务部，日本国经济产业省，大韩民国知识经济部. 中国、日本、韩国流通及物流联合报告书（Ⅱ）［M］. 北京：中国物资出版社，2010.

［24］宋华. 现代物流管理［M］. 北京：中国人民大学出版社，2008.

［25］罗党，王淑英. 决策理论与方法［M］. 北京：机械工业出版社，2011.

［26］周德群. 系统工程概论［M］. 4版. 北京：科学出版社，2021.

［27］王诺. 工程物流［M］. 北京：人民交通出版社，2018.

［28］唐少麟. 物流方案设计［M］. 2版. 北京：机械工业出版社，2021.